ESOTERISCHES
WISSEN

Über den Autor

R. J. Stewart ist ein schottischer Autor, Komponist und Musiker, der sich umfassend mit den westlichen, insbesondere keltischen Traditionen auseinandergesetzt und dazu verschiedene Bücher verfaßt hat. Er hat Musik für Fernsehen, Film und Bühne komponiert und spielt eine 80saitige Konzertharfe, die er selbst entwickelt hat.

Der Autor sieht sich nicht imstande, einen ausführlichen Briefwechsel zum Thema einzugehen oder spirituelle und psychologische Ratschläge zu erteilen. Sie können ihm jedoch unter folgender Adresse Berichte über Erfahrungen mit der Anderswelt schicken:

R. J. Stewart
BCM 3721
London WC1N 3XX
England

Bitte Briefumschlag mit internationalem Antwortschein beilegen. Eine Beantwortung kann nicht garantiert werden und dauert unter Umständen länger. Um Geduld wird gebeten.

Vom Autor entwickelte und aufgenommene Kassetten für die Reise in die Anderswelt (in englischer Sprache) sind erhältlich bei:

Sulis Music
BMC 3721
London WC1N 3XX
England

R. J. Stewart

Erd-Licht

Die keltisch-druidische Arbeit mit
Elfen und Erdgeistern

Aus dem Englischen
von
Dr. Annette Charpentier

WILHELM HEYNE VERLAG
MÜNCHEN

HEYNE ESOTERISCHES WISSEN
Herausgegeben von Michael Görden
08/9707

Titel der Originalausgabe:
EARTH LIGHT
erschienen bei Element Books Ltd., Longmead,
Shaftesbury, Dorset

Copyright © 1992 by R. J. Stewart
Copyright © der deutschsprachigen Ausgabe 1997
by Wilhelm Heyne Verlag GmbH & Co. KG, München
Printed in Germany 1996
Lektorat: Renate Schilling
Umschlaggestaltung: init. Büro für Gestaltung, Bielefeld
Umschlagabbildung: Kürschner/IFA Bilderteam, München
Satz: Schaber Satz- und Datentechnik, Wels
Druck und Bindung: Ebner Ulm

ISBN 3-453-11829-4

Dieses Buch ist den vergessenen, unbekannten Sehern, Seherinnen, Heilkundigen, Sängern, Geschichtenerzählern, Musikanten und Weisen gewidmet.
Sie sind unsere Vorfahren, und für sie war die Anderswelt, das Feenreich, lebendige Gegenwart. Man kann sie vielleicht noch heute dort antreffen.

Inhalt

VORBEMERKUNG

Die Techniken und Übungen in diesem Buch können zu vorübergehenden wie auch zu dauerhaften Bewußtseinsveränderungen führen. Sie sollten daher nicht leichtfertig unternommen werden. Es wird empfohlen, sie nur im Zusammenhang mit den im Text ausgeführten Ideen und Anweisungen anzuwenden und die Vorschläge des Arbeitsprogramms zu beachten. Der Autor kann für die praktische Anwendung und die Ergebnisse keine Verantwortung übernehmen.

Die Anderswelt-Tradition ist kein Ersatz für Therapie oder Medikamente!

DANKSAGUNG

Ich möchte mich bei den folgenden Personen bedanken, deren Einfluß mir in den vielen Jahren meiner Arbeit mit der Feentradition geholfen hat: Deirdre Green, Gareth Knight und Marko Galley. Ich möchte mich auch bei jenen bedanken, die bei vielen Zusammenkünften, Workshops, Seminaren, Zeremonien und Visualisierungen zwischen 1980 und 1991 die Anderswelt und das Feenreich mit mir betraten (und zurückkehrten). Ohne ihre Bemühungen und ihre Bereitschaft, ihre Erfahrungen mitzuteilen, hätte ein Großteil dieses Buches nicht geschrieben werden können.

Ich möchte auch die Anregungen und den Einfluß des leider verstorbenen Ewan MacColl erwähnen, der mich als Teenager mit schottischen Balladen vertraut machte und in jeder Hinsicht ein Barde des zwanzigsten Jahrhunderts war.

Keiner der hier Erwähnten ist für meine Meinungen und Irrtümer verantwortlich; es ist möglich, daß sie mit den Theorien und Praktiken in diesem Buch nicht einverstanden waren oder sind oder sie nicht vertreten.

Eine frühere Version eines Teils des in Kapitel 7 geschilderten Materials und die Visualisierung der *Webergöttin* (S. 176 ff.) wurde bereits in meinem Buch *Advanced Magical Arts* (Element Books, 1988) veröffentlicht.

Wo liegt das Paradies?

Wir haben Angst, die Anderswelt zu betreten, denn wir müssen uns dort, wenn es notwendig sein sollte, mit den Schatten in unserem Selbst konfrontieren. Wir sehnen uns nach dem Feenreich, aber wenn es in unserem Herzen Schatten gibt, finden wir deren Abbild auch dort. Das Paradies liegt nur einen Schritt weit entfernt, und dieser Schritt geht zurück, denn in gewisser Hinsicht sind dieser Planet, dein Land, alle Länder hier und jetzt das Paradies. Das Ungleichgewicht entsteht in uns selbst und nirgendwo sonst. Wir haben uns einen Weg aus der ursprünglichen Welt herausgedacht und -phantasiert, nahmen aber ihr Bild mit uns und verwandelten ihre perfekte Realität in einen Zustand, der dem unseres eigenen Bewußtseins gleicht. Doch es genügt nun nicht, einfach nur zu verkünden: »Die Welt soll perfekt sein«. So wie wir danach strebten, die Welt zu verdinglichen, zu erniedrigen und nach unserem arroganten Bild zu formen, so müssen wir nun daran arbeiten, sie wieder heil zu machen. Das Paradies ist nicht das Feenreich, es ist auch nicht die unschuldige Vergangenheit der Erde; es ist die lebendige Gegenwart, in der die ursprüngliche und die perfekte Welt vereinigt sind. Diese Einheit entspringt in uns: Wir sind die Brückenbauer, die Heiler, die Harmonisierer. Wir haben das immer gegenwärtige Paradies gemeinsam abgelehnt und zerstört und müssen nun wieder lernen, es zu suchen, zu finden und zu verwirklichen.

R. J. STEWART

Vorwort

Glauben Sie an Feen und Elfen? Unsere Vorfahren glaubten gewiß daran, ob in diesem Jahrhundert oder in der fernen Vergangenheit, aber sie sahen dabei keine Disneyfiguren mit ihren zarten Flügeln und niedlichen Gesichtern. Wenn Sie sich Feen bisher als kleine Menschen vorgestellt haben, so kommt das nur von diesen Geschichten. Doch Feen, so heißt es, haben in der Regel mindestens menschliche Größe. Und was, wenn Feen nun echte Wesen sind und mächtige, uralte Traditionen tiefgreifender Veränderung und innerer Transformation mit ihnen und ihrem Feenreich verbunden sind? Keine modernen Märchen, keine viktorianischen Sentimentalitäten, keine Fee Tinkerbell aus dem Buch Peter Pan. Derartige Phantasien waren niemals Bestandteil der lebendigen Feentradition, auch heute nicht.

Ich lade Sie in den folgenden Kapiteln ein, in moderner Zusammenfassung und neuer Darstellung, die echte Feenkunde, eine alte, transformative Tradition, kennenzulernen. Dies ist kein Buch über Folklore oder Anthropologie, sondern über die Macht der Vorstellungskraft, unsere Wahrnehmung zu schärfen und unser Verhältnis zur Natur radikal zu verändern.

Ich lade Sie auch ein, mit mir einige Meditations- und Visualisierungsübungen zu machen, um den Kontakt mit dem Feenreich und seinen Bewohnern aufzunehmen. Ich habe keinen Platz für intellektuelle Argumente oder statistische und andere »harte« Beweise vergeudet, obwohl es viele davon gibt. Noch befürworte ich Sentimentalität, verschwommene Moralvorstellungen oder eskapistische Romantik, die man so häufig in Büchern der letzten zweihundert Jahre über Feen findet.

Die Feenwesen sind potentiell starke Verbündete, aber wenn man ihr Reich aus den falschen Gründen betritt, werden sie zu furchterregenden Gegnern. Diese interessante Polarität, die je nach Absicht entsteht, wird in späteren Kapiteln näher erläutert. Im Feenreich ist alles verstärkt und vergrößert, manchmal zu schmerzlicher oder ekstatischer Realität. Ich möchte an dieser Stelle betonen, daß es sich nicht um halluzinatorische oder drogenbedingte Visionen handelt und daß die Veränderungen des Bewußtseins ausschließlich mit natürlichen Mitteln herbeigeführt werden, die unserer angeborenen Fähigkeit entspringen, unsere Wahrnehmung und Energie zu verändern.

Sie können das Feenreich selbst erkunden, wenn Sie den in diesem Buch dargelegten Methoden folgen. Es ist kein Phantasieland, kein kindlicher Fluchtort, sondern ein ursprüngliches Land *im Innern,* in unserem Bewußtsein und in unserem Planeten. Es ist nicht einfach etwas, das wir uns ausdenken, denn es hat einen wahren Kern und eine eigene, fest umrissene Identität, und es existiert auch, wenn man niemals daran denkt. Die Bewohner des Feenreichs sind schön und schrecklich, ehrfurchtgebietend und angsterregend. Wenn Sie dorthin gehen, werden Sie verändert zurückkommen. Doch glauben Sie nicht einfach nur meine Worte, sondern versuchen Sie die beschriebenen Methoden. Erfahren und urteilen Sie für sich selbst.

Ich beschäftige mich seit fünfzehn Jahren mit diesem Material, ebenso wie viele andere, die mit mir in Gruppen arbeiten oder die Methoden und Visualisierungen aus meinem früheren Buch, *The Underworld Initiation*, benutzen. Diese Arbeit ist in Harmonie mit der vieler anderer im Verlauf der Jahrhunderte, von bekannten und unbekannten Autoren, Sehern, Dichtern, Musikern, Künstlern und Tausenden von ganz gewöhnlichen Menschen. Unter all den sogenannten esoterischen Traditionen fand die Feeninitiation immer die besondere Aufmerksamkeit gewöhnlicher Männer und Frauen, häufig derjenigen, die mit und auf dem Land arbeiteten.

Die Erforschung des Feenreichs ist ein Aspekt einer dunklen und mächtigen alten Wissenstradition, der von der Anderswelt. Im Kern von Religion, Mystik und Zauberei liegt eine fast vergessene Vorstellung von einer Macht und einem Licht, die sich nicht im Himmel oder in der weiten Ferne göttlicher Dimensionen zeigen, sondern ganz nahe unter uns, in der Erde. Die Regeneration allen Lebens stammte, den Alten zufolge, aus der Erde selbst, aus einem Reich, das von der Dunklen Göttin von Tod und Wiedergeburt regiert wird. Ihre alles durchdringenden Zyklen von Lebensenergie und Veränderung haben für alle Wesen Geltung.

Die Heiligkeit des Landes und des Planeten ist für uns heute ein wichtiges Anliegen, und die Anziehungskraft alter Techniken und Weltsichten sollte man nicht als kindliche Flucht vor Verantwortung betrachten. Die alten Weltsichten oder Weisheitstraditionen vermitteln Erfahrungen von Gleichgewicht und Verantwortlichkeit auf der materiellen Ebene. Wenn wir uns um unser Land, unseren Planeten und unsere Umwelt Sorgen machen, müssen wir uns selbst ändern; wir sind das Land, die Umwelt ... wir sind nicht voneinander getrennt.

Wir werden uns selbst ändern müssen, ehe wir ein neues Weltbild und eine neue Realität schaffen können, die die Ganzheit der Erde und aller Lebewesen wiederherstellen und die Wirkungen jener von uns verursachten Zerstörung heilen. Die Kraft zu dieser Veränderung beruht aber nicht ausschließlich auf der menschlichen Vorstellung, sondern auf der Anderswelt, der Welt der Potentiale und der regenerierenden Kräfte, die für uns durch verschiedene geistige und körperliche Methoden aktiviert werden.

Die wahre Feenkunde ist Bestandteil dieser Andersweltkunde: mächtige Traditionen, in der die Menschheit, das Land und der Planet miteinander wirken, oft durch die Vermittlung nichtkörperlicher, nichtorganischer Wesen. Ihnen voran stehen die Feen. Wenn Sie wie ich das Gefühl haben, daß die Menschheit sich eigensinnig von der Heiligkeit des Landes und von Mutter Erde, der Erneuerin, abgespalten hat, stellen Sie vielleicht fest, daß die Feen und die Anderswelt-Traditionen einen Weg zur Wiedervereinigung bieten. Auf diesem Weg lassen sich das Feenreich und andere Reiche innerhalb der Anderswelt finden. Sie werden auf diesen wenig bereisten Pfaden das Licht in der Erde entdecken und schließlich zu vermitteln beginnen.

Dieses Buch enthält Informationen über Grundtechniken zum Betreten der Anderswelt; es konzentriert sich vorwiegend auf das Feenreich, dessen Gebiet uns in der Anderswelt am nächsten liegt. Ich habe ein paar persönliche Berichte von meinen eigenen Anderswelt- und Feenerlebnissen beigefügt sowie Berichte über verschiedene Wirkungen und typische Begegnungen aus der Arbeit mit verschiedenen Gruppen an verschiedenen Orten im Verlauf vieler Jahre.

Der erste Teil des Buches bietet eine kurze zusammenfassende Beschreibung der Anderswelt und der Feenreiche, wobei die alten Traditionen in einen zeitgenössischen Kontext gestellt werden. Der zweite Teil besteht aus Übungen, Techniken und allgemeinen Leitlinien, die Einzel- und Gruppenarbeit ermöglichen. Die Betonung liegt darauf, eigene Erfahrungen zu machen, und die Tradition in unserer gemeinsamen Zukunft weiterzuführen.

Dieses Buch ist allen Wanderern zwischen den Welten gewidmet, wer, wo und wann auch immer.

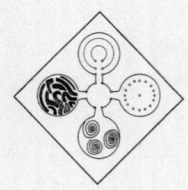

Einführung

Da dies ein Buch für die Intuition, Vorstellungskraft und Inspiration des Lesers sein soll, halte ich es nicht für nötig, die Existenz der Anderswelt und ihrer Reiche, einschließlich des Feenreichs, zu diskutieren oder zu »beweisen«. Sie sind durch uralte Traditionen in der ganzen Welt belegt, und es liegt an uns in der Moderne, unsere Entscheidungen allein aufgrund von Intuition, Erfahrung und gesundem Menschenverstand zu treffen. Die Realität des einen Zeitalters wird zur Illusion eines anderen, wie die materialistische Wissenschaft zur Genüge bewiesen hat, nicht zuletzt an sich selbst.

Die erste wichtige Frage dreht sich also nicht um Beweis oder Widerlegung, sondern darum, warum wir das Feenreich betreten und erkunden wollen. Statt auf intellektuelle Weise über seine Existenz und sein Wesen zu streiten, fragen wir uns lieber, warum wir es betreten sollten? Die Antwort findet sich in der Tradition, doch sie ist auch für unsere gegenwärtige Situation wichtig.

Ein Teil des potentiellen Wertes der Anderswelt- und der Feenreich-Traditionen ist, daß sie zu unserem kollektiven Bewußtsein gehören; es hat immer geheißen, daß es sie gibt. Diese universelle Anerkennung und Akzeptanz sollte man nicht mit bloßem Unwissen oder Aberglauben verwechseln und damit unterschätzen. Mit dem Feenreich stehen komplexe Machttraditionen in Verbindung, die sich von Land zu Land, von Volk zu Volk unterscheiden. Da diese verbreiteten Traditionen die Zeiten überdauerten, sind sie es wert, im modernen Kontext neu betrachtet und aktiviert zu werden. Wir werden uns in diesem Buch auf den breiten Strom von Anderswelt- und Feen-Traditionen der sogenannten westlichen Welt konzentrieren, zu der Europa, Rußland, Amerika, Kanada, Australien und Neuseeland zählen. Die vier letzten Regionen haben eigene Eingeborenentraditionen, die viel mit den Anderswelt- und Feen-Traditionen Europas gemein haben, aber nicht mit dessen dogmatischen und spirituellen Traditionen und dessen intellektuellem Okkultismus. Wir werden hier jedoch keine akademischen Vergleiche von Folklore oder Gebräuchen aufstellen, da es viele ausgezeichnete Handbücher zu diesem Thema gibt. Quellenhinweise dazu finden Sie im Anhang und in den Anmerkungen.

Die Feenstämme sind, der Tradition zufolge, in jedem Land verschieden, und ich behaupte nicht, auch nur einen Bruchteil der Ethnologie und Stammeskunde über Feen weltweit zu kennen. Die Prinzipien der Anderswelt-Techniken funktionieren aber, wo immer man sich befindet.

Die grundsätzliche Weisheit und die kollektiven oder traditionellen Vorstellungen, die in den Visualisierungen und den Berichten in diesem Buch benutzt werden, entstammen vornehmlich der jahrhundertealten europäischen Tradition, mit einigem Vorrang der keltischen Tradition, da es sich hierbei um eine klassische, ursprüngliche Tradition in bezug auf das Feenreich handelt.

Wie alle ursprünglichen oder esoterischen Traditionen ist die Feentradition nicht verpflichtend. Sie ist lediglich *ein* Weg, *ein* Pfad, *eine* Reihe von Begegnungen. Sie beinhaltet kein Dogma, keine Religion oder ethische Bindung. Das macht sie für das Individuum gefährlicher als etwa der spirituelle Weg einer Weltreligion. Aber sie ist auch frei von der Korruption, der Politik und der Seelenversklavung, die wir in vielen orthodoxen Religionen antreffen. Das Zusammenspiel zwischen orthodoxen Religionen und den ursprünglichen Traditionen ist seltsam und wird heute von Befürwortern des Heidentums wie auch deren Gegnern häufig falsch dargestellt. In früheren Jahrhunderten gehörten in Europa viele Seher, Dichter, Musiker oder Heiler, die direkt mit Feenwesen als Verbündeten arbeiteten, gleichzeitig der Kirche an. Diese schlichte historische Tatsache wird bei der modernen Wiederbelebung des Heidentums oft übersehen, und es handelte sich dabei nicht bloß um Diplomatie oder gesellschaftliche Verpflichtung.

In seinem tiefsten Kern verschmolz das ursprüngliche Christentum, das mit den reisenden Evangelisten aus der römisch-griechischen und östlichen Kultur im Westen auftauchte, erfolgreich mit den heidnischen Religionen. Konflikte tauchten erst viel später auf, als die politischen und wirtschaftlichen Ziele des Römischen Reiches, das plötzlich offiziell zum Christentum übertrat, an Gewicht gewannen.[1] Es gibt eine Interaktion zwischen den Anderswelt-Traditionen und der Macht des ursprünglichen Christentums, allerdings eher in der Praxis als in der Theorie oder der esoterischen Philosophie. Wir werden diese Interaktion im zweiten Band, *Erd-Kraft,* näher betrachten, wenn wir uns mit den tiefsten Reichen und Traditionen der Anderswelt beschäftigen.

Wir wollen dieses Thema der Beziehung zwischen Heidentum und Christentum nun einen Moment beiseite lassen und uns mögliche Gründe für eine Erkundung und Erforschung des Feenreichs und ein Zusammentreffen mit dessen Bewohnern überlegen. Wir sollten dabei nicht ausschließlich an die Fortsetzung einer esoterischen Tradition denken (auch wenn das der Fall ist), sondern an mögliche heutige Potentiale und Werte. Wenn wir in etwas keinen Wert sehen, gleich, was es ist, dann besteht auch keine Verpflichtung, es zu übernehmen.

Mit Werten brauchen wir jedoch keine materiellen Vorteile oder egoistischen Ziele zu meinen; es gibt viele Qualitäten, mögliche Ereignisse und wertvolle Begegnungen bei dem großen Abenteuer der spirituellen und inneren Entwicklung. Es ist das größte aller Abenteuer, das alle anderen mit einschließt. Unsere äußere Welt schrumpft fortwährend und wird durch den Mißbrauch von Technologie, durch Gier und durch Gleichgültigkeit gegenüber anderen Ordnungen des Lebens korrumpiert, und romantische Abenteurer klagen oft, es gäbe nichts mehr zu erforschen, keine befreiende Herausforderung oder Erfahrung mehr. Aber die Befreiung erfolgt von innen heraus, aus unserem eigenen Innern und aus der Anderswelt, die die ursprüngliche Quelle und das Urbild unseres Planeten ist.

DAS URSPRÜNGLICHE LAND UND DER VERSCHMUTZTE PLANET

Ehe wir beginnen, über die Bewohner des Feenreiches zu sprechen, jenes Volk *Sidhe,* das in der keltischen Tradition und den damit verbundenen Volkstraditionen unter zahlreichen Namen bekannt ist, wollen wir kurz das Feenreich selbst betrachten. Wenn wir die Unmengen von Beschreibungen und Überzeugungen auf ihre Grundlagen reduzieren, wie sieht es dann aus?

Das Feenreich erscheint in den zahlreichen Berichten, die uns von Sehern und gewöhnlichen Menschen, in Mythen, Legenden und Märchen überliefert sind, immer in gleicher Gestalt. Eindeutig gehören Bilder von offiziellen religiös-heidnischen Traditionen der Anderswelt/Unterwelt* dazu, aber es besitzt auch eine zusammenhängende und beständige eigene Form, die bis in die Berichte aus diesem Jahrhundert durchschlägt.

Das Feenreich ist das alte, ursprüngliche Land, wo immer man lebt, gleichgültig, in welchem Land man sich befindet, das Feenreich ist das Urbild dieses Landes, wie es vor und jenseits jeder Zerstörung und Verschmutzung war und ist. Daher kommen auch die legendären Namen: das Land ewiger Jugend, das Land des Herzens. Das bedeutet nicht, daß das Feenreich oder die -reiche (denn es gibt mehr als nur eines) immer idyllisch, unschuldig oder unveränderlich sind; sie haben ihre eigenen Energiekreisläufe und ihre Schrecken. Für uns ist der vornehmlichste und heute vielleicht wichtigste Aspekt, daß das Feenreich unser eigenes Land *spiegelt*.

Nach einigen Erkundungen und Erfahrungen, deren Techniken wir in späteren Kapiteln erläutern, bekommen wir vielleicht das Gefühl, daß unsere Welt sich aus dem ursprünglichen Bild der Feenwelt herausentwickelt oder herausgebildet hat. Das Christentum und die Feentraditionen stimmen hinsichtlich dieser Trennung der beiden Reiche grundsätzlich miteinander überein. Der Unterschied ist, daß es in den älteren Traditionen kein Dogma von Sündenfall und Verdammung gibt, denn dieses wurde vom Christentum später zum Zweck der Unterdrückung und Kontrolle hinzugefügt.

---

* Die Begriffe »Unterwelt« und »Anderswelt« werden im englischen Text synonym verwendet. Im deutschen Text ist in der Regel – mit einigen Ausnahmen – der Begriff »Anderswelt« eingesetzt. Damit soll der Leser daran erinnert werden, daß es sich um die keltische Unter-/Anderswelt handelt, im Unterschied zur griechischen Unter-/Anderswelt, die im deutschen Sprachgebrauch allgemein als »Unterwelt« bezeichnet wird. (Anm. d. Übers.)

Nach mystischen Definitionen und überlieferten spirituellen Traditionen entspricht das Feenreich der lunaren Welt, dem allgemeinen Umfeld von Erde und Mond. In der gälischen (keltischen) Tradition und in der immerwährenden Anderswelt-Tradition findet man es buchstäblich *im Innern* des Planeten.

Im Grunde handelt es sich also um ein andersweltliches Abbild des Landes, in dem man lebt – aber es ist ein reines Bild, aus dem sich das eigene Land heraushebt und entwickelt hat, oft zu einem verzerrten Abbild. Jeder trägt ein solches Bild in seinem Herzen; es ist der gemeinsame Traum der Menschheit. Es ist kein Ideal oder das Produkt eines Dogmas; die alten Traditionen versichern uns vielmehr, daß dieses Bild, das wir tief in uns tragen, die Erinnerung und Ahnung des ursprünglichen, alten Landes ist, das unser heutiges Land in sich trägt. Dieses Land ist die Anderswelt – nicht der Himmel oder das Paradies –, und ein Hauptgebiet darin ist das Feenreich.

Anscheinend waren die beiden Bilder, das ursprüngliche Land und das manifeste Land, einst eng miteinander verbunden; Menschen und Feenwesen hatten Umgang miteinander und schlossen sogar Ehen. Das wissen wir jedenfalls aus einer Reihe von Mythen, Legenden, Märchen, Balladen und Intitiationsthemen aus der ganzen Welt. Irgendwann haben sich die beiden Reiche voneinander getrennt. Für diese Trennung hat man sich viele Gründe überlegt, von den obskursten esoterischen Vorschlägen bis zu den intellektuellen Lehren religiöser Propaganda und pseudo-evolutionärer Mystik. Jeder versucht eben, einen Verlust mit Vernunftgründen zu erklären.

Eine sehr direkte Überlegung, mein Vorschlag für dieses Buch, lautet, daß unsere eigene innere Abgrenzung, unsere Gier, Aggression und Ablehnung aller Lebewesen und des Landes selbst zu dieser Trennung geführt haben. Wir sollten niemand anderem die Schuld daran geben als uns selbst... weder einem Verführer, der Evolution noch den Feenwesen. Wir sind verantwortlich für alles, was wir getan haben. Doch auf dieses unangenehme Thema werden wir später zurückkommen.

Die Verbindung und spätere Trennung von Feenreich und Menschenreich und ihrer Völker gehören nicht in den Bereich der zeitlosen Legenden oder alten Mythen, denn noch im siebzehnten Jahrhundert beschrieb der Geistliche Robert Kirk aus Schottland die Feenbräuche der gälischen Seher in allen Einzelheiten.[2] Noch vor dreihundert Jahren war es normal, daß Menschen die verschiedenen Feentypen erblickten, mit ihnen sprachen und sich körperlich in der Anderswelt und dem Feenreich bewegten. Das berichten Robert Kirk und andere, und solche Berichte gibt es überall in Schottland, Irland, Wales, der Bretagne und anderen Teilen Südwestenglands bis ins zwanzigste Jahrhundert hinein; sie gehören allgemein zur Erinnerung der heutigen Menschen.[3]

Am häufigsten wurde von drei bestimmten Begegnungen berichtet: mit Feenwesen, mit den Ahnengeistern von Menschen und mit Menschen, die sich ins Feenreich begeben hatten. Die Tradition trifft zwischen diesen drei Formen deutliche Unterscheidungen, und sie bilden die Grundlage eines sehr alten und mächtigen Initiationssystems zur Verwandlung des Bewußtseins und der Energie. Ich nenne dies die Anderswelt-Initiation, ein Begriff, den ich in Artikeln und in der Gruppenarbeit der siebziger Jahre geprägt habe und der später den Titel meines ersten Buchs über diese Tradition bildete *(The Underworld Initiation)*. Das Manuskript wurde 1978 geschrieben und kursierte mehrere Jahre vor der Veröffentlichung auf privater Ebene.[4]

Die Anderswelt-Initiation unterscheidet sich deutlich von modernen Erscheinungen wie Spiritismus, New-Age-Channelling, neuen Psycho-Kulten und so weiter, die alle bestimmte vorgestellte und innere Ereignisse zu bedeutsamen Systemen zu rationalisieren versuchen, aber mit dem Korpus der alten Tradition und der ursprünglichen Weisheit nichts zu tun haben. Wir werden später auf diese Unterschiede zurückkommen. Gewöhnlich beruht die Abtrennung auf simpler Unkenntnis, aber die Trennung von den ursprünglichen Traditionen ist auch Folge der religiösen, bildungsmäßigen und kommerziellen Konditionierung und hat viele negative Aspekte, die die New-Age-Spiritualität immer noch durchziehen.[5]

Das »Zweite Gesicht« der Gälen, das untrennbar zur Feenkunde gehört, wurde heiß debattiert und war im siebzehnten, achtzehnten und neunzehnten Jahrhundert Gegenstand einiger Untersuchungen. Dr. Johnson, der berühmte englische Gelehrte, berichtete, man könne die Gabe des Zweiten Gesichts vorübergehend gegen einen Beutel Tee (damals eine große Delikatesse) erlangen; Robert Kirk beschreibt zwei Initiationsmethoden, mit denen man das Zweite Gesicht entweder vorübergehend oder dauerhaft erwerben kann.[6]

Das Zweite Gesicht, im keltischen Kontext wohlbekannt, ist jedoch bei vielen Völkern und Ländern in der ganzen Welt verbreitet. Es hat nicht unbedingt etwas mit Spiritismus oder Hellseherei zu tun, obwohl moderne Autoren oft versucht haben, es so zu definieren. Das Zweite Gesicht ist Bestandteil einer bestimmten Tradition mit bestimmten Techniken, eindeutig beschriebenen Wesen, Visionen und einer langen, mündlich überlieferten Geschichte. Inhalt und Wirkung unterscheiden sich von modernen psychischen Experimenten oder populärer Hellseherei. Dafür gibt es zahlreiche Gründe, von denen wir einige in späteren Kapiteln diskutieren werden.

Das Zweite Gesicht der keltischen und nordeuropäischen Tradition vererbt sich oft in Familien, ebenso wie die Heilkraft der Feen. Beides trat bis Anfang des zwanzigsten Jahrhunderts allgemein auf und kam in Großbritannien in Devon, Cornwall, Wales, Schottland und Irland häufig vor. Zweites Gesicht und Heilerfähigkeiten bedeuteten oft, daß man Feen als Verbündete oder Mitgänger *(Co-walker)* benutzte. Der Begriff Mitgänger wurde von Robert Kirk in seinem Bericht über Feentraditionen geprägt. Er ist eine Übersetzung des gälischen Wortes für Feenwesen, die diesen Sehern halfen. Andere Bezeichnungen dafür sind *Boten, Verbündete, Gefährten und Doppelgänger,* und man findet sie in verschiedenen Texten von den klassischen Schriften der alten Welt bis zu denen der modernen Zeit.

Diese Wesen darf man nicht mit dem »astralen Doppelgänger« oder »Astralkörper« der modernen okkulten Literatur verwechseln, die damit den zeitweiligen Traumkörper bezeichnet, im Gegensatz zur ursprünglichen Bedeutung des Begriffs Astralkörper, der einen Körper oder spirituellen Zustand im Reich der Sterne bedeutete. Auch die »Astralebene« des populären und des viktorianischen Okkultismus hat nichts mit der Feenwelt oder der Anderswelt zu tun, sondern ist die Phantomwelt von Gedankenformen, emotionalen Hüllen und anderen fleischlosen Wesen ohne echte Seele und spirituelles Bewußtsein, Doppelgängerformen mit begrenzten, sich wiederholenden Funktionen, triviale Echos, die in spiritistischen Seancen erscheinen und heutzutage das Phänomen des »Channelling« hervorrufen.

Heilung durch Feenkraft fand oft aus der Ferne statt, und einige ungewöhnliche und besondere Techniken

wurden im siebzehnten Jahrhundert und später beschrieben, zum Beispiel die Entfernung von Kugeln und
anderen Objekten aus einem Verwundeten aus der
Ferne, und es wird berichtet, daß der Seher oder Heiler
das Objekt in eine Schüssel mit Wasser gespuckt habe,
als sei es auf geheimnisvolle Weise aus der Wunde in
seinen Mund gelangt. Ich kann den Wahrheitsgehalt dieser Berichte nicht bestätigen, da ich keine Erfahrung mit
Fernheilungen habe, aber die Technik war in keltischen
Gebieten bis zum siebzehnten und achtzehnten Jahrhundert sehr verbreitet. Bis in die Anfangsjahre des
zwanzigsten Jahrhunderts tauchten immer wieder Geschichten von solchen Heilkünsten auf.

Die militärisch beeinflußte Gedankenwelt des siebzehnten Jahrhunderts beschäftigte sich vor allem mit
dem Schutz gegen Kugeln, Fernheilung und der Fähigkeit, Ereignisse und Personen aus der Ferne zu sehen. Samuel Pepys (berüchtigt wegen seiner sexuell freizügigen
Tagebücher und berühmt als der eigentliche – zivile –
Gründer der modernen britischen Marine) wurde nach
Spanien geschickt, um sich über die dortigen Seher zu
informieren. Diese traditionellen Seher und Zauberer
waren berühmt für ihre weitreichenden Visionen, aber
Pepys Bericht darüber war wenig erhellend.[7]

Zu Kirks Zeiten, im späten siebzehnten Jahrhundert,
sorgten sich verschiedene Offiziere und Wissenschaftler
wegen der Fähigkeit der Schotten, sich gegen Verwun-
dungen zu schützen und englische Armeen auszuspio-
nieren (dies war kurz nach der englischen Revolution
und der Gründung des Commonwealth).

Der angemessene Ort für eine Begegnung mit dem
Feenreich ist anfänglich die darauf ausgerichtete Vorstellungskraft, und zwar zu transformativen Zwecken ohne
niedrige oder selbstsüchtige Motive. Welche Motive wir

auch haben, sie werden uns aus dem Feenreich zurück-
gespiegelt. Daher lautet die traditionelle Forderung, reinen Herzens zu sein, festen Willens und voll Aufrichtig-
keit. Täuschung bringt nur Täuschung hervor, und Gier
führt nur zu Feengold, das sich im Licht des Tages in wel-
kes Laub verwandelt. Was wir suchen sollten, sind vielleicht die Blätter der Bäume im Feenreich, die sich in der
Oberwelt in Gold verwandeln können, das Gold einer
wiederhergestellten, gesunden Umwelt.

Dieses Buch will nicht die Behauptung aufstellen, daß
solche Wunder wie Feenfernheilung oder Heilung durch
Verbündete heute noch stattfinden können, noch daß
sie in der Vergangenheit frei von menschlichen Tricks
oder Täuschungen waren. Ich überlasse dies weiteren
Experimenten, Forschungen und Erfahrungen. Wichtig
ist, daß Techniken, in denen das Zweite Gesicht und das
Heilen auf einer Verbindung zu den Feenwesen beruhen, weit verbreitet waren. Wir werden später wieder
auf dieses Thema zurückkommen, aber im Moment wollen wir die grundlegenden Traditionen des Feenreiches
als Teil der Anderswelt beschreiben, die mit uns in Verbindung steht, wo immer wir uns auch befinden.

UMWELT UND TRANSFORMATION

Das ursprüngliche Land innerhalb der Erde liegt heute
scheinbar in weiter Ferne. Unser eigenes Land und unseren Planeten wiederherzustellen und in einen ausgewo-
genen Zustand zu bringen, ist die große Aufgabe der
heutigen Menschheit. Und so muß es sein, denn wir sind
individuell und kollektiv für die Vergiftung unserer Länder, Meere und unserer Umwelt verantwortlich.

Eine Methode, das Land wieder gesunden zu lassen,

besteht darin, daß man mit dem Bild des ursprünglichen Landes innerhalb der verschmutzten Welt arbeitet. Das bedeutet, äußere und innere, obere und untere Welten zusammenzubringen; wir wollten danach streben, das Menschenreich mit dem Feenreich zu vereinen. Wenn dies zu einer funktionsfähigen Technik geworden ist und wir unser Land wieder auf das Feenreich einstimmen können, erblühen daraus Regeneration und ein neues Gleichgewicht. Alles, was wir uns vorstellen und wovon wir mächtige Bilder erschaffen, wird sich äußerlich manifestieren.

Idealerweise sollten sich die beiden Reihen, die Oberwelt und die Unter- oder Anderswelt, im Gleichgewicht befinden; was immer man in der einen Welt findet, hat sein Ebenbild oder Gegenbild in der anderen. Das gilt für Menschen wie für andere, nichtmenschliche Wesen, ein Thema, zu dem wir in späteren Kapiteln zurückkehren. Eine einfache Darstellung dieser Tradition findet man in Abbildung 1.

Es gibt eine Sammlung besonderer Techniken, die unsere Energie verstärken und uns befähigen, in Kontakt mit dem Feenreich zu treten. Diese Techniken sind Bestandteil der Initiations-Tradition der Anderswelt, eine Tradition, die weit bis in die Vorgeschichte reicht. Bis vor kurzem wurden solche Traditionen meist in diffuser Form in der Folklore verschiedener Völker bewahrt oder von einzelnen, denen diese Lehren mündlich überliefert worden waren. Diese besondere mündliche Lehre, weitverbreitet in der Mythologie und den Legenden früherer Jahrhunderte, ist heute fast völlig verschwunden. Doch man kann sowohl die tiefergehenden Anderswelt-Techniken wie auch die Traditionen um das Feenreich für moderne Zwecke wiederbeleben. Wenn diese Lehren und die dynamischen Techniken, die sie enthalten, wirksam

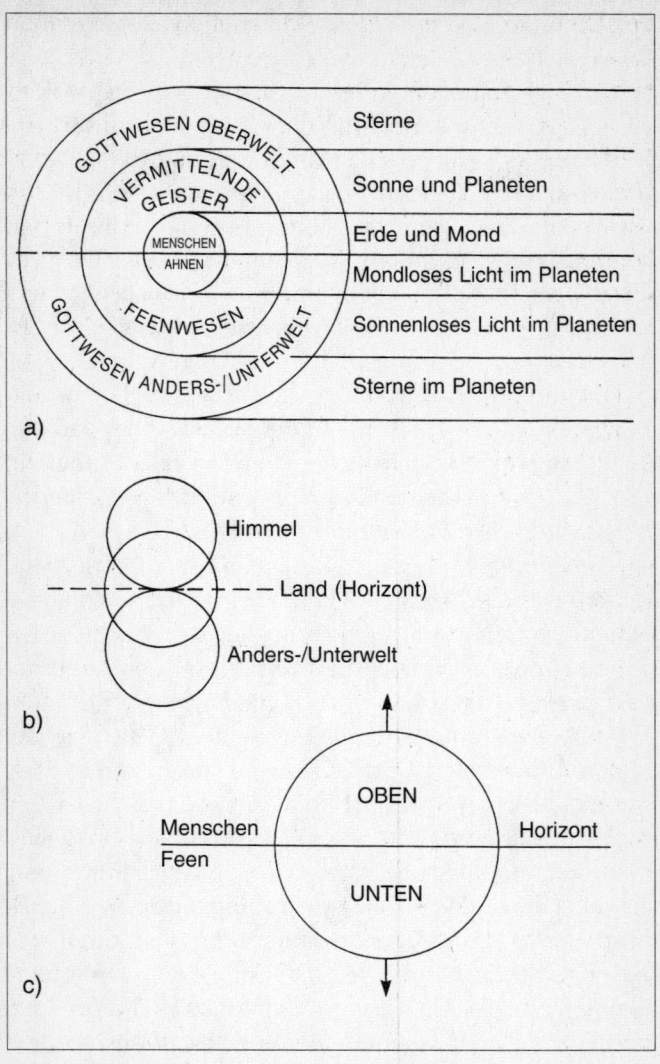

Abb. 1a Oberwelt- und Anders-/Unterwelt-Bewohner
Abb. 1b Die Drei Welten oder Umwelten
Abb. 1c Die Spiegelung von Menschen- und Feenreich

sind, dann enthalten sie den Schlüssel zur Regeneration des Individuums wie auch der Umwelt.

Wir sollten uns dessen bewußt sein, daß die Anderswelt- und Feentraditionen früher Initiationskünste und Traditionen innerer Macht waren und nicht verschwommene Märchen. Der Antrieb zur Vereinigung der Reiche und zur Regeneration der Außenwelt war wohl in den vergangenen Jahrhunderten nicht so stark, weil die Welten einander viel näher standen. Gewöhnliche Menschen hatten regelmäßige Kontakte und Begegnungen mit Feenwesen, doch die Seher und Eingeweihten arbeiteten bei solchen Begegnungen auf tieferer Ebene und benutzten die Energie der Anderswelt zur Verstärkung ihrer Macht. Unterschiedliche Motive können dabei auf die Suche nach Macht führen, von selbstloser Opferbereitschaft bis hin zu Machtwahn und Gier.

Wir werden in diesem Buch Techniken erkunden und erfahren, die einen doppelten Effekt haben. Zunächst einmal verändern und transformieren sie uns. Zweitens geben sie uns Mittel an die Hand, unser Land und unsere Welt zu regenerieren. Ich meine, das Individuum sollte zwischen diesen beiden Zielen ein Gleichgewicht finden. Wir können nicht versuchen, unser Land wiederherzustellen, wenn wir nicht die Macht dazu haben.

Die initiatorischen Anderswelt-Lehren haben in gewissem Sinne drei Aspekte. Der erste ist die Machttradition, die auf die individuelle Entwicklung, ohne spirituelle oder selbstlose Motive, beschränkt bleiben kann. Der zweite ist dessen polares Gegenstück, die Opfertradition, bei der das Individuum bereit ist, alles für das Land und das Volk aufzugeben. Wir werden dieses größere Thema im Band *Erd-Kraft* ausführlich diskutieren. Der dritte Aspekt ist etwas, was wir die Umwelttradition nennen können, und diese kann heute neu aufgenommen werden. Dazu gehört es, unsere Trennung von der Erde und unseren Antagonismus zu ihr durch eine Reihe von kathartischen, meditativen Visualisierungs-Erfahrungen zu verringern. Techniken dazu findet man in den späteren Kapiteln, besonders in Teil 2.

Wenn wir unsere Widerstände abbauen, steht uns die darin gebundene Energie zur inneren Transformation zur Verfügung. Darüber hinaus können wir die Energien der Anderswelt anzapfen, die lange vernachlässigt, ignoriert oder verleugnet wurden. Das geschieht durch bestimmte Techniken, die in den Kapiteln 4 bis 7 beschrieben sind.

In der Umwelttradition sind das Feenreich und seine Bewohner von großer Bedeutung. Sie sind eng mit den Kräften der Natur in der Ober- und der Anderswelt verknüpft. Viele Einsichten in unsere natürliche Umwelt und ihre subtilen Energien werden durch Interaktion mit dem Feenreich übertragen. Dies ist eine uralte Lehre, und meine eigene Rolle war, sie für die heutige Welt zu erforschen und neu zu definieren. Ich habe sie nicht erfunden, wenn auch die in diesem Buch dargestellten Techniken meine eigenen Versionen sind, die ich für Einzel- und Gruppenarbeit entwickelt habe.

DIE VERLOCKENDE SEHNSUCHT NACH DEM FEENLAND

Das Feenreich bildet eine Verlockung. Es ist sogar die verlockendste Anderswelt, denn sie verspricht, unsere grundsätzliche Sehnsucht nach dem perfekten Land, dem Urplaneten, zu erfüllen. Diese Sehnsucht ist stark, stärker als die Paradies-Sehnsucht der orthodoxen (oft patriarchalischen und daher männlich orientierten) Religion, denn sie spricht etwas Essentielles tief in unserer Seele, unserem Körper, unseren Knochen an, unserem Ahnenkern der Erinnerungen. Männer wie Frauen vernehmen den Ruf des Feenlandes, und natürlich auch Kinder, die ihm in ihrer Seele noch näherstehen als Erwachsene.

Für viele Menschen ist das Betreten der Feenwelt schmerzhaft, denn das Erkennen, die Freude und die Reinheit dieses Reiches erwachen im Kern der Seele wieder zum Leben. Das Verlassen wird ebenfalls zur Last; die Rückkehr in die graue, langweilige, vergiftete, mißbrauchte und verschmutzte Menschenwelt wird zur Strafe, einem schrecklichen Urteil.

Wie sollen wir auf diese Verlockung reagieren ... wenn Verlockung das richtige Wort ist für diese angeborene, natürliche alte Sehnsucht nach einem perfekten Land, nach heilender Dunkelheit und dem transformierenden Licht der Erde?

Verlockung ist letztendlich eine individuelle Sache. Was den einen verführt oder sogar korrumpiert, ist für den anderen nur anziehend und unerwünscht und trivial für einen Dritten. Die Verlockung des Feenreiches, so unwiderstehlich sie manchmal scheinen mag, hat ganz eng mit dem eigenen Bewußtsein zu tun, besonders mit unseren Emotionen und unserer Sexualität. Wenn wir bereit sind, uns bedingungslos in das Feenreich ziehen zu lassen, und dort allein aus dem Grund bleiben wollen, um der eigenen Welt zu entfliehen, dann ist die verführerische Schwäche in uns selbst ein Grund für unseren Wahn. Wenn wir andererseits die Anderswelt und das Feenreich betreten, um das Urbild mitzubringen, die Macht eines gereinigten, lichterfüllten Landes, um uns und unsere korrumpierte Welt zu transformieren, dann haben wir den Großteil der Prüfung bestanden.

Wir sollten keinen Moment daran zweifeln, daß das Feenreich voller Prüfungen, Herausforderungen und Aufgaben ist, von denen jede sich als nützlich oder übel herausstellen kann, je nachdem, wie wir uns entscheiden. Der Wunsch, die Feenmacht in die Welt zurückzubringen, darf nicht bloß ein intellektuelles Ziel sein; er muß aus dem Herzen kommen, aus dem Verständnis und dem Mitgefühl für alle Wesen, die auf und in unserem Planeten leiden.

Ja, man kann das Feenreich betreten und dort bleiben, und alten Traditionen zufolge haben das viele getan. Aber aus welchen Gründen tut man das? Ist es aus Selbstsucht oder aus einer gewissen Selbstlosigkeit, aus Anteilnahme und dem Wunsch, das heilige Land zu regenerieren? Die Wahl liegt bei Ihnen, und am verführerischsten ist vielleicht die schlichte Tatsache, daß es keine Schuldzuweisung, keine Verurteilung, keine unmittelbare Reaktion auf diese Entscheidung geben wird. Die Gesetze des Feenreichs, ihre Kreisläufe von Ursache und Wirkung, unterscheiden sich von unseren; sie werden in den folgenden Kapiteln näher erläutert. Die Folgen dieses zeitlichen Unterschieds sind in vielen Aspekten der Tradition von Bedeutung.

In den orthodoxen westlichen Religionen wurden das Feenreich und sein Spiegelbild der Natur innerhalb unserer eigenen Welt als Quelle der »Verführung« bitter bekämpft. Man befal den Menschen, der Natur zu trotzen, dieser Versuchung zu widerstehen, streng alle Sehnsucht nach einem Feenreich zu verbannen und alle Kommunikation mit dessen Bewohnern zu vermeiden, ob Feen oder Ahnen. Falls nötig, wurden die Gläubigen aufgefordert, sich der Hilfe von Priestern zu versichern, die bestätigten, wie »böse« solche Kontakte und Sehnsüchte waren, und die sie sogar rituell und unter Zwang mit Bann belegten.

Die orthodoxe Religion lehrt, daß die Natur eine Falle und eine Täuschung darstellt, wobei das Feenland entweder als Hölle oder als deren Diener galt. Doch über Jahrhunderte hinweg hat das gewöhnliche Volk in allen Ländern eine Unterströmung von Feenkunde bewahrt, von Feentraditionen und -zeremonien, die die Staatsreligion nicht ausrotten konnte. Materialismus und Fernsehunterhaltung haben inzwischen jedoch das Werk fast vollbracht, das vor langer Zeit von der Kirche begonnen wurde. Wozu braucht man ein Feenland, wenn man Seifenopern sehen kann? Das heilige Land ist in unserer Pop-Video-Kultur unwichtig geworden.

Die Welten rücken immer weiter auseinander, und unser Planet leidet genau wie unsere Seele unter dieser Manipulation, dem Mißbrauch und den unnatürlichen Praktiken, die ursprünglich im Namen Gottes begonnen wurden. Die letztendliche Folge dieser feindseligen oder gleichgültigen Haltung gegenüber der Natur und den verborgenen Welten innerhalb der Natur ist die Entwicklung der Kernspaltung. Die Wissenschaft hat darin die selbstzerstörerische Arroganz des Materialismus zum Ausdruck gebracht, und sie stammt direkt aus den naturfeindlichen politischen Religionen, die den Planeten mißbrauchen. Was spielt es für eine Rolle, daß wir das Grundgewebe des Planeten selbst vernichten, wenn die Auserwählten Gott im Himmel preisen und in weit entfernten Regionen schweben?

Aus dem Himmel gibt es keine Wiederkehr – das ist eine Einbahnstraße. Das Urland, die Anderswelt, das Feenreich dagegen ist mit dem eigenen Land austauschbar. Wir können es betreten, zurückkehren und uns hin- und herbewegen, wie wir wollen. Diese Kreislaufbewegung wird oft als Reinkarnation fehlgedeutet, doch die keltischen Seher kannten zwar den Zyklus verschiedener

Leben, trafen jedoch mehrere Unterscheidungen zwischen diesem und dem Hin- und Hergehen ins Feenreich. Der offensichtlichste Unterschied ist das wiederholte Beispiel von Menschen, die *körperlich* in die Anderswelt oder ins Feenland hinübergingen und körperlich zurückkehrten; manchmal blieben sie auch als körperliche Wesen dort und hielten sich aus dem Zeitkreislauf der Menschenwelt heraus. Daher kann es eigentlich keine Verwechslung geben zwischen deutlich bestimmten Traditionen dieser Art und den uralten Philosophen von der Reinkarnation, von der Reise der Seele, obwohl diese in den Urtraditionen der Welt auch eine große Rolle spielt.

Vergleichbares findet sich in der populären modernen Literatur in Form der Techniken, die Carlos Castaneda ausführlich in seinen Büchern über Zaubertraditionen amerikanischer Ureinwohner beschreibt (wobei die Quellen heftig umstritten sind). Ein Schlüsselereignis in diesem System ist die körperliche Übertragung in andere Dimensionen und die körperliche Rückkehr. Castaneda beschreibt auch eine Tradition, bei der ein Meister sich körperlich in andere Welten begibt und eine Gruppe von Zauberern mitnimmt, dabei aber mit einer Außengruppe verbunden bleibt, die immer noch in der Menschenwelt arbeitet. Solche Techniken existieren jahrhundertelang, ehe Castaneda seine Bücher schrieb, und waren in europäischen Zauber- und Schamanentraditionen wohlbekannt, sowohl als direkte Lehren wie auch aufgrund akademischer Untersuchungen von Ethnologen und Anthropologen.

Das Wandern zwischen den Welten ist eine der sogenannten »geheimen« Lehren der nördlichen und westlichen Traditionen, und wir können annehmen, daß alle Varianten der kollektiven Weisheit oder dem Volkswissen entstammen, das sich mit der Beziehung zwischen den Welten und den Traditionen der körperlichen Bewegung zwischen verschiedenen Realitäten befaßt. Die Kelten bewahrten dieses Wissen und lehrten die Seher und Seherinnen von frühester Zeit an bis ins zwanzigste Jahrhundert. In abgelegenen Gebieten war unter dem gemeinen Volk das zufällige wie auch das bewußte Hinüberwechseln in andere Welten weithin bekannt und kam häufig vor, wie zahlreiche Berichte von Forschern und Gelehrten zeigen. Es gehört auch zu den unveröffentlichten Lehren der esoterischen und magischen Orden von der klassischen Zeit bis auf den heutigen Tag. Mir wurde in den sechziger Jahren etwas Ähnliches beigebracht, wenn auch in anderem Kontext als dem der Anderswelt oder der Feentradition. Der Gedanke ist daher absolut nicht neu oder nur in der amerikanischen Tradition vertreten und stammt sicher nicht aus den Veröffentlichungen Castanedas, auch wenn seine umstrittenen Thesen dazu dienten, daß diese Lehren einem breiten zeitgenössischen Publikum bekannt wurden.

Die Begegnungen mit Ahnen in der Anderswelt, die oftmals durch den Kontakt mit dem Feenreich entstehen (aber nicht ausschließlich darauf beschränkt sind) unterscheiden sich deutlich von der Begegnung mit lebenden Menschen im Feenreich. Sie unterscheiden sich auch, wenngleich weniger auffallend, von der Begegnung mit Feenwesen selbst. Dieser traditionelle Strang der Feenkunde ist vielleicht oberflächlich gesehen verwirrend, aber er hängt mit der Ganzheit der Welt zusammen. Uralte Weisheitslehren, zu denen die Anderswelt-Tradition zählt, waren immer ganzheitlich und nicht separatistisch. Wenn wir uns in die trennende, analysierende Art der Etikettierung verstricken lassen, müssen wir verschiedene Stränge von Feenkunde auseinanderzerren, die in

Wirklichkeit eng miteinander verknüpft sind. Trennt man sie, verliert man die Realität insgesamt.

Eine der besten Visionen einer ganzheitlichen Welt findet man in Platos *Republik,* und diese klassische Weltsicht in ihrer keltischen Form wurde bis weit in die moderne Zeit hinein von gälischen Sehern und Seherinnen aufrechterhalten. Wir finden eine Beschreibung davon im siebzehnten Jahrhundert in *The Secret Commonwealth* von Robert Kirk und im zwanzigsten Jahrhundert in der Sammlung von Feentraditionen von W. Y. Evans Wentz.

Bevor wir weiter in das Feenreich vordringen und seine Bewohner, Orte und Kräfte betrachten, möchte ich diese weitverbreitete Tradition und die tieferen, umfassenden Traditionen der Anderswelt in einen unmittelbar modernen Kontext stellen. Im nächsten Kapitel werde ich kurz die Anderswelt-Initiation beschreiben, eine Reihe transformativer Erfahrungen, die zum Wissen um das Erdlicht führen. Dazu gehören ein paar Beispiele meiner eigenen Begegnungen mit dem Feenreich und seinen Bewohnern. In Teil 2 finden sich Übungen für die direkte Erfahrung der Anderswelt durch Visualisierung und für den energetischen Kontakt mit Anderswelt-Kräften, die zwischen dem Land und der Menschheit fließen.

Das Anderswelt-Material enthält den Schlüssel zu vielen unklaren und begrenzten Bereichen der Magie, zu Weisheitslehren, Mythen, Legenden und Mystik. Wir können nicht mit den Feenreich arbeiten, wenn wir nicht die Macht und die Weisheit der umfassenden Anderswelt-Tradition kennen.

TEIL 1

Die Anderswelt-Tradition

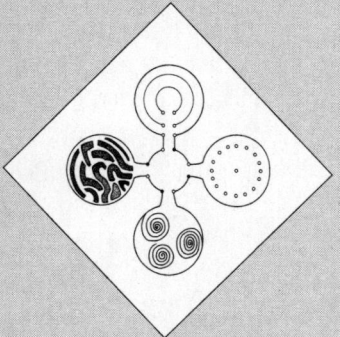

1. Das Licht in der Erde

REGENERATION

Ende der siebziger Jahre wurde mir klar, daß die Arbeit mit den Anderswelt- und Feentraditionen eine hervorragende Methode zur inneren Transformation ist. Die Traditionen sind genau beschrieben und in Märchen und Mythen, Religion und den echten magischen Künsten (im Gegensatz zum populären »Okkultismus«) bewahrt, aber sie waren beim neu erwachten Interesse an persönlicher, überpersönlicher und spiritueller Transformation übergangen oder ignoriert worden. Unsere tragische Trennung vom heiligen Land, fester Bestandteil der Anderswelt-Tradition, hatte uns den Weg zu einer machtvollen Wahrheit verwehrt.

Die New-Age-Bewegung, wenn man diesen Begriff einmal so stehen lassen kann, legte großen Wert auf die Bewegung nach oben zum Licht, wobei man die irdischen Dinge und die Dunkelheit der Erde hinter sich ließ. Diese Art Flucht ins Licht findet man im Zusammenhang mit der Anderswelt oder dem Feenreich nicht, aber die Welt unter uns ist ebenso lichterfüllt, auch wenn man zuvor durch Dunkelheit wandern muß. Die Anderswelt-Tradition bestätigt, daß man universelle Weisheit und Regeneration nicht nur in himmlischen oder ätherischen Dimensionen findet, sondern auch im Herzen des heiligen Landes, des Planeten, in der Mutter Erde.

Sie bestätigt auch, daß wir alle, individuell und kollektiv, für den Planeten verantwortlich sind und daß wir mit der eigenen Transformation auch die Welt verändern. Dazu können wir diese Transformation innerhalb der Anderswelt anstreben und uns auf die Grundlage der Energien stützen, die den Urplaneten aufrechterhalten und regenerieren.

Der Urplanet ist die vollkommene Gestalt, das verwirklichte Potential unserer Mutter Erde. Gestört und aus dem Gleichgewicht gebracht wird dieses Potential nur durch uns selbst, durch uns alle. Wir sind für den Schatten verantwortlich, der über der Welt liegt, doch indem wir das Erdlicht wieder hervorholen, können wir auf eine Regeneration hinarbeiten. Wir finden dieses Licht, indem wir nach innen und nach unten gehen, zum Licht, das aus der Dunkelheit geboren wird, statt einen Gegensatz zur Dunkelheit zu bilden. Solange wir in gegensätzlichen Begriffen und Dualitäten denken, nähren wir Aggression, willkürliche Zerstörung und Isolation.

Die Anderswelt-Traditionen lehren, daß Licht und Dunkelheit derselben Quelle entstammen, die im Land, im Planeten selbst liegt. Der uralte Rhythmus der Jahreszeiten zeigt einen planetarischen Kreislauf, der von der Dunkelheit ins Licht führt und zurück zur regenerativen Dunkelheit. Dies geschieht aufgrund der Bewegung des Planeten um die Sonne; dabei werden natürliche Energien im Land angeregt. Dieselben Muster und Gezeiten der Energie sind in uns selbst gespiegelt, denn unsere Körper bauen sich jeden Moment aus der lebendigen Substanz des Bodens auf, aus der Nahrung und dem Wasser, die wir zu uns nehmen. Es besteht kein Antagonismus zwischen Geist und Materie im Menschen, nur im verirrten menschlichen Verstand, der sich von der Ganzheit des Landes und des Planeten entfernt hat.

Alle alten Lehren verkünden, daß die Menschheit und das Land eins sind: Wenn man das Land zerstört und verschmutzt, zerstören und verschmutzen wir uns selbst. Die Anderswelt-Traditionen, seit Jahrhunderten gnadenlos bekämpft und propagandistisch verzerrt, enthalten den Schlüssel zu unserer Regeneration. Die Erkundung und die Kenntnis der verschiedenen Reiche der Anderswelt können nicht länger auf ein paar Seher, Magier oder Eingeweihte alter Orden beschränkt bleiben. Die Heilung unseres Planeten ist unsere individuelle und kollektive Verantwortung, und zwar hier und jetzt.

Die Anderswelt-Traditionen führen uns auf ihrer tiefsten Ebene zu einem Erkennen des universellen Bewußtseins im Innern, und zwar nicht nur in unserem Geist, sondern im Planeten selbst. Eine große, mystische Wahrheit manifestiert sich hier: Die Sterne liegen in der Erde. Die Welt unseres Planeten ist das Universum. Es gibt keinen großen weiten Raum da draußen, keine erschreckende Leere, über die man Theorien aufstellen kann, keine letzte Grenze, die zu erreichen man hochtechnisierte Transportmittel braucht. Die Wirklichkeit liegt im Planeten selbst.

Wenn man mit dieser Erkenntnis unmittelbar meditativ arbeitet, erzielt man schließlich grundsätzliche Änderungen im Bewußtsein und in der Energie. Aber derartige Transformationen beginnen damit, daß wir erst einmal unsere gegenwärtige, intellektuelle Weltsicht aufgeben.

Diese Weltsicht ist schließlich und endlich nur das Produkt der neueren christlichen, materialistischen Konditionierung. In der gegenwärtigen Form gibt es sie seit kaum anderthalb Jahrhunderten, beginnend mit der wissenschaftlichen Revolution des neunzehnten Jahrhunderts, die das christliche Dogma der Schöpfung erschütterte.

Diese Herausforderung erstreckte sich natürlich auch auf die Dogmen aller Religionen, da sich die wesentliche Wissenschaft um den ganzen Erdball ausbreitete.

Hinter der illusionären Befreiung durch den Materialismus liegen Jahrhunderte der christlich-orthodoxen Konditionierung, die ironischerweise zu eben dieser materialistischen Weltsicht führte, welche spirituellem Verständnis so feindlich gesonnen ist. Wir brauchen uns dieser Sichtweise aber nicht zu verpflichten, und sie wird sich angesichts der sogenannten neuen Physik auch nicht lange halten. Diese neue Schule der Physik entdeckt gerade wieder (zu ihrer eigenen Befriedigung) universelle Wahrheiten, die schon lange bekannt waren und weltweit in den alten spirituellen Traditionen gelehrt wurden.

Die Anderswelt-Tradition, die weltweit in allen Kulturen existiert, bestätigt, daß man auf Licht stößt, wenn man nach unten geht, und daß dieses Licht transformiert und regeneriert. Die Wissenschaft sagt uns zwar, daß der materielle Kern des Planeten geschmolzene Masse sei, aber diese physikalische Tatsache betrifft nur einen möglichen Zustand oder Ausdruck des Körpers unserer Welt. Unser eigener Körper besteht vornehmlich aus Wasser, doch wenn wir uns in der Vorstellung oder der Meditation nach innen wenden, löst sich unser Bewußtsein nicht in schleimige Zellflüssigkeit auf. Der Körper des Planeten und auch der des Landes, in dem wir leben, hat eine innere Dimension von Energie und Bewußtsein, genau wie der menschliche Körper. Wir sind, ob Mensch oder Planet, nicht nur als körperliche Ausdrucksform vorhanden.

Wenn wir ins Land hinabsteigen, ins Innere des Planeten, finden wir dort Reiche, die auch bevölkert sind. Dieses Thema findet sich in allen mündlichen Überlieferungen, die sich als Märchen, Ahnengeschichten, Lieder und Balladen erhalten haben.

Der Abstieg kann verschiedene Formen annehmen; es kann sich um die einfache Technik handeln, daß man sich vorstellt, im Boden zu versinken und dadurch in eine andere Dimension zu gelangen. Die bildlichen Vorstellungen sind von der Tradition bestimmt; gewöhnlich sind sie kollektiv und von den Vorfahren überliefert, wie etwa die des Feenreiches, das wir in späteren Kapiteln besprechen werden. Die Erfahrung des Abstiegs ist sehr beeindruckend und oft überraschend. Ich habe mit vielen Menschen gearbeitet, die glaubten, sie würden nur auf Dunkelheit, Kälte, Feuchtigkeit, Würmer usw. stoßen, doch als sie ins darunterliegende Licht vorstießen, waren sie erstaunt und entzückt. Sie wurden transformiert.

Der Abstieg in die Anders-/Unterwelt wirkt nicht nur auf die Vorstellungswelt oder das visualisierende Bewußtsein, sondern auf den gesamten Organismus und seine Energiemuster. Diese Wirkungen sind nicht negativ oder bewußtseinsvermindernd, sondern bringen uns mit Bereichen unseres Seins in Verbindung, die wir verloren, vergessen oder ausgeschlossen hatten.

Diese Verbindung und das Wiedererwachen bewirken Veränderungen auf einer sehr tiefen Ebene, besonders im Blut. Dieser Aspekt der Tradition war ein sogenanntes »Geheimnis« der spirituellen und magischen Künste, und viel Unsinn ist darüber von Leuten geredet und geschrieben worden, die keine echten Erfahrungen damit gemacht haben. In der Praxis brauchen wir uns mit dieser organischen Transformation nicht allzu genau zu beschäftigen ... sie vollzieht sich ohne Analyse, Erklärung oder pseudo-wissenschaftliche Rationalisierung. Indem wir nach innen gehen, in die Anderswelt, weiten wir unser Bewußtsein auf den Körper des Lebens aus und gleichzeitig auf den eigenen Körper. Dabei vollziehen sich natürlich Veränderungen.

EINIGE ERFAHRUNGEN IN DER ANDERSWELT UND IM FEENREICH

Die Anderswelt-Initiation

Ab 1977, besonders aber zwischen 1978 und 1980, erlebte ich eine Reihe von Anderswelt-Erfahrungen, die sich damals völlig von allem mir bisher Bekannten unterschieden. Ich hatte seit 1968 Meditationen und Visualisierungen nach nordwestlichen Traditionen praktiziert und mit dem Heiligen Raum, den Vier Elementen und bestimmten innerweltlichen oder spirituellen Themen und Kontakten gearbeitet. Nichts davon stammte aus irgendwelchen offensichtlichen Anderswelt-Quellen oder hatte Bezüge dazu, die mir bewußt waren oder die man mir beigebracht hatte, allerdings kann ich rückblickend sagen, daß viele wertvolle Verbindungen geschaffen wurden.

Es gibt ein seltsames Phänomen innerhalb der Kunst der Bewußtseinsveränderung: Sie verändert allmählich und unweigerlich das Verständnis von einem selbst und von dieser Kunst. Zuerst gibt es einen Berg, dann ist er verschwunden, und plötzlich ist er wieder da. Diese Interaktion ist kein Produkt von Konditionierung, Vertrautheit oder regelmäßiger Erfahrung und Reife, denn sie liegt unter diesen zeitbedingten und gewohnheitsmäßigen Schichten des Bewußtseins und transzendiert sie gleichzeitig.

Ich stellte schließlich fest, daß ohne Anderswelt-Initiation die meisten Transformationstechniken, wie Meditation und Visualisierung, entweder unwirksam oder zu kopflastig sind. Sie sind unwirksam, weil sie sich nicht unserer grundsätzlichsten Energiequellen bedienen, und kopflastig, weil sie ausschließlich darauf beruhen, ein höheres Bewußtsein zu erlangen, ohne unsere Beziehung zum heiligen Land und zu unserem Planeten anzuerkennen oder zu erlösen. Es gibt das Stereotyp des spirituellen, magischen New-Age-Typen, der im Kopf und – etwas besser – im Herzen ganz Energie ist, aber alles darunter Liegende nicht wahrnimmt oder verachtet. Früher waren solche Menschen mit »Reinheit« und »Spiritualität« befaßt, heute sind es eher »Chakren« und die Befreiung von »Karma«.

Wir lehnen die fundamentalen Energien der Anderswelt ab und bringen uns damit in große Gefahr. Diese Ablehnung zeigt sich in unserem entsetzlichen Mangel an Beziehung zu unserem Mutterplaneten, der Erde. Sie zeigt sich auch in unserem Körper als zunehmend unheilbare Syndrome: Indem wir das Land verschmutzen, den Planeten, vergiften wir uns selbst über alle Möglichkeiten der Heilung oder Genesung hinaus. In diesem Phänomen läßt sich nicht nach Ursache oder Wirkung unterscheiden... Zerstörung des Planeten und kollektive Selbstvergiftung sind ein und dasselbe, und es beginnt und endet mit der Abtrennung vom Licht in der Erde, von der Heiligkeit der lebendigen Materie. Obwohl wir inzwischen unser potentielles Schicksal erkannt haben, besitzen wir die Arroganz, zu erklären, daß das »New Age« alles heilen wird, und wenn wir Negativität und Schuld abstreifen, könnten wir in die Reiche spiritueller Glückseligkeit entschweben!

Als Folge meiner Anderswelt-Erfahrungen in den späten siebziger und frühen achtziger Jahren bekam ich das

Gefühl, daß die Traditionen der spirituellen und transpersonalen Entwicklung, so wie sie in der gegenwärtigen Version dargestellt wurden, leider unvollständig waren. Es fehlt ihnen an der grundsätzlichen Reise in die Tiefe (nicht verstanden als psychisches oder emotionales Trauma), die alle alten Seher, Seherinnen, Priester, Priesterinnen und Wahrheitssucher unternommen haben. In den klassischen Mysterien, wie zum Beispiel jenen von Isis, die uns durch den *Goldenen Esel* des Apuleius bekannt sind, war dieses Licht in der Erde, das man bei der Reise durch die Dunkelheit findet, als *Sonne um Mitternacht* bekannt. Einige Zeit später veröffentlichte ich meine ersten Reaktionen darauf in *The Underworld Initiation*, einem Buch, das sich direkt mit den Techniken und Erkenntnissen befaßte, die bestimmten Traditionen der Anderswelt zugrunde liegen, die man bei der modernen Wiederbelebung des esoterischen Wissens ignoriert oder bewußt übergangen hatte. Mir schien es wichtig, zu zeigen, daß die ursprünglichen nördlichen und westlichen Traditionen eine Methode der psychischen Transformation enthielten, die sowohl den alten Schulen der Okkultisten und Theosophen wie auch den blühenden New-Age-Bewegungen unbekannt war.

Meine erste Erfahrung spielte sich in einer Reihe von Träumen ab, ohne daß ich danach gesucht hätte. Diese Träume waren verstörend und schwierig, aber sie hatten eine grundlegende Wirkung auf mich, weil sie mich dazu brachten, die gesamte Erfahrung in bewußte Meditation und Visualisierung überzuleiten. Danach stellte ich fest, daß ich sie erfolgreich anderen vermitteln konnte, als habe meine Pioniererfahrung einen Teil der Last von jenen genommen, die mir folgten. Inzwischen kennen mehrere tausend Menschen in der ganzen Welt meine gelenkte Visualisierung »Reise in die Unterwelt«

(*Journey to the Underworld*), und diese Reise wurde in den vergangenen zehn Jahren mit zunehmendem Erfolg in Gruppen unternommen.

Doch wenn auch alles, was in kollektive Bewußtsein gesät wird, für die Nachfolger leichter ist als die ursprüngliche Erfahrung, ist die Anderswelt-Initiation kein einfacher Weg.

Die Träume, die mich erweckten, waren fordernd und wiederholten sich in verschiedener Form, bis ich mich ihrem Inhalt aufmerksamer widmete. Damals lebte ich am Ort eines alten Tempels aus vorrömischer Zeit mit starker klassischer Prägung und keltischen, römischen und griechischen Ursprüngen. Die Göttin des Ortes, die über heiße Quellen wachte, war eine Gottheit der Heilung, der Öffnung und des Schließens, des Segnens und Verfluchens. Sie war, kurz gesagt, eine Unterwelt-Göttin. Meine eigenen Meditationen und die spirituelle Arbeit in einem Haus an diesem Ort schienen bestimmte tiefe Schichten meines Bewußtseins zu öffnen, symbolisiert durch die Göttin und einen unterirdischen Tempel in einer Höhle mit einem Teich.

Das immer wiederkehrende Bild einer Höhle unterhalb der Tempelanlage erschien mir zunächst bedeutungslos, da hier früher wohl ein Sumpf gewesen sein mochte. Daher stammten die zahlreichen heißen Quellen, die sich in den nahen Fluß ergossen. Doch auf einer inneren Ebene gab es hier Höhlen. Ich träumte von ihnen und sah sie in meinen Meditationen. Ich konnte mich dieser hartnäckigen Erscheinung nicht entziehen, daher beschloß ich, der Sache nachzugehen.

Da ich mich nun derart entschlossen hatte, begann ich mit den Bildern zu arbeiten, die sich mir so häufig gezeigt hatten. Ich stieg Stufen hinab in eine dunkle Höhle mit einem Teich in der Mitte. Auf der gegenüberliegenden Seite führte eine weitere Treppe in eine Nische, in der eine dunkle weibliche Gestalt stand. Diese Art Traum und die folgenden Visualisierungen haben vielleicht auch einen konventionellen psychologischen Wert, doch als magische oder spirituelle Erfahrung bewirken sie starke Energie- und Bewußtseinsveränderungen, die in modernen Therapieformen nicht anerkannt werden.

Nachdem ich diese Szene in wacher Visualisierung durchgearbeitet hatte, erlebte ich einen neuen, ziemlich erschreckenden, gewalttätigen Traum. In diesem Traum, den ich niemals vergessen werde, wurde mir eine kleine Holztür in einer Böschung oder einem Abhang gezeigt. In diese Tür war ein Symbol geschnitzt, und als ich es betrachtete, sprach eine Stimme von hinten direkt in mein Ohr, so daß ich den Sprecher nicht sehen konnte: »Das ist ein Weg, den seit langem niemand mehr gegangen ist... bist zu bereit, ihn zu gehen?« Ich sagte ja, und sogleich öffnete sich die Tür. Ich ging hinein und wurde sofort in rasender Geschwindigkeit in einen langen, steinernen Tunnel geschleudert. Mein Inneres schien sich nach außen zu kehren, als würde alles, jeder Aspekt und jedes Fragment meines Wesens, ob körperlich, geistig, emotional oder spirituell, umgekehrt. Ich hatte große Angst. Ich glitt taumelnd und sehr schnell durch diesen Tunnel und fühlte mich sehr verwirrt und unglücklich, weil alles, was ich als wertvoll angesehen hatte, herausgefordert und auf den Kopf gestellt wurde, einschließlich meiner bescheidenen Erkenntnis und inneren Arbeit. Ich fühlte mich auf den grundsätzlichsten Kern reduziert und hatte Angst, zu sterben. Plötzlich stürzte ich in eine große Tiefe und tauchte in gleißendem Licht wieder auf. Dann wurde ich wach, schwitzend, zitternd, aufgeregt und entsetzt. Es dauerte mehrere Tage, bis ich die Wirkung dieses Traumes verarbeitet hatte, und ich wußte, daß etwas Wichtiges geschehen war, auch wenn mir noch nicht ganz klar war, um was es sich handelte.

Als ich nun meine Visualisierungen von der Höhle und der dunklen weiblichen Gestalt fortsetzte, stellte ich fest, daß es möglich war, den dazwischenliegenden Abstand zu überqueren und mich ihr zu nähern. Sie war die Göttin der Unterwelt, die Schwarze Isis. Es folgten zahlreiche Übermittlungen und Unterweisungen aus unsichtbaren, doch erkennbaren und deutlich verschiedenen Quellen, vorwiegend im Schlaf.

In dieser Phase erlangte ich Einsichten in eine Reihe von traditionellen Themen, die seit Urzeiten in Balladen überliefert worden waren und die man immer als magisch betrachtet hatte, die aber nie jemand auf ihren wahren initiatorischen oder transformatorischen Effekt hin untersucht hatte. Dies waren keine seltsamen, altmodischen Relikte aus einer unwissenden Vergangenheit, sondern uralte Weisheiten der nördlichen und westlichen Anderswelt-Traditionen.

Ich hatte mich freiwillig der Anderswelt-Initiation unterzogen und arbeitete nun die Wirkungen meiner furchterregenden Reise auf. Mit jedem weiteren Besuch wurde es leichter, ausgeglichener, weniger turbulent, und ich erkannte schließlich, daß mir ein Recht der Anwesenheit zugestanden worden war. Ich hatte das Recht, bestimmte Türen zu öffnen und einzutreten, und ich konnte andere Menschen mitnehmen und wieder herausführen.

Schließlich erkannte ich die Beziehung zwischen angeborenem Potential (das wir heute auch »genetisch« nennen) und seinem verwirklichten, erwachten Zustand. Dieses Erwachen bestand in der Kommunion mit den Ahnen, auf die ich in späteren Kapiteln noch zurückkommen werde.

Das Feenreich

Am besten beschreibt man das Feenreich, indem man persönliche Erlebnisse schildert. Meine eigenen Erfahrungen mit dieser Welt und seinen Bewohnern und diejenigen der Gruppen, die ich in Visualisierungen in und aus dem Feenreich geleitet habe, vermitteln wohl weit mehr von seinem Wesen als eine lange Diskussion über Theorie, Volksweisheit oder esoterische Philosophie.

Die alten Traditionen sind wichtig, weil sie eine historische und kollektive Grundlage für die Kontakte und Feentechniken unserer Vorfahren bilden, aber man kann sie heute nicht ausschließlich benutzen, denn unsere Kultur unterscheidet sich radikal von der vor nur siebzig Jahren. Man muß ein Gleichgewicht finden zwischen esoterischem Wissen, Volkswissen und einer direkten, heutigen Erfahrung der Interaktion mit dem Feenreich und seinen Bewohnern. Die praktische Erfahrung und Interaktion ist alles... ohne sie ist die alte Kunde wertlos und nur eine Fundgrube für Merkwürdigkeiten.

Mir geht es nicht darum, Argumente oder »Beweise« für die Existenz des Feenreiches und anderer Anderswelt-Gebiete aufzustellen. Die individuellen und Gruppenerfahrungen, auf die in diesem Buch Bezug genommen wird, werden nicht als »Beweis« für irgend etwas aufgeführt. Es handelt sich einfach um Auszüge oder kurze Zusammenfassungen von dem, was geschah, als moderne Menschen die Anderswelt oder das Feenreich zu erkunden begannen.

Ehe ich meine eigenen Erlebnisse mitteile, will ich Grundinformationen über die Techniken geben, die man bei moderner Gruppenarbeit mit dem Feenreich benutzt. Die modernen Visualisierungen oder Reisen wurden in der Zeit von 1978 bis heute vorgenommen, mit

Gruppen in der Größe von drei oder vier Teilnehmern
bis zu fünfzig; bei einigen Gelegenheiten waren es bis
zu hundertfünfzig Teilnehmer. Die Gruppen versammel-
ten sich in England, Schottland, Wales, Irland und Amerika. Feenarbeit in Amerika unterscheidet sich von der in
Großbritannien und Irland. Auch auf den Britischen Inseln bestehen Unterschiede; diese sind aber generell ge-
ringer.

Ich beginne mit einer Zusammenfassung der Grundzüge jeder Gruppenarbeit. Ich schildere der Gruppe gewöhnlich die Hintergründe der Feentradition und
mache, falls nötig, einige Vorabvisualisierungen und ein-
leitende Energiearbeit mit Heiligem Raum und den Sieben Richtungen.[8] Diese Einstimmung des Bewußtseins
und der Energie ist sehr wichtig bei der Arbeit mit dem
Feenreich, denn die alten Länder (wie z. B. das prähistorische Irland) waren nach einem idealisierten Norden,
Osten, Süden und Westen ausgerichtet, auf die Vier Elemente eingestimmt und durch eine zentrale Fünfte Zone
vereinigt.[9] Dieses Muster findet man in späteren Kapiteln
bei der Visualisierungs- und Energiearbeit.

Diese Ausrichtung von Staat, Stadt und heiligem Land
findet man in vielen alten Kulturen; planetarische Richtungen gelten als wichtig für die Gesundheit des Landes,
und Menschen mit bestimmten Eigenschaften und Funktionen werden idealerweise in den vier Himmelsrichtungen plaziert, wobei alle durch eine zentrale fünfte Dimension harmonisiert werden. Wenn wir mit diesem elementaren Richtungsmuster arbeiten, werden die Erlebnis-
nisse mit dem Feenreich verstärkt und ausgeglichen.
Ohne dieses ursprüngliche Weltmuster tendieren die
Feenerfahrungen dazu, weniger deutlich, verschwommen und sogar unausgeglichen zu sein. Experimente
und Gruppenvisualisierungen mit und ohne vorherige

Einstimmung auf den Heiligen Raum haben mich von diesem Unterschied überzeugt, obwohl es interessanterweise im Feenreich selbst keine deutliche Ausrichtung der Himmelsrichtungen gibt.

Die Ausrichtung auf die Himmelsrichtungen und die Elemente ist für uns vor und nach den Begegnungen mit der Anderswelt wichtig, wird aber nicht immer benutzt. Es ist, als müßten die Energien vor dem Eintritt geordnet und nach der Rückkehr wieder ausgerichtet werden, aber bei der Begegnung selbst werden sie gelockert und transformiert.

Nach der Hintergrundinformation und der Arbeit mit Himmelsrichtungen und Elementen wird die Gruppe durch geleitete Visualisierungen ins Feenreich geführt. Dabei handelt es sich um eine bestimmte Technik, bei der der Text der Visualisierung von einem Erzähler vorgetragen wird, der persönliche Erfahrungen vom Feenland sowie von den Energiemustern des Heiligen Raums haben muß. Man findet einige Beispiele für Visualisierungen in Teil 2 des Buches und auf Kassette.[10]

Nachdem ich mit verschiedenen Gruppen an verschiedenen Orten gearbeitet hatte, wurden viele regelmäßig auftauchende Grundzüge erkennbar. Menschen ohne Verbindung zueinander und in verschiedenen Ländern berichteten häufig von gleichen Erfahrungen bei den Anderswelt-Visualisierungen. Ich lasse die offenkundigeren Ähnlichkeiten hier weg, die mit Bildern und Themen der Tradition zu tun haben, und konzentriere mich auf ungewöhnlichere Dinge.

Ein Merkmal ist die Prävision oder sogar Voraussage. Gruppenmitglieder gaben häufig an, daß sie Aspekte der Visualisierung sahen, ehe sie von mir beschrieben wurden, und daß sie bestimmte Orte erreichten oder bestimmte Wesen trafen, ehe ich die Gruppe zu diesen Begegnungen geführt hatte. Gewöhnlich spielte sich die Prävision kurz vor der Erwähnung selbst ab, als seien bestimmte Individuen bei der Gruppenreise immer einige Schritte voraus, aber immer noch bei der Gruppe. Bei einem anderen Beispiel, das seltener vorkommt, bewegten sich einige der Gruppe weit voraus, blieben jedoch innerhalb der Szenerie, die ich ihnen beschreiben wollte; oft hatten sie Begegnungen und erreichten Orte vor der Hauptgruppe. Im Gegensatz dazu berichteten sehr wenige von einer visuellen Erfahrung, die weit von der Erzählung abwich, oder von unbekannten Zonen, Begegnungen, Phantasien und Absurditäten.

Ein weiteres Kennzeichen der Feenreich-Visualisierungen ist, daß die gesamte Gruppe einen bestimmten beschriebenen Ort erreicht, aber die individuelle Erfahrung dort auf ungewöhnliche Weise gefärbt sein kann. Diese Variationen entstehen auf natürliche Weise, ohne daß der Betreffende von der Szene entfernt oder die allgemeine Entwicklung der Gruppenbegegnungen, die Reise oder die Ausrichtung verliert.

Die Feenbewohner zum Beispiel erschienen allgemein allen Gruppenmitgliedern in gleicher Weise, doch ein oder zwei in der Gruppe hatten oft eigene Visionen und Erfahrungen, die von lebhaften Bildern geprägt waren. Das liegt teilweise daran, daß sich Feenwesen in ihrer Darstellung auf unsere eigene Vorstellungskraft stützen, auf unseren Vorrat an Bildern. Sie richten sich an Mustern aus, die wir begreifen können, und kommunizieren auf Weisen, mit denen wir vertraut sind. Das bedeutet jedoch nicht, daß es sich um Phantasien handelt, die dem Wunschdenken entspringen, denn abgesehen von der individuellen Färbung behalten sie eindeutige, erkennbare Identitäten und Verhaltensformen. Es ist zum Beispiel nicht möglich, ein Feenwesen in der Visualisierung zu zwingen, seine Gestalt oder einen Aspekt davon in etwas zu verwandeln, das seiner Natur fremd ist. Noch ist es möglich, die Kommunikation mit Wesen zu erzwingen, die dies nicht wünschen, auch wenn man sich ihrer Präsenz bewußt ist. Wir werden auf diese Themen später zurückkommen.

Das generelle Muster der Feenwelt und seiner Bewohner ist in der kollektiven Vorstellungswelt der Tradition bewahrt, aber individuelle Beispiele und Begegnungen aus dieser kollektiven Vorstellungswelt können sich in verschiedenen abgewandelten Ausdrucksformen zeigen. Alles wird von Grundthemen durchzogen, von Grundwesen und Energien, die von der menschlichen Phantasie oder durch Kontakte nicht verändert werden, sondern statt dessen uns transformieren.

Meine eigenen Begegnungen mit dem Feenreich und dessen Bewohnern waren zahlreich, sowohl in Gruppen als auch allein. Die wichtigsten Begegnungen ereigneten sich spontan, manchmal sogar als Überraschung. Die wichtigste (wenngleich nicht die erste) erlebte ich 1982 in Schottland. Dabei gewann ich eine ganze Bewußtseinsstufe mit ihrer Erinnerung an Feenreiche und Ahnentraditionen zurück. Dies sollte schließlich zur Neuausgabe des Buches *The Secret Commonwealth of Elves, Fauns and Fairies* führen (unter dem Titel Robert Kirk: *Walker between Worlds,* Element Books, 1990). Es vergingen zwar acht Jahre bis zum Erscheinen des Buches, aber in Feenbegriffen hat Zeit wenig Bedeutung.

Dieses Ereignis im Jahre 1982 war nicht meine erste Begegnung mit dem Feenreich oder mit Feenwesen, aber es war dasjenige, das die Erfahrung für mich erweiterte. Es half auch, meine eigene Fähigkeit zu wecken, andere ins Feenreich und wieder heraus zu führen. Da dieses Ereignis in bestimmten Aspekten meines Lebens und meiner Arbeit eine wichtige Rolle spielte, will ich es in allen Einzelheiten schildern. Ein Großteil des Materials zu diesem Buch entstammt der seltsamen Begegnung, die ich nun beschreibe, obwohl meine Anderswelt-Erfahrungen, wie bereits erwähnt, einige Jahre früher begannen. Das Feenreich liegt in der Anderswelt, aber die Anderswelt ist weitaus mehr als das Feenreich allein.

Ich fuhr im Sommer 1982 nach Schottland, um eine Freundin zu besuchen, die an der Universität Stirling Mystik studierte. Ich bin zwar Schotte, habe aber den Großteil meines Lebens in England verbracht; doch dieses Buch sollte sich in mehr als nur einem Sinne als Heimkehr herausstellen. Ich wollte Stirling und die Heimat von Robert Kirk besuchen, der im siebzehnten Jahrhundert gälische Feentraditionen untersucht hatte. Die Einladung stammte von Deirdre Green, der Autorin von *Gold in the Crucible* (Element Books, 1989). Sie nahm mich mit nach Aberfoyle, wo Kirks Grab liegt und wo bis zum heutigen Tage eine Feentradition existiert.

Die Mär lautet, daß Kirk ins Feenland geholt wurde und daß er nicht wirklich gestorben war, obwohl man seinen Körper auf einem nahen Hügel fand. Man unternahm noch bis ins zwanzigste Jahrhundert hinein Versuche, Kirk aus dem Feenland zurückzuholen, denn es hieß immer noch, daß er dort weile. Mir war diese Geschichte zwar bekannt, aber ich war nicht sonderlich davon beeindruckt. Meine Begeisterung schwand noch mehr, als ich mit Deirdre und einem anderen Freund, John Hicks, auf dem Feenhügel bei Aberfoyle rote, pilzförmige Markierungen vorfand, die den Touristen den Weg weisen sollten.

Der Hügel selbst war bewaldet und unwegsam ... wir waren trotz der Markierungen die einzigen Besucher, die sich auf den »Feenweg« begaben. Wir stiegen bis zur

Bergkuppe und suchten uns jeder einen stillen Ort, um zu meditieren. Ich setzte mich unter eine Eberesche, ein beliebter Baum in der Feentradition und von den Gälen als Schutz gegen Böswilligkeit und zur Bewachung von Toren und Schwellen benutzt.

Ich meditierte eine ganze Weile und fühlte mich friedlich und still, aber ohne eigentlichen Feenkontakt. Ich erwartete auch nichts dergleichen, denn ich stand der ganzen Sache recht zynisch gegenüber und hatte diesen Teil meines Ahnenerbes schon seit Jahren abgeschottet. Gerade als ich wieder aufstehen und gehen wollte, merkte ich plötzlich, daß ich mit jemandem in Kontakt war. Es war ein kleiner Mann, recht stämmig, der erklärte, er sei Robert Kirk und im Feenreich in der Blüte seines Lebens. Diese Mitteilung erfolgte völlig unvermittelt und überraschend. Die Person schien menschlich und normal, hatte aber eine seltsame Energie. Ohne lange Vorreden erzählte er mir von einer ganzen Gruppe von Menschen (überwiegend Männern), die im Feenreich lebten, darunter Menschen aus dem keltischen Umfeld und von anderen, recht unwahrscheinlichen (und, wie mir damals schien, lächerlichen) Orten und Zeiten. Man nannte die Gruppe den Orden oder die Bruderschaft der »Gerechten«. Ich berichte nur, was ich erlebte, und behaupte nicht, diese Gruppe von Sterblichen zu vertreten, zu kennen oder zu verstehen, die offensichtlich in der unsterblichen Feenwelt leben. Diese Tradition gibt es jedoch überall in der Welt, obwohl mir das erst Jahre später bekannt wurde.

Nachdem er diese Gruppe beschrieben hatte, alles Menschen, die körperlich den Schritt ins Feenreich getan hatten, sprach Robert Kirk die eindringliche Einladung aus, zu ihnen zu stoßen. Ich hatte das Gefühl, mir öffne sich eine Tür von dieser Welt in eine andere und ich könne körperlich diesen Schritt tun. Ich stand auf, um diesen Schritt zu tun, doch als ich den Fuß hob, hörte ich in der Ferne ein Horn blasen. Lassen Sie es mich genauer ausdrücken: Es war eine Autohupe, und ihr Ton rief mich zurück zu meiner Verantwortung in der Gegenwart. Ich bin nicht hindurchgeschritten. Aber ich frage mich nicht, was wohl geschehen wäre, wenn ich tatsächlich körperlich das Feenland betreten hätte, denn ich habe es in den letzten zehn Jahren auf verschiedene Weisen häufig betreten.

Ich blieb in dieser Nacht in der Gegend und hatte lebhafte Träume, in denen mich Robert Kirk und bestimmte verbündete Feenwesen in Feenmetaphysik, -philosophie und der Kunst der Sieben Richtungen unterwiesen. Ein großer Teil dieser Lehren taucht in meinen späteren Büchern auf. Ich wurde in diesem Traum, dieser Vision, auch auf eine längere Reise durch ganz Schottland zu vielen Orten der Kraft geführt, von denen ich einige später noch einmal besuchte, wobei ich sie aus diesem intensiven Traumerlebnis wiedererkannte.

Vielleicht sollte ich hier erwähnen, daß ich mir über die sogenannte Quelle oder die Natur dieser Kommunikationen keine Gedanken mache. Ich sehe keinen Grund, warum es nicht Robert Kirk gewesen sein könnte, insbesondere, da andere Menschen in dieser Gegend ähnliche Kontakte mit ihm gehabt haben. Einige behaupten, ihm bei Meditationen oder Visualisierungen auf inneren oder imaginären Ebenen begegnet zu sein.

Die Bedeutung dieser Begegnung liegt wohl darin, daß ich sie nicht gesucht oder mich darauf vorbereitet hatte; im Gegenteil, ich war eher skeptisch, ob sich etwas ereignen würde. Ich merkte später, daß meine Skepsis eine tiefe, aber unsichere Verbindung mit dem Feenreich verdeckte, die ich von meinen keltischen

Ahnen geerbt hatte und die auf vagen Kindheitserinnerungen an Anderswelt-Kontakte beruhte. Wertvoll war, daß eine Menge von Weisheiten, Lehren und bestimmtem funktionsfähigem Material nach diesem Kontakt an die Oberfläche trat, Material, das ich seitdem für die Arbeit mit anderen entwickelt habe.

Ob es nun Kirk war oder nicht, es geschah etwas, das mit dem Feenreich und dem Weg hinein und hinaus zu tun hatte, für mich wie für andere. Meiner Meinung nach war es in der Tat Robert Kirk, und einige der Techniken, die ich durch seine Unterweisung erfahren habe, brachten mich in Kontakt mit anderen Menschen aus der Geschichte, die im Feenreich leben. Viele meiner vorherigen, recht glatten modernen Deutungen der Feentradition als niedliche Märchen wurden durch dieses Abenteuer radikal verändert.

Als ich 1989 dabei war, Kirks *Secret Commonwealth of Elves, Fauns and Fairies* neu herauszugeben und zu kommentieren, spürte ich sehr stark seine beratende Gegenwart, aber keinen direkten Kontakt von jener dramatischen, intensiven Art, wie ich es in seiner Gegend erlebt hatte. Deirdre starb leider 1990 bei einem Autounfall, ehe das Buch veröffentlicht wurde; ohne ihre Hartnäckigkeit und liebevolle Freundschaft in den Jahren zuvor hätte ich die Reise nach Schottland vielleicht nie unternommen, hätte ich Kirk nicht getroffen und das Feenreich nie betreten und wieder verlassen. Ich verdanke ihr sehr viel.

2. Das Feenvolk

WER ODER WAS SIND DIE FEENWESEN?

Zwei Deutungen über das Wesen der Feen haben sich durchgesetzt, doch es gibt eine Reihe von Variationen, je nach Religion und Kultur. Nach modernem, materialistischem Verständnis leben sie aktiv oder passiv innerhalb der Psyche und haben kein unabhängiges Sein als tatsächliche Lebewesen, außer im menschlichen Bewußtsein. Nach traditionellem Verständnis sind sie unabhängige Wesen unterschiedlicher Art, von denen viele der Menschenrasse nahestehen, aber niemals mit ihnen identisch sind.

Die prämaterialistische oder metaphysische Ansicht über die Feenstämme wird in der modernen Deutung oft mit den häufigen Berichten über die Anwesenheit verstorbener Verwandter und Ahnen verwechselt, oder von Menschen, die körperlich ins Feenreich übertragen wurden, entweder durch Feenwesen bewußt hineingezogen oder zufällig an heiligen Orten und anderen Kraftzentren des Landes hineingeraten. Wenn wir die traditionellen Berichte lesen oder hören, finden wir keine derartige Verwechslung, denn die drei Kategorien sind eindeutig definiert und werden in der Volksweisheit allgemein genau verstanden. Das Problem entsteht mit der materialistischen Deutung, die entschlossen ist, alles in ein psychologisches Modell einzupassen, das diese Traditionen auf Aberglauben oder Ignoranz zurückführt. Die Feentradition ist aber in Wirklichkeit konsistent und logisch, auch nach Jahrhunderten der religiösen und gesellschaftlichen Unterdrückung.

Innerhalb der psychologischen Betrachtungsweise finden wir eine Reihe von Deutungen, je nach psychologischer Schule: Die Feenwesen sind sexuelle Symbole, es handelt sich um »Archetypen« wie bei den klassischen Göttern und Göttinnen, sie sind Verkörperungen und projizierte Bilder unserer Angst vor dem Unbekannten, sie sind Überreste einer alten Naturreligion oder die kollektive abergläubische Vorstellung einer prämaterialistischen Menschheit, und so weiter ...

Unser traditionelles Erbe ist weit und komplex. Es überrascht kaum, daß man in der orthodoxen Religion an Feenwesen glaubt, doch man hält sie für böse oder bestenfalls für einen ablenkenden Einfluß. Da das orthodoxe Christentum in der westlichen Kultur in den letzten Zügen liegt, herrscht in vielen Religionen eine materialistische Betrachtungsweise vor, und die Existenz anderer Wesensklassen, nichtmenschlich oder nichtorganisch, wird einfach ignoriert oder geleugnet.

Die Priester alten Stils, die versuchten, ihre Gemeinde von Feenkontakten fernzuhalten, waren sich der Macht der alten Traditionen nur allzusehr bewußt. Sie betrachteten Feenkunde oder Anderswelt-Bräuche nicht als Phantasie oder Dummheit. Interessanterweise finden wir in keltischen Regionen, wie in Schottland oder Irland, Berichte über Priester, die das Zweite Gesicht und Umgang mit Feenwesen hatten. Noch Anfang des zwanzigsten Jahrhunderts fand W. Y. Evans Wentz, der Autor von *The Fairy Faith in Celtic Countries*[3], eine Reihe solcher Priester, protestantische wie katholische, die auf die alten Traditionen eingestimmt waren. Auch in orthodoxen

Kreisen gibt es also eine Interaktion zwischen Religion und Feenglauben, und zwar in positivem statt dogmatischem oder abergläubischem Sinne.

Die Feenkunde enthält unzweifelhaft zum Teil die Überzeugungen heidnischer Religionen. Daher unterscheidet sich die Interpretation der Feen und ihres Wesens von Land zu Land aus historischen und kulturellen Gründen; sie unterscheiden sich auch, weil Feenwesen eng mit dem Land selbst in Verbindung stehen. Das ist ein subtiles Thema, auf das wir in anderen Kapiteln zurückkommen werden. Doch von den klassischen Zeiten bis zur Volksweisheit des zwanzigsten Jahrhunderts finden wir eine durchgehende Linie hinsichtlich des Wesens der Feen; eine Kontinuität, die historische und kulturelle Grenzen überschreitet. Dieses traditionelle Erbe kann man wie folgt zusammenfassen:

1. Es gibt eine Rasse oder Ordnung von nichtorganischen, »immateriellen« oder spirituellen Wesen, die der Menschheit nahestehen.
2. Diese Rasse ist auf das Land eingestimmt und unterscheidet sich wie die Menschen von Land zu Land, ist aber insgesamt einheitlich.
3. Sie können mit Menschen kommunizieren und umgehen, besonders im Kontext mit der Lebenskraft des Landes oder der Umwelt.
4. Es heißt, sie spiegeln die Menschheit auf viele Weise, ebenso wie die Feenwelt das Spiegelbild oder Urbild unserer Welt ist.
5. Ein fünftes Konzept, das meiner Meinung nach häufig übergangen und in den modernen Arbeiten über Volksweisheit und Feentraditionen ausgelassen wird, ist, daß die Feenwesen sich immer an das anpassen, was sie in unserer Vorstellung vorfinden. Man könnte

auch sagen, daß unser Verstand als Folge eines Feen-
kontakts Bilder für uns formt, daß aber diese Bilder
veränderlich und formbar sind.

Das sind natürlich meine eigenen Worte, aber in den
Hauptquellen, wie bei Robert Kirk, finden wir den gleichen Gedanken in ethischen Begriffen. Er sagt, wenn unsere Seelen rein sind, ist der Kontakt mit der Feenrasse
wohltuend und harmonisch, aber wenn ein »Dämon« auf
der Seele liegt, schwindet der wohltuende Kontakt. Er
bemerkt auch, daß ein negativer oder ungesunder Kontakt die Eigenschaften des betreffenden Menschen spiegelt. Was wir mit uns ins Feenland tragen, reflektiert sich
in dem, wem wir begegnen, und in dem, was wir wieder
herausbringen. Aber die Situation ist nicht statisch, weil
eine Feenbegegnung verwandelt: Die »geheime« Kunst
bestand darin, das, was man verändert haben wollte, ins
Feenreich zu bringen, es anzubieten und mit dem
zurückzukehren, was einem großzügig dafür gegeben
wurde.

Kirk beschreibt auch an mehreren Stellen in seinem
Buch die Tatsache, daß Feenwesen vorübergehend andere Gestalt annehmen, um mit uns in Verbindung zu
treten. Sie nehmen zum Beispiel die Gestalt eines geliebten Menschen an, oder eines kürzlich Verstorbenen,
um durch Bildsprache Botschaften zu übermitteln über
Dinge, die geschehen sind oder geschehen werden.

Keltische Seher waren stark mit der Deutung einer
großen Sammlung typischer oder systematischer Bilder
beschäftigt, deren Form und Sinn durch mündliche
Überlieferung unter den Sehern verbreitet wurde und
sich viele Jahrhunderte lang hielt. In dieser symbolischen
Unterweisung ging es in der Regel um Bilder, die man
mit dem Zweiten Gesicht sah, so daß sie, in ihren Ein-

zelheiten nicht auf allgemeine, alltägliche Feenkontakte angewendet werden kann.

Kirk zufolge wurden von den Feenwesen bestimmte Elemente, wie Typ und Anzahl von Kleidungsstücken, Art der Haltung, Art des Herannahens oder Fortgehens und andere symbolische Darstellungen, speziell als eine Art von Alphabet entwickelt, wobei sie oft auf menschliche Vorstellungen zurückgriffen. Das ist eine interessante Mitteilung, denn sie paßt zu einer Reihe von traditionellen magischen Künsten in der ganzen Welt. Bei solchen Traditionen wird der Eingeweihte in einer bestimmten Anzahl von Bildern, Symbolen, Mustern, Bewegungen und so weiter unterrichtet. Diese ermöglichen schließlich eine Kommunikation zwischen Menschen und nichtmenschlichen Wesen.

Der kabbalistische Baum des Lebens, der in der westlichen Magie häufig benutzt wird, ist ein klassisches Modell symbolischer Muster, Glyphen und Bilder unter Zufügung heiliger Buchstaben, vergleichbar mit dem System der gälischen Seher und dem Runenzauber der Magier und Schamanen des Nordens. In der Magie der Renaissance finden wir komplizierte Entwicklungen dieser Gedanken, wie das enochische Alphabet von Dr. John Dee, das er direkt von Geistern für bestimmte Kommunikationen und Anrufungen erhielt. Dees Forschungen schildern auch Seherkünste mittels eines Kristalls und berichten über einen anderen Seher, Edward Kelly, der wahrnahm und berichtete, aber nicht immer begriff, was er sah.

Meine eigene Erfahrung gibt mir das Gefühl, daß Robert Kirk uns durch seine verschiedenen Kommentare einen sehr klaren Bericht über Feenkontakte gegeben hat, wenn auch natürlich in seiner eigenen Sprache und gewiß durch religiöses Gedankengut des siebzehnten

Jahrhunderts gefärbt und eingeengt. Die Vergleiche, die wir zwischen Kirks Material und den magischen Volkstraditionen weltweit ziehen können, sind ein starker Beweis, daß er über eine aktive Tradition berichtete.

In vieler Hinsicht war *The Secret Commonwealth* ein kühnes Dokument zu seiner Zeit, als die Puritaner immer noch Menschen verbrannten, die man der Hexerei anklagte, oder Fälle vorkamen wie der von Major Weir und seiner Schwester, die von der Feenkönigin das Weben lernten und daraufhin des Umgangs mit Feenwesen und der Zauberei bezichtigt wurden. Kirks Buch wurde natürlich erst Jahrhunderte nach seinem Tod veröffentlicht und zielte anscheinend nur auf private Zirkulation unter Geistlichen ab.

Wir wollen einen Moment die Anwesenheit von Ahnen und Menschenwesen im Feenreich vergessen und uns auf die Natur der Feenwesen konzentrieren. Kirks Bericht aus der gälischen Tradition des siebzehnten Jahrhunderts enthält nämlich einen wichtigen Schlüssel: Die Feenwesen erscheinen und kommunizieren entsprechend dem, was in unserer eigenen Vorstellung existiert – aber sie sind kein Produkt der Phantasie.

Kirk beschreibt sie als chamäleonartige Wesen, die Form und Farben wechseln, leicht und substanzlos sind und aus einer Wolke von Lebensstoff bestehen. Das paßt gut zu der bewegenden Beschreibung von Evans Wentz von einem berühmten irischen Seher und Mystiker. Die Quelle war A. E. (George Russell), dessen bemerkenswerte Schriften und Feenbilder grundsätzliches Studienmaterial für alle sind, die sich mit der Feentradition beschäftigen.

In meiner eigenen Arbeit und in den Gruppensitzungen, wenn wir in privaten Workshops und an Feenplätzen Visualisierungen benutzen, hat es immer wieder die

Tendenz gegeben, daß Feenkontakte bestimmte Muster aus der Vorstellungswelt des Menschen benutzen. Es besteht aber ein deutlicher Unterschied zwischen dieser Interaktion und einfachen Assoziationen, Phantasien oder Projektionen von konditionierten Bildern, die alle nicht der Anwesenheit einer anderen Intelligenz bedürfen.

Der offensichtlichste und am häufigsten wiederholte Unterschied besteht in einem eigenen Willen und einer bestimmten Motivation der Feenwesen; sie erscheinen vielleicht in einer Vorstellungsform, die man erkennt, und sie kommunizieren nach Mustern und Sprachrhythmen oder Bildern, die man selbst benutzen würde, aber sie tun nicht einfach, was wir wollen. In vielen Beispielen für Begegnungen ist vielmehr der Feenwille sehr stark ausgeprägt, und viele dramatische Ereignisse haben sich abgespielt. Ein weiterer Aspekt von Feenbegegnungen, von dem in der alten Tradition oft gesprochen wird, ist, daß Menschen Übereinstimmung und eine ausgewogene Beziehung mit Feenwesen erreichen müssen, ohne sich – im wörtlichen oder im übertragenen Sinne – davon hinreißen zu lassen.

DAS WESEN DER FEEN

Das Wesen der Feen wird in der Tradition ausführlich beschrieben, und die mündlichen Überlieferungen treffen deutliche Unterscheidungen zwischen den Feenwesen, den Geistern der Toten oder Ahnen im Feenreich und jenen, die dorthin entführt wurden oder freiwillig als lebendige Menschen dort blieben.

Weitere Informationen aus der esoterischen Tradition, die ebenfalls über die Jahrhunderte hinweg überliefert wurden, aber in einem kleineren Kommunikationsbereich bewahrt blieben, stehen ebenfalls zur Verfügung. Dies wird durch die Erkenntnisse moderner Individuen und Gruppen gestützt, die Techniken anwenden, wie sie in diesem Buch beschrieben werden. Verschiedene Aspekte dieser Kenntnisse kommen häufig vor, daher wollen wir sie kurz darlegen:

1. Feenwesen werden oft als kollektive Einheit oder Schwarmwesen wahrgenommen. Das ist ein sehr wertvoller, aber häufig falsch gedeuteter Aspekt. Es gibt verschiedene Ordnungen oder Kollektive von Feenwesen, genau wie es verschiedene menschliche Rassen gibt. Einer der Hauptunterschiede zwischen Feenwesen und Menschen ist, daß Feen in den meisten Fällen Schwarmwesen sind.

   Die verschiedenen Ordnungen der Feenwesen sind alle schwarmähnlich: Wenn man mit einem einzelnen kommuniziert, kommuniziert man mit allen anderen Mitgliedern dieses Schwarms oder Stamms. Über diese einheitliche Intelligenz spielen sich viele der Interaktionen zwischen Menschen und Feen ab, und oft nehmen wir an, daß wir es mit einem Individuum im menschlichen Sinne zu tun haben, während es sich tatsächlich um ein Kollektiv handelt. Aus diesem Grund befassen wir uns bei der direkten Visualisierung, wenn wir das Feenreich in unserer Vorstellung betreten, zuerst mit dem König und der Königin. Sie stellen die letztendliche Polarität aller Feenwesen dar, ungeachtet ihrer Natur, ihres Schwarms, ihres Stamms oder ihrer Ordnung. Ein Beispiel für eine solche Visualisierung findet man auf Seite 140 ff.

   In Wirklichkeit kann es eine Reihe von »Königen und Königinnen« der verschiedenen Ordnungen geben, doch dieses Kollektiv läßt sich unter jenen mächtigen Wesen zusammenfassen, die unserer Vorstellung in der traditionellen Form von Feenkönig und Feenkönigin erscheinen. Genau wie eine Bienenkönigin keine Herrscherin im politischen Sinne ist, sollten wir von den Feenherrschern nicht erwarten, hierarchisch oder politisch zu sein. Königs- und Königinnenwürde beruhen auf Eigenschaften und angeborenen Kräften, nicht auf Titeln oder autoritären Rollen.

Nicht alle Feenwesen haben jedoch untereinander Verbindung, denn die verschiedenen Ordnungen können durchaus untereinander eine Beziehung haben, ohne unbedingt das gleiche Stammesbewußtsein zu teilen. In bestimmtem Sinne sind gewisse Ordnungen von Feenwesen die Elementarwesen der mittelalterlichen und renaissance-zeitlichen Magie, denn sie bestehen nicht wie die Menschen aus allen Fünf Elementen. In Abbildung 2 werden die Elemente in ihrem ganzheitlichen Kreislauf und ihrer Beziehung untereinander gezeigt. Jedes Element trägt in sich eine Konfiguration der anderen, und so bildet sich ein Muster von ununterbrochener Relativität und mathematischer Anziehung. Diese Muster, in magischen Traditionen wohlbekannt und offen gelehrt, wurden vor kurzem durch die moderne Mathematik mit Hilfe von Computern »entdeckt«, wobei sogenannte »Chaosbilder« produziert werden, die in Wirklichkeit die elementaren Muster in der Natur spiegeln oder wiederholen. Seher und Mittler haben solche Muster seit Jahrtausenden beobachtet oder benutzt, aber heute »entdeckt« und »beweist« sie natürlich der Computer.

Solche Muster bilden einen wichtigen Schlüssel zur wahren Natur der Feenwesen, wie sie auch einen Schlüssel zur Macht der Elemente bilden. Feenwesen besitzen jedoch nur einen begrenzten, unvollständi-

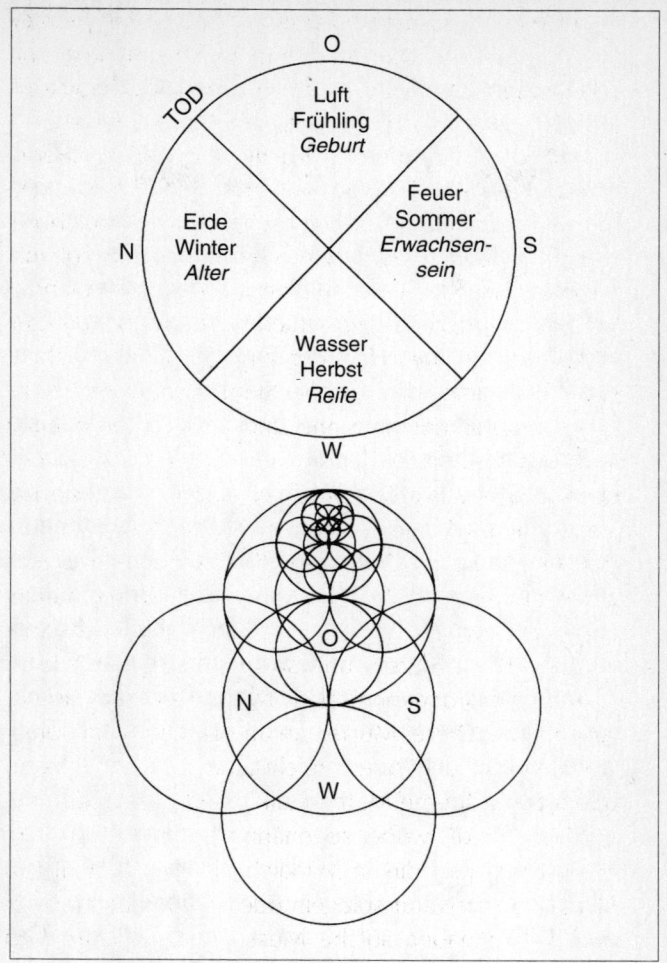

Abb. 2a   Die Fünf Elemente: Luft, Feuer, Wasser, Erde, Geist
oder Zentrales Wesen

Abb. 2b   Die Elemente sind relative Zustände und Muster
aus Energie/Bewußtsein. Das fünffache Muster wiederholt sich in jedem Element und in allen Elementar-
mustern

gen Kreislauf von Elementen und können ein Gleichgewicht nur dadurch finden, daß sie mit anderen Wesen verschmelzen, die die fehlende Elementarenergie besitzen.

Dies ist der Kern der alten Magie von Feen-Partnerschaften und -Ehen: Beim Menschen wird sein schwächstes Element gestärkt und belebt, indem er eine Beziehung mit einem Feenwesen eingeht; das Feenwesen findet das potentielle fünffache Elementarmuster durch die Beziehung mit einem Menschen vervollständigt. Um eine der ältesten Traditionen hinsichtlich der Beziehungen zwischen Menschen und Feen zu paraphrasieren: Wir haben das Potential, sie zu erlösen, ihnen ein spirituelles Element zu geben, einen Bestandteil, den sie nicht haben, während sie die Kraft haben, uns zu regenerieren, unsere unausgewogenen Energien in Harmonie mit den Urbildern und dem planetarischen Bewußtsein zu bringen. Kirk zufolge lehrten die keltischen Seher, daß alles Existierende lebendig sei, daß jede Form andere Lebewesen an oder in sich trage. Heute nennen wir dies Ganzheitlichkeit – Energien und Einheiten, die miteinander in Beziehung treten.

2. Feenwesen kennen nicht das Gefühl menschlicher emotionaler Liebe. Sie werden oft als gefühllos beschrieben, wobei das nicht kalt oder abgestumpft bedeutet. Es fehlt ihnen einfach an menschlichen Gefühlen. Doch den Feenwesen sind tiefere spirituelle Kräfte bekannt, und Liebe auf einer universellen Ebene ist ihnen angeboren. Ein Hauptaustausch zwischen der Menschheit und den Feenwesen besteht daher auf der menschlichen Ebene der Emotionen und der persönlichen Gefühle... der Austausch per-

sönlicher Liebe und Zuneigung zwischen den Geschlechtern und zwischen Eltern und Kindern. Man findet dieses Thema oft in der Tradition, im Kontext von Geschichten und Liedern von Feenliebsten und gestohlenen Kindern.

Doch es verdeckt auch eine tiefergehende Weisheit, die lehrt, daß selbstlose Liebe mächtiger ist als selbstsüchtige. In Fiona Macleods epischem Gedicht *The Immortal Hour*, das viele Elemente der Feenkunde in ein edwardianisches Drama der keltischen Dämmerung flicht, wird die größte Macht als »Liebe im Frieden« beschrieben, viel stärker als »Liebe, die vor Begierde flammt«.

3. Feengefährten spiegeln bestimmte Eigenschaften des Menschen, zu dem sie sich hingezogen fühlen, und oft gleichen sie etwas aus, was dem Menschen fehlt, genau wie der Mensch etwas ergänzt, was dem Feenwesen fehlt. Eines der gefährlichsten Energiemuster ist jedoch, wenn wir fälschlicherweise menschliche sexuelle Anziehung unterstellen und sexuelle Interaktion mit einem Feenwesen aufnehmen. Der Tradition zufolge sollen solche Feenpartner überaus anspruchsvoll sein; dies beruht auf ihrem Mangel an menschlichen Gefühlen und schlichter Zuneigung. Sexuelle Verbindungen mit Feenwesen waren häufiger Anlaß zu Klagen und Warnungen der christlichen Priesterschaft, nicht nur als ein Dogma, sondern als direkte Folge der Glaubenshaltungen und Praktiken des gewöhnlichen Volks.

4. Der Zeitkreislauf in der Feenwelt ist anders als der unsrige. Allgemein wird immer wieder berichtet, daß eine kurze Zeitspanne im Feenreich in der Men-

schenwelt vielleicht Hunderte von Jahren bedeutet. Das ist in vieler Hinsicht interessant, nicht zuletzt im Hinblick auf die letzten 300 Jahre, in denen wir uns vom Feenreich entfernt haben. Vielleicht ist diese Zeitspanne in ihrem Reich sehr kurz, vielleicht nur wenige Monate oder Tage. Aber da es im Feenreich keine Sonne und keinen Mond gibt, gibt es auch keine Zyklen wie Nacht, Tag oder Mond- und Sonnenphasen. Das Licht in der Erde ist direkt, Licht des lebendigen Geistes innerhalb der Materie.

Der andere interessante Aspekt bei der Frage nach subjektiver Zeit im Feenreich ist, daß ein Feenkontakt gleichzeitig auch einen Vorfahren von uns betreffen kann. Traditionellerweise vererben sich Feenkommunikation, das Zweite Gesicht und die Fähigkeit, das Feenreich bewußt zu betreten, in der Familie. Ein Feenwesen, auf das jemand zufällig stößt, ist vielleicht dasselbe, das bereits einem seiner Ahnen erschien. Feenwesen altern nicht und werden nicht krank, aber sie können doch schließlich sterben, wie es Robert Kirk und andere beschreiben. Andere, eher religiös beeinflußte Berichte meinen, daß sie wahrhaft unsterblich seien, aber darüber klagen, nicht sterben zu können, um in ein anderes Reich oder eine Welt zurückzukehren, aus der sie verbannt wurden. Wir werden in *Erd-Kraft* auf diese wichtige Frage zurückkommen.

TYPEN UND ERSCHEINUNGSFORMEN VON FEENWESEN

Allgemein stellt man sich heute Feenwesen vor wie seinerzeit die sentimentalen Viktorianer: niedliche kleine, zarte Kreaturen mit Insektenflügeln. Doch die Tradition

kennt keine solchen Wesen, und das Volk der *Sidhe* soll
allgemein menschengroß oder größer sein. Die vielen
traditionellen Berichte über kleine Feenwesen, kleine
Männer und Frauen, in den verschiedensten Farben gekleidet, haben den halb entschuldigenden, halb herablassenden Tonfall, den gewöhnliche Leute oft Folklore-
forschern gegenüber annehmen. Diese Sammler des
Volkswissens waren eine Klasse für sich, gewöhnlich autoritäre Gestalten, was das allgemeine Volk betraf. Oft
waren es Priester oder Gelehrte mit sehr orthodoxem religiösen Hintergrund. Kein Wunder also, daß die Aussagen der Leute vorsichtig sind: »Ja, ich habe sie oft gesehen, aber sie sind bloß klein.« – »Ich habe sie nie selbst
zu Gesicht bekommen, aber mein Vetter sah einmal einige und sagte, sie seien sehr klein...« Es ist interessant,
daß solche herablassenden Beschreibungen bei Kirk
nicht zu finden sind, dem frühesten genauen Bericht
über gälische Feenkunde, in dem die Feenwesen menschliche Gestalt haben.

Die kleinen Elfen mit ihren weißen, kindlichen Glied-
maßen, kurzen, zarten Kleidchen und so weiter sind im
Feenreich völlig unbekannt. Solche Wesen scheinen das
Produkt einer unterdrückten sexuellen Phantasie des
neunzehnten und frühen zwanzigsten Jahrhunderts zu
sein. Einige dieser Implikationen findet man in Maureen
Duffys witzigem (aber aufgesetzt ernsten) Buch *The Erotic World of Faery*[11], in dem die Autorin einige offensichtliche Schlußfolgerungen ins lächerliche Extrem
zieht.

Interessanterweise findet man bei der Visualisierungs-
Arbeit mit modernen Gruppen sehr wenige Flügelwesen.
In einer Gruppe erhält man vielleicht einen oder zwei
Berichte über solche Wesen, aber die Mehrheit hat Be-
gegnungen mit Wesen in Menschengestalt und -größe

und mit einer Reihe anderer Gestalten. Das scheint mir wichtig, denn wir würden von modernen Menschen erwarten, daß sie die hübschen kleinen Elfen ihrer Vorstellungswelt sehen, aber in den intensiven Begegnungen mit der Anderswelt kommen solche Wesen nur selten vor. Wir kommen in Kürze auf ein paar Beschreibungen von Wesen zurück, die gewöhnlich in Gruppensitzungen auftauchen, normalerweise als Feenverbündete oder Gefährten. Doch zuvor ein paar Bemerkungen über die Kleidung.

FEENMODE

Sowohl aus der Tradition wie auch aus der modernen Arbeit geht hervor, daß die Kleidung von Feenwesen sehr unterschiedlich ist. Bei der Arbeit mit modernen Gruppen, die nur wenig oder keine Vorkenntnisse darüber mitbringen, was Feen tragen, finden wir eine sehr einheitliche Rückmeldung, die mit der seit Jahrhunderten überlieferten Tradition übereinstimmt, nämlich, daß die Kostüme aus allen Zeiten und Moden stammen. Viele sind menschliche Bekleidungen früherer Jahrhunderte. Andere erscheinen uns seltsam, oft extrem bizarr.

Die exotische Kleidung mancher Feenwesen ist der, die in frühen irischen Sagen beschrieben wird, bemerkenswert ähnlich und scheint eine Tradition aus dem Bronzezeitalter weiterzuführen, da die Waffen häufig aus Bronze oder Knochen sind.[12] Wir stellen fest, daß eine moderne Gruppe ohne vorherige Erfahrung solcher Bilder Wesen beschreibt, die genau solche Waffen und Kleider tragen, wie sie in alten irischen Texten beschrieben werden. Die Texte selbst sind Übertragungen einer viel älteren, mündlichen epischen Dichtung, die bis in die heidnischen Kulturen und präkeltischen Zeiten zurückreicht, aber vornehmlich den keltischen Heldentypus spiegelt.

In dieser Klasse finden wir männliche wie weibliche Krieger, alle von hohem Wuchs, schlank, oft mit seltsam gefärbter und exotischer Haartracht. Sie tragen Rüstungen aus Knochen, oft Rüstungen fein geschuppt wie ein Fisch, und reich verzierte Waffen aus Bronze, Stein, Knochen und Holz. Diese Wesen bilden eine der Schwarmgruppen, die in den Visionen vom Feenreich vorherrschen. Typischerweise gehören sie zum kollektiven Bewußtsein von Feenkönig und Feenkönigin. Innerhalb dieser Klasse oder Einheit finden wir auch gelegentlich einen Menschen oder Ex-Menschen, der zu den Feenkriegern zu gehören scheint, aber nicht durch das kollektive Bewußtsein gebunden ist. Diese Beziehung findet man in vielen Feenordnungen und Klassen von Wesen, die menschliche oder ehemalige menschliche Mitglieder oder Verbündete haben.

Ich glaube, daß diese Wesen die »hohe« Feentradition verkörpern und daß ihre Erscheinungsform sich aus den ursprünglichen Bildern von den *Sidhe* oder *Tuatha De Danann* ableitet. Der irischen Tradition zufolge erschienen die *Tuatha De Danann* im Land und manifestierten sich aus einer anderen Welt oder Dimension auf einem heiligen Berg. Sie kamen aus andersweltlichen Städten, jede in einer der Kardinalhimmelsrichtungen gelegen (s. Kapitel 6). Da Feenwesen vorübergehend die Form von Bildern im kollektiven Bewußtsein der Menschheit annehmen (so meinen wir zumindest), stellen solche Einheiten die kollektive Tradition der alten Welt dar. Andere Wesen in Kleidern aus späteren Phasen stehen für die kollektiven Bilder aus anderen Kontakten und Interaktionen mit Menschen.

Die alten Gruppierungen scheinen einen großen Bestandteil der Bewohner des Feenreiches auszumachen,
und das ist zu erwarten, da sie aus einer Zeit stammen,
als es keine Trennung zwischen Menschen und Feenwesen gab und keine religiöse Verfolgung, denn diese
Phase lag vor dem Auftauchen des Christentums.

Wir finden auch verschiedene Feengruppen in Kostü-
men und Erscheinungsformen der Adels-Kulturen der
Vergangenheit: Sie scheinen eine Art Hofstaat zu repräsentieren. Es gibt Harfenspieler, Flötenspieler, Krieger,
Boten, junge Männer und Mädchen, Verwalter, Geschichtenerzähler und so weiter – alles in allem wie der
gesellschaftliche Aufbau vergangener Jahrhunderte. Wir
müssen diese Erscheinungsformen eher der Funktion
nach betrachten statt in romantischer Verklärung. Die
Funktion wird durch das Bild oder die Kleidung repräsentiert, doch das Wesen bleibt sich selbst als Schwarmwesen treu.

Seltene Wesen

Es gibt im Feenreich noch viele andere nichtorganische
und nichtmenschliche Typen. Diese werden wiederum
in erstaunlicher Einheitlichkeit von modernen Gruppen
geschildert, mit denen ich gearbeitet habe. Die Gruppe
wurde in keinem Fall vorher angewiesen, sich bestimmte
Wesen vorzustellen, denn dies bleibt absichtlich offen.
Bei einer Visualisierung wie in Kapitel 5 beschrieben,
wenn wir eine Feenhalle in der Anderswelt betreten und
Feenverbündete und Gefährten treffen, wird von zahlreichen seltsamen Wesen berichtet. Diese stimmen in vieler Hinsicht mit traditionellem Material überein.

Hier einige typische Beispiele:

Verbündete von hohem Wuchs

Oft treten einem potentielle Verbündete von beträcht-
licher Größe entgegen, die aber mehr oder minder
menschlich gestaltet sind. Ein Gruppenmitglied berichtete, seine Nase reiche nur bis an die Brust seines Verbündeten, und daß das Wesen stark und langsam sei
und kaum anders als durch einfache Gesten kommuni-
ziere. Ein anderer berichtete von einem großen, kräfti-
gen, menschenähnlichen Wesen, das ihm Freundschaft
und Schutz anbot. Ich erwarb mir in meinen frühesten
Feenreich-Erfahrungen einen sehr starken Verbündeten,
noch ehe ich diese Tradition in allen Einzelheiten erforscht hatte. Leider kann ich das Wesen nicht genau
beschreiben, denn ich habe es nie ganz gesehen, nur
teilweise.

Bei einem typischen Feenkontakt gälte übrigens das
Nennen oder Beschreiben eines Verbündeten als Bruch
einer Art von Vertrag oder Handel, den ich nicht ganz
begreife. Wenn man das Wesen öffentlich beschriebe,
würde es verschwinden. Dieses Thema findet sich häufig
in Märchen von Feenverbündeten, deren Namen,
Wesen und Erscheinungsform immer geheim bleiben
müssen. In manchen Geschichten verlieren diejenigen,
die darüber reden, ihren Verbündeten oder Gefährten,
während in anderen jene, die einen Blick ins Feenreich
werfen und daraufhin ihre Fähigkeit, zu sehen, preis-
geben, von den Feenwesen mit Blindheit geschlagen
werden.

Als mir zuerst klar wurde, daß ich einen Feengefährten hatte, war ich schockiert von dem, was ich von ihm
sah, und erst als ich merkte, daß er mir half, beunruhigte
mich seine gelegentliche Anwesenheit nicht mehr. Ich
kann nur sagen, daß er größer ist als ein Mensch, aber

von menschlicher Gestalt, mit silbernen Schuppen oder einer Rüstung. Diese großen, starken Wesen handeln stets als Beschützer in Notlagen und regen sich vielleicht jahrelang nicht, wenn sie nicht wirklich gebraucht werden. Ich verstehe es so, daß diese Gefährten einfach beobachten, um langsam von unserer Welt zu lernen, und im Austausch dafür ihren Schutz anbieten, sollte dieser nötig sein. Es gibt vermutlich noch andere Gründe und Arten des Austauschs, die mir aber nicht klar sind.

Viele Menschen berichten von Verbündeten, die theriomorph sind, also Kennzeichen von Tieren wie Menschen aufweisen. Dabei handelt es sich häufig um Wesen mit Habichtsköpfen, denn sie bilden einen wichtigen Bestandteil der Feentradition und repräsentieren eine alte Gottheit.[13] Viele Feenwesen haben ungewöhnliche Augen, oft die eines Tiers oder Vogels, Augen von erstaunlicher Farbe und durchdringender Kraft. Wenn wir uns in der Visualisierung dem Feenkönig und der Feenkönigin nähern, haben sie die Fähigkeit, durch uns hindurchzusehen und ein Menschenwesen mit einem einzigen Blick zu erfassen.

Körper aus Licht

Eine andere typische Erscheinungsform ist die eines amorphen Körpers aus Licht: Diese Erscheinung wird oft im Freien beobachtet, als handle es sich um die rohe energetische Erscheinung eines Feenwesens ohne die Substanz der menschlichen Vorstellung, aus der es eine Gestalt gewinnen kann. Der berühmte irische Mystiker A. E. (George Russell) beschrieb solche Wesen aus seiner eigenen Erfahrung, und ihre lichtvolle Qualität läßt sich in seinen Feenbildern finden.

Ein weiterer Aspekt dieser Erscheinung findet sich bei der Visualisierung, besonders bei Gruppenarbeit, bei der die Entwicklung der Vorstellungen und der Anderswelt-Kontakte angeleitet wird. Verschiedene Gruppenmitglieder, die ich ins Feenreich und zurück geführt habe, berichteten, daß bestimmte Teile der Erfahrung sich in verschwommene Bilder auflösten. Dies beruhte aber nicht auf nachlassender Konzentration, denn die Leute gaben an, es hätte sich dabei um den intensivsten Teil der Erfahrung gehandelt.

In vielen Fällen sahen Gruppenmitglieder nicht die Feenwesen direkt, mit einzelnen Körpern, wie sie in dem Text der Visualisierung beschrieben werden (s. Seite 140 ff.), sondern eine Ansammlung von Mustern, fließendem Licht und verwaschenen Formen. Trotz dieses Mangels an Form war das Gefühl einer Präsenz und Macht sehr stark.

Die Auflösung der Form ist eine klassische Meditationserfahrung, bei der unser Bewußtsein einen direkten Energieaustausch, eine Vereinigung jenseits jeder Form vornimmt. Umgekehrt kann man es gelegentlich auch als Grenze oder Schutz betrachten. Das wird oft in älteren Traditionen gelehrt, die mit Geistergefährten arbeiten. Die Unfähigkeit, den Kontakt zu sehen, wird als schützender Filter der eigenen Psyche, der eigenen Konditionierung betrachtet. Mit einiger Übung und bestimmten Techniken kann dieser Filter entfernt werden, und wir sehen den Gefährten direkt. Eine typische Erfahrung besteht aus einem kurzen, blitzartigen Blick auf den Kontakt oder Verbündeten, manchmal aus dem Augenwinkel, aber nicht direkt. Die gälischen Seher übten sich darin, zu schauen, ohne zu zwinkern oder das Blickfeld zu ändern. Dieser starre Blick ist das körperliche Gegenstück zu innerer Zentrierung und der Fähigkeit, direkt in die Anderswelt oder Unterwelt zu sehen.

GESETZE DES FEENREICHES

Das Feenreich gehorcht Gesetzen, die unseren eigenen direkt entgegengesetzt sind. Bei uns scheint es Ursache und Wirkung zu geben (allgemein und ungenau als Karma bezeichnet), aber das Feenreich kennt keine solchen Ursachen, keine Wirkungen, wie wir sie verstehen. Es befindet sich jenseits solcher Energiezyklen. Der offensichtlichste Unterschied, der in Volksweisheit und Tradition gut belegt ist, ist der verschiedene Zeitkreislauf im Feenreich. Eine kurze Zeitspanne dort kann in der Menschenwelt Hunderte von Jahren betragen.

Wir fühlen uns als Menschen von den Kreisläufen des Mondes und der Sonne gebunden, subtiler, aber nicht weniger stark von den Zyklen der Sterne. Das Feenreich wird weder von Sonne noch Mond beschienen, sondern von einem inneren Licht im Land selbst. Es bezieht auch Licht von den Sternen innerhalb der Erde, die Spiegelbilder der Muster an unserem Himmel sind. Es gibt hier eine subtile Verbindung zwischen der Astrologie und dem Feenreich, denn das Muster unserer Geburtsstunde hängt vom Ort ab, vom Platz auf der Erde, an dem wir geboren sind. Diese Schwingung drückt sich in unserem Lebensmuster aus oder läuft synchron damit, je nach Sichtweise. Wie immer wir diese Harmonie oder Synchronizität von menschlichem Lebenszyklus und Sternenkonfiguration relativ zum Horizont deuten, es ist der *Punkt auf dem Land,* der das Muster der Geburtskonstellation bestimmt, wenn er mit dem Zeitpunkt der Geburt kombiniert wird. Zeit, Raum und Energie sind die drei Kräfte, die das Sternenmuster für unser Leben bilden. Zum Raum gehören der Ort und die relative Position auf der Oberfläche des Planeten. Doch dies bestimmt auch unseren Anderswelt- oder Feenkontakt, denn das Feen-

reich spiegelt die Lage und die Sternenkonstellation unseres Geburtsortes.

Das Fehlen von Sonne und Mond im Feenreich spiegelt das Fehlen bestimmter menschlicher Eigenschaften
bei den Feenwesen. Wir können ihnen bestimmte Energien geben, die ihnen fehlen, genau wie sie uns bestimmte Energien geben können, die uns fehlen. Gemeinsam verschmelzen wir zu einem perfekten Wesen
und zum ursprünglichen Planeten. Wir werden im nächsten Kapitel beginnen, die Mittel zu untersuchen, die
eine solche Verschmelzung ermöglichen, durch die das
Licht in der Erde enthüllt wird.

3. Ins Feenreich und zurück

KURZE ZUSAMMENFASSUNG DER GRUNDLAGEN

Viele Wege führen in die Anderswelt, in die vielen Reiche, zu den zahlreichen Wesen dort. Die Unterschiede zwischen den Kulturen und wie sie die Anderswelt definieren und beschreiben, beruhen auf den jeweiligen Ahnen und der Umwelt. Verschiedene Länder haben verschiedene Anderswelten. Alle zusammen verschmelzen jedoch zum Urplaneten, dem Machtreich innerhalb der Erde. Auf ihrer tiefsten Ebene enthält diese Innenerde auch die Sterne: Der Planet ist das Universum. Wir gelangen zu einer universalen Vision, indem wir ins Land selbst hineingehen. Durch Anderswelt-Techniken und -Begegnungen erweitern und verstärken wir auch unsere Wahrnehmung innerhalb des eigenen Körpers und gewinnen ein verändertes Bewußtsein durch bestimmte Energietransformationen.

Fürs erste können wir die mystische und historische Kontinuität und die weitreichenden mündlichen Traditionen, auf denen dieses Buch beruht, beiseite lassen (auch wenn wir von Zeit zu Zeit darauf zurückkommen). Wenn wir aber das kollektive Erbe der Anderswelt-Traditionen und der sogenannten »geheimen Lehren« auf ein paar einfache Techniken und Übungen reduzieren, was erhalten wir dann?

Eine kurze Zusammenfassung der grundsätzlichen Anderswelt-Techniken und -Erfahrungen, die uns heute zur Verfügung stehen, sieht etwa so aus:

1. **Vorbereitung:** Wir bereiten uns durch Meditation auf die Anderswelt-Erfahrung vor. Das bedeutet in der Regel eine Phase der Ruhe und Stille, in der die Aufmerksamkeit von den äußeren, gewohnheitsmäßigen und konditionierten Denkmustern abgezogen wird. Dieser erste Schritt der Vorbereitung ist sehr wichtig und sollte nicht verkürzt oder sogar ausgelassen werden. Ohne die Vorbereitung durch Ruhe und Stille wird die Anderswelt-Erfahrung unklar und vielleicht von Eindrücken aus dem Außenleben verwirrt.

   Ein zweites Vorbereitungsstadium, das sich als nützlich erwiesen hat, besonders bei Gruppenarbeit, besteht darin, sich dem Heiligen Raum zuzuwenden und sich darauf einzustimmen. Das heißt, sich der Sieben Richtungen (Norden, Osten, Süden, Westen, Oben, Unten, Innen) bewußt zu werden. Die planetarischen Richtungen sind auf die Vier Elemente ausgerichtet, auf die vier Jahreszeiten und andere Bestandteile innerhalb der Ganzheit von lebendigem Land und Planet. Dies wird in Abbildung 3 verdeutlicht. Dieses zweite Stadium dient auch der langfristigen Ausrichtung des Bewußtseins, das wir ein Leben lang weiterentwickeln. Je mehr wir uns auf die harmonisierten Richtungen und Energien ausrichten, um so wirksamer werden diese in uns selbst; sie gleichen viele Unausgewogenheiten in uns aus und befreien träge oder blockierte Energien. Das Muster entspricht den natürlichen Richtungen des Planeten und hat eine starke Wirkung auf unsere eigene Energie und unser Bewußtsein, wenn wir mit ihm arbeiten. Man

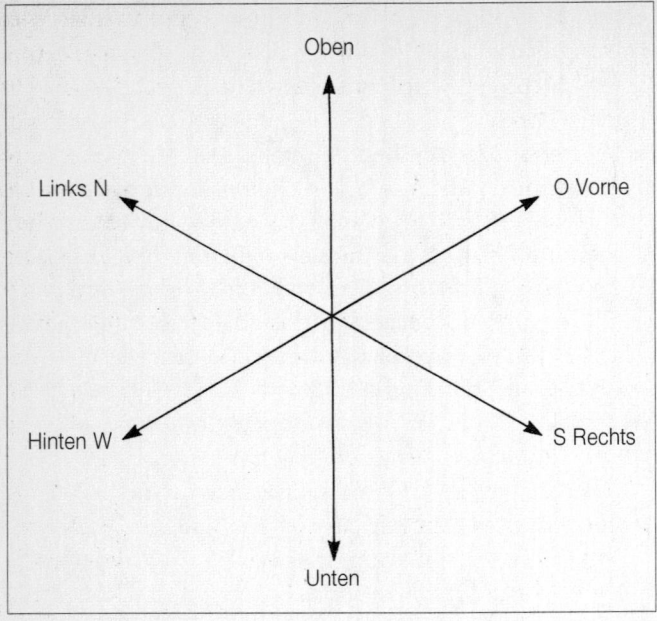

Abb. 3   Die Sieben Richtungen
Menschlich: 1 Oben / 2 Unten / 3 Innen; 4 Vorne /
5 Hinten / 6 Rechts / 7 Links
Umweltmäßig: 1 Sterne (Oben) / 2 Anderswelt (Unten) /
3 Land (Oberfläche); 4 Osten / 5 Süden / 6 Westen /
7 Norden

sollte dabei daran denken, daß die Nord- und Süd-
hemisphäre des Planeten einander spiegeln, daß Jahreszeiten und Himmelsrichtungen entsprechend pola-
risiert sind. In einem bestimmten mythischen Sinne
sind die Erdhälften füreinander die Anderswelt. Diese
mythische Weisheit wird in *Die Mühle des Hamlet*
von Giorgio de Santillana und Hertha von Dechend
(Wien[2], 1994) erforscht.

Die Anderswelt-Erfahrung hängt zwar nicht davon

ab, ob man mit den Heiligen Richtungen arbeitet, und kann auch ohne die fortwährende Harmonisierung der Energien und Elemente stark wirksam sein. Ich habe jedoch festgestellt, daß bereits ein Tag der Arbeit mit den Richtungen die Anderswelt-Erfahrung deutlich verbessert und harmonisiert, wenn die Visualisierungen am folgenden Tag vorgenommen werden. Ein Arbeitsprogramm für verschiedene Zeitabschnitte (einen Tag/zwei Tage/eine Woche, einen Monat/ein Jahr) findet man in Anhang 1. Diese Zeitstufen wurden von mir und verschiedenen Personen und Gruppen entwickelt, die seit 1978 mit mir an Anderswelt-Techniken arbeiten.

2. *Visualisierung:* Am einfachsten und wirksamsten betritt man die Anderswelt durch die Kraft der Vorstellung. Wir begeben uns in unserer Vorstellung in die Welt dort unten, in jene Reiche, die vom Licht des Erdinneren beleuchtet sind. Solche Visualisierungen bestehen aus offensichtlichen, aber wichtigen Stadien:

a) Visualisierung eines Eingangs.
b) Eintritt.
c) Reisen in der Anderswelt.
d) Begegnungen mit bestimmten Orten und Wesen.
e) Rückkehr durch die Anderswelt.
f) Ausgang, gewöhnlich auf gleiche Weise wie beim Eintritt. Der Ausgang kann sich aber auch anders als das Betreten abspielen.
g) Schluß der Visualisierung, um zum normalen Außenbewußtsein zurückzukehren.

Die sieben Grundschritte kann man sich auf viele verschiedene Weisen vorstellen. Eine typische Szenenfolge sieht etwa so aus:

a) Eine Tür.
b) Eine Treppe, die nach unten führt.
c) Auftauchen im Land im Erdinnern.
d) Reisen an vorbestimmte Orte und Begegnungen mit Wesen dort. (Gewöhnlich bestimmen wir die Orte vorab, aber nicht die Begegnungen. Doch mehr davon später.)
e) Rückkehr auf dem gleichen Weg, die Treppe hinauf.
f) Auftauchen am Startpunkt.
g) Auflösung der Vision von der Tür und Wiederaufnahme der normalen Gedanken- und Verhaltensmuster.

Dieser einfache Prozeß wird durch die Benutzung traditioneller Bilder sehr verstärkt. Es gibt Unmengen von bestimmten, starken Bildvorstellungen und Informationen über die Anderswelt. Sie fallen von Land zu Land unterschiedlich aus. In diesem Buch befassen wir uns besonders mit dem Feenreich. Jedes Land hat sein eigenes Feenreich unter sich und in sich, daher folgen die Beispiele in diesem Buch der Feen- und Ahnentradition des Nordens und Westens, doch man kann die gleichen Techniken auch im Zusammenhang mit Bildern und Traditionen südlicher und östlicher Kulturen anwenden.

Wenn wir sehr einfach vorgehen und den Leitlinien folgen, die durch die Traditionen des Landes bereits aufgestellt sind, wird die Anderswelt-Erfahrung sehr verbessert. Die traditionellen Themen und Wesen, die Feengeschichten und Ahnenkontakte, die in den kollektiven Märchen, Liedern und Zeremonien enthalten sind, sind bereits lebendiger Bestandteil des Landes und unserer eigenen Beziehung zu diesem Land. Beliebte Feenmärchen, einst Mittelpunkt menschlicher Erfahrungen und einer gemeinsamen Vorstellungswelt, sind die Überbleibsel einer jahrtausendealten Tradition und stellen die Verbindung zwischen der Menschheit und Anderswelt-Wesen her. Besonders die Feentradition teilt uns Abenteuer im Feenreich mit, das in und unter dem Menschenreich zu finden ist.

VISUALISIERUNG DES FEENREICHS

Die Anderswelt enthält verschiedene Dimensionen oder Reiche, darunter auch das Feenreich, das Ahnenreich (oft Teil des Feenreichs) und eine Reihe weniger leicht zugänglicher Orte und besonderer Gruppen oder Ordnungen von Wesen. Wir werden sie alle entdecken und Kontakt mit ihnen aufnehmen, wenn wir durch die Anderswelt reisen. Im Moment wollen wir uns jedoch auf das Feenreich konzentrieren. Die tieferen Zonen werden wir ausführlicher im zweiten Band, *Erd-Kraft,* erforschen.

Die mündliche Überlieferung reicht von Geschichten und Liedern bis hin zu Berichten von körperlichen Entführungen ins Feenland unter der Erde... in jene lichterfüllten Hallen. Die körperlichen Entführungen sind direkte Erfahrungen, aber die Themen, Bilder und Beschreibungen sind meist in traditionelle Lieder, Geschichten und Gebräuche gekleidet. Mit wenigen Ausnahmen ist dieses folkloristische Material zu verschwommen und wirr, um für moderne Visualisierungen benutzt zu werden. Das bedeutet jedoch nicht, daß es unwirksam wäre, denn es ist trotz seiner Hülle aus kindlichen Erzählungen sehr mächtig. Wenn man in einer Visualisierung in ein traditionelles Feenmärchen mit seinen Begegnungen und geheimnisvollen Typen einsteigt, kann dies sehr tiefgreifend und manchmal auch verstörend wirken, aber zu dieser Reise gehört in der Regel ziemliche Erfahrung und Vorbereitung durch vorherige Arbeit mit der Anderswelt und den Feentraditionen. Es gibt ein seltsames Gesetz, wenn man einen solchen Begriff einmal anwenden darf, das bei der Arbeit mit Rohmaterial aus einer bestimmten Kultur zur Wirkung kommt. Jemand mit Erfahrung auf der tieferen Ebene der Tradition, der das in den Geschichten und Liedern beschriebene Reich betreten hat, kann sie sehr gut und stark für andere zur Wirkung bringen. Ohne die Gegenwart einer solchen Person ist diese Wirkung jedoch stark vermindert.

Daher ist die Anderswelt-Tradition in ihrer ursprünglichen Form eine initiatorische. Um initiiert (d. h. auf die Reise geschickt) zu werden, müssen wir mit jemandem arbeiten, der dem Pfad bereits gefolgt und wieder zurückgekommen ist. Solche Menschen sind nicht so selten, wie Sie vielleicht meinen. Aber wir sollten weiterhin auch Methoden erkunden, wie wir durch die Arbeit mit unserer Vorstellung allein die Anderswelt und ihre Reiche betreten und wieder verlassen können. Dann findet die Initiierung automatisch statt, durch die eigenen Vorstellungskräfte, die einen in die Anderswelt und wieder zurück tragen. Sie wird durch Menschen verstärkt, denen man in der Anderswelt begegnet, statt durch einen Menschen, der bereits dorthin gegangen und zurückgekehrt ist.

Um eine Visualisierung zu entwickeln, müssen wir zunächst einige Kernmuster herausschälen, die in den mündlichen Überlieferungen von Geschichten und Liedern enthalten sind. Wenn wir diesen die literarische Hülle nehmen und sie weiter vereinfachen, erhalten wir ein Muster aus Menschen, Mächten und Orten. Diese rein funktionalen Aspekte stellen die Grundlage für die Visualisierung dar.

Wenn wir mit traditionellem Material arbeiten, müssen wir die Funktionen der Menschen, Mächte und Orte identifizieren. Dann stellen wir eine Visualisierung aufgrund einer sehr einfachen und direkten Version der Geschichte zusammen, ohne vom Zentralthema abzuweichen, oder uns in phantasievoller Ausschmückung zu verlieren. *Kurz gesagt, wir müssen herausfinden, wer in unserer Vision sein soll, welche Wirkungen und Fähigkeiten die betreffende Figur hat und wo sie zu finden ist. Wir müssen dorthin gehen, ihr begegnen und wieder zurückkehren.*

INITIATORISCHE BALLADEN

In der mündlichen Tradition der englischen Sprache sind ein paar wenige wahrhaft magische und initiatorische Balladen erhalten geblieben. Unter mündlicher Tradition verstehen wir einen Korpus aus Geschichten und Liedern, die in einer Familie oder der kollektiven Erinnerung von einer Generation zur nächsten weitergegeben wurden. Die Übertragung vollzog sich durch Wiederholung und innere Aufnahme, nicht durch Aufschreiben. Es gibt bestimmte wichtige Zusammenhänge zwischen mündlicher Überlieferung, der Vorstellungskraft und der Verwendung von Bildern. Diese Beziehungen, die die Basis von Bewußtsein, Vorstellungskraft und Sprache bilden, gelten auch heute noch für uns, obwohl wir eine oder mehr Generationen von den letzten Phasen der großen mündlichen Tradition unserer Kultur entfernt sind.

Durch mündliche Übertragung haben eine Reihe von Geschichten und Balladen bis ins zwanzigste Jahrhundert überlebt, und sie enthalten immer noch die Weisheiten und Vorstellungen von viel früheren Zeiten. Die Balladen verbinden sehnsüchtige, eindrucksvolle Melodien mit einer einfachen Erzählung und einfachen Bildern. Unter den Tausenden von traditionellen Balladen, die im Englischen bekannt sind (die meisten im schottischen Dialekt oder, in der amerikanischen Variante, in einem anglo-irisch-schottischen Gemisch), enthalten einige wenige auch magische, initiatorische Weisheiten.

Diese paar Balladen haben ihr Gegenstück in anderen europäischen Sprachen, und zu vielen gibt es Entsprechungen in den meisten Kulturen der Erde. Seit Jahren schon haben Gelehrte, Volkskundler und die heutigen neoheidnischen Bewegungen festgestellt, daß bestimmte Volkslieder »magisch« sind. Es wurden ein paar ausgezeichnete wissenschaftliche Besprechungen und Vergleiche veröffentlicht, und ich kann Ihnen nur empfehlen, einige dieser und anderer Quellen zu lesen oder zumindest durchzublättern.

Aber nur sehr wenige Menschen haben diese Magie tatsächlich ausprobiert. Sind diese Balladen wirklich magisch, soll heißen, transformieren sie uns tatsächlich? Oder handelt es sich lediglich um seltsame Überbleibsel einer vergangenen Kultur, die vor Aberglauben und archaischen Vorstellungen strotzen?

Es gibt meiner Meinung nach, die auf jahrelanger Erfahrung und innerer Arbeit mit der Tradition beruht, bestimmte Balladen, die eine sehr starke Wirkung auf unsere Phantasie, unsere Energie und unser Gesamtbewußtsein haben. Diese Wirkung kann auf einer mehr oberflächlichen, rein wahrnehmenden Ebene bleiben, wenn man diese Balladen hört und aufnimmt, man kann sich aber auch ganz bewußt tief hineinversenken.

In der Anderswelt-Tradition finden sich bestimmte Feenballaden aus Nordwesteuropa (ich spreche hier vornehmlich über die britisch-amerikanischen Versionen), die den Kern einer sehr alten Religion enthalten, den Kult der

Dunklen Göttin. Sie bewahren darüber hinaus initiatorische und transformatorische Visionen, die für sich schon Quellen der inneren Macht sind, um die Anderswelt zu betreten, und Beschreibungen dieser Anderswelt oder von bestimmten Reichen dort. Eine kleine Anzahl von Balladen enthält eine Verbindung andersweltlicher Bilder und frühchristlicher Symbole. Sie führen die obskure, aber machtvolle Tradition von einem Erlösers im Lande fort: Christus im Planeten selbst. Wir werden diese Tradition ausführlich in *Erd-Kraft* beschreiben, doch erwähnen müssen wir sie hier, denn sie wurde von ganz gewöhnlichen Menschen in den Balladen weitergetragen.

Es ist interessant, daß die mündlich überlieferten Balladen Europas nicht, wie man vielleicht erwarten mag, die verschwommenen Überreste keltischer, nordischer oder sächsischer Mythologie und Religion enthalten. Sie scheinen all diesen vielmehr zugrunde zu liegen: einerseits, im Hinblick auf die Urkräfte und Bilder, entstanden sie, ehe sich diese Mythologien entwickelten. Andererseits sind sie, als kollektive Tradition und Erinnerung, eine Verschmelzung aller Mythen, Legenden und Religionen eines Landes, auf wenige machtvolle Verse komprimiert. Wir werden uns am Ende dieses Kapitels die Vision von Thomas Rhymer aus der mündlichen Tradition ansehen. Er ist einer jener historischen Sterblichen, die sich frei im Feenreich bewegten. Eine genauere Analyse der Ballade findet sich in Anhang 3.

HEIDNISCHE RELIGIONEN UND DAS FEENREICH

Welche Beziehung besteht nun, wenn überhaupt, zwischen den alten Religionen und Philosophien der heidnischen Welt und den Feen- und Anderswelt-Traditionen?

Anfangs könnte man vielleicht erwarten, viele Verbindungen zu finden, und es besteht immer die Verlockung, in dieser Tradition die »reinen« Lehren der Druiden, der Barden, der großen Religionen der prächristlichen Ära zu sehen. Doch je mehr wir nordische oder keltische Religionen betrachten, je mehr wir den Kern klassischer Mythen und Legenden erkunden, desto mehr stellen wir fest, daß Anderswelt-Traditionen eine flüchtige Konstante sind. Sie sind konstant in dem Sinne, daß sie immer anerkannt worden sind. Die Römer und Griechen akzeptieren sie als Grundlage ihrer Religion, die Kelten bauten ihre komplette Weltsicht auf Ursprünge, die der Anderswelt entstammten; die nordische Mythologie hat ebenfalls ihre Anderswelt-Mächte und -Orte. Doch wenn wir nach originalen, eindeutigen Quellen suchen, weicht diese ganze Welt vor uns zurück, verschwindet sie, auch wenn immer irgend etwas vorhanden scheint.

Einfache Tatsachen, wie die Feenerfahrungen, scheinen immer nur der mündlichen Tradition anzugehören. Je formalisierter eine religiöse Struktur oder Ordnung wird, um so weniger enthält sie direkte Anderswelt-Techniken. Die keltischen Druiden und ihre Erben, die Barden, mit ihrem Fundus an kosmischen und genealogischen Weisheiten, ihren Prophezeiungen und Visionen, bezogen zweifelsohne viel Energie aus der Anderswelt, gehörten aber nicht untrennbar zu ihr.

Vielleicht ist der Schlüssel zu dieser Frage der Prozeß, durch den Religionen orthodox und politisch werden; je mehr sie auf Königtum, Reichspolitik und Staat bedacht sind, um so weiter entfernen sie sich von den Urquellen. Die Anderswelt-Traditionen sind revolutionär: Sie bewirken, daß statische Situationen sich entwickeln und verändern.

Doch keiner formellen Religion ist es je gelungen,

die Anderswelt-Traditionen völlig zum Verschwinden zu bringen oder die mit ihr verbundenen Gedichte, Geschichten, Balladen und rituellen Praktiken aus der kollektiven Erinnerung auszulöschen. Daher überlebten wohl auch die andersweltlichen *Prophezeiungen Merlins*[14] als bardisches Gedicht bis zum Mittelalter, bis Geoffrey von Monmouth sie ins Lateinische übersetzte. Sie waren nicht Bestandteil der orthodoxen Religion, nicht einmal Teil des offiziellen bardischen Repertoires an Genealogien und Geschichten von Wales. Es handelte sich um verstörende, visionäre Produkte der Anderswelt, und Geoffrey zögerte nicht, sie einzusetzen, um die zeitgenössische Politik zu verspotten und zu kritisieren.

Wenn Sie einige der prophetischen Ergebnisse der Anderswelt-Initiation lesen möchten, so sind die Prophezeiungen Merlins und die Thomas Rhymers aus dem dreizehnten Jahrhundert gute Beispiele.

DIREKTER KONTAKT

Ein Feenkontakt ist vom Land nicht trennbar, daher gibt es eine Reihe von einfachen Techniken, um einen Kontakt herzustellen, die in der Tradition wohlbekannt sind. Dazu gehören typische Feenorte, von den großen Megalith-Plätzen bis zu sehr kleinen, fast unkenntlichen Stellen:

1. Feenbüsche.
2. Feensteine.
3. Wilde Wege und Erdhaufen.
4. Quellen.
5. Bestimmte Wiesen.
6. Bäume (keine Büsche) oder Baumpaare als Tore.

7. Der tiefste Bereich von Gärten, Wiesen etc. sowie Schwellenorte.
8. Wegkreuzungen.
9. Zusammenflüsse von Bächen und Flüssen.

ABBRUCH VON FEEN- UND ANDERSWELT-KONTAKTEN

Es gibt also zahlreiche Techniken, um Feenkontakte herzustellen, und es gibt ebenso viele, um sie abzubrechen. Die am häufigsten beschriebene ist die mit einer Eisenklinge, denn Feen mögen weder Eisen noch Stahl. Man hat mit vielen Theorien versucht, diesen Faktor zu erklären, denn er gehört zu den Zeremonien, mit denen ein Feenkontakt rituell abgebrochen werden kann. Solche Zeremonien scheinen heute immer noch wirksam zu sein, und wenn man eine dramatische und grobe Trennung von einem Feengefährten wünscht, schneidet man eine visualisierte Kontaktlinie mit einem Eisen- oder Stahlmesser durch.

Historisch ausgerichtete Deutungen meinen, daß diese Abneigung gegen Stahl aus der Tatsache herrührt, daß die Feentraditionen grundsätzlich dem Bronzezeitalter entstammen. Religiöse Deutungen machen daraus eine recht grobe Propaganda und behaupten, Stahl sei im Feuer geschmiedet und Feen fürchteten eben das Höllenfeuer ... (Eine Version dieser Erklärung findet man auch bei Robert Kirk.) Ich persönlich neige zu der Erklärung mit dem Bronzezeitalter, aber auf tieferer Ebene. Viele der »hohen« Feenwesen erscheinen in der Tat in der Kleidung und Ausrüstung von Kelten oder vorkeltischen Kulturen des Bronzezeitalters, wie sie in frühen irischen Epen und Mythen beschrieben sind.[15] Einer meiner frühesten Feenkontakte bestand aus einer rituellen

Begrüßung mit einem Messer, die ich hier kurz beschreiben möchte:

Anfang der 70er Jahre besuchte ich einen Wald nahe einer alten Stätte. Da tauchte überraschend ein kleiner Mann in braunen, weichen Lederkleidern vor mir auf. Er stand vor mir und hielt mir einen langen, grünen Stein- oder Bronzedolch entgegen, auf dessen Klinge viele Muster eingraviert waren. Er sagte: »Bruder, ich habe hier ein gutes Messer ...« und wartete auf meine Antwort. Ich wußte nicht, was ich sagen sollte, und nachdem er den Satz zweimal wiederholt hatte, verschwand er wieder. Damals hielt ich dies für eine Vision von einem prähistorischen Ureinwohner der Gegend, da ich mich in der Nähe der großen Steinkreise der Wessex-Kultur befand. Heute glaube ich, daß es ein Feenkontakt war, mit einer bestimmten Begrüßungsformel, auf die ich eine Antwort hätte wissen müssen. Dieses »gute Messer« bestand nicht aus Stahl oder Eisen.

Ich denke, daß die Feenwesen in ihrer nichttechnologischen Umwelt das Schmieden von Eisen und Stahl als einen kulturellen Bruch betrachten, als menschliche Trennung von der Ganzheit der Natur. Ich selbst nehme dies nicht allzu wichtig, und ich erwarte auch nicht, daß wir ins Voreisenzeitalter zurückkehren sollten, aber auf einer tieferen Ebene ist dies wohl der Grund für die Abneigung der Feen gegen Eisen- oder Stahlklingen. Warum das auf Bronze nicht zutrifft, verstehe ich nicht; die meisten Feenwaffen und -geräte bestehen aus Stein oder Bronze, daher scheint Bronze nicht abgelehnt zu werden.

Oft wird der Kontaktabbruch auch unfreiwillig herbeigeführt, indem man Namen nennt oder Feenverbündete in der Öffentlichkeit beschreibt. Letzteres hängt von den Umständen ab; es scheint in der Arbeit mit Gruppen akzeptabel zu sein, die Kontakte zu beschreiben. Doch eine öffentliche, abfällige oder prahlende Bemerkung über sie hat fast immer einen Kontaktabbruch zur Folge. In manchen Märchen kann ein schlechter Feenkontakt mit unbilligen Forderungen abgebrochen werden, wenn der Mensch den Namen des Wesens entdeckt (wie in der berühmten Geschichte von Rumpelstilzchen).

FANTASY- UND ROLLENSPIELE

Da viele Traditionen aus dem Feenreich den modernen Fantasy- und Rollenspielen ähnlich zu sein scheinen, den Filmen, Büchern und ähnlichen Unterhaltungsformen, müssen unsere Definitionen und Absichten sehr klar sein. Die Anderswelt-Mysterien haben und hatten nie etwas mit »Rollenspielen« zu tun, weder in ihrer alten, kollektiven und traditionellen noch in der modernen Version. Die Phantasie ist eine starke Kraft, wenn man sie richtig einsetzt, aber man kann mit ihr durch triviale Unterhaltungsformen ebenso leicht Energie verschwenden, wie man sie durch kreative Visualisierung erzeugen kann.

Die Arbeit innerhalb des Feenreichs ist ganz besonders anfällig für Mißverständnisse, und die meisten Menschen haben keine Ahnung von den alten Feentraditionen; sie neigen dazu, sie mit modernen Romanen und Fantasyliteratur zu vergleichen, als sei die moderne Unterhaltungsform die Quelle und nicht ein Nebenzweig. Dieses Mißverständnis wird durch die praktische Arbeit aufgelöst, bei der man die Unterschiede zwischen Visualisierung und andersweltlichem Kontakt einerseits und Fantasy- und Rollenspielen andererseits bald entdeckt.

Bei der Entwicklung von Visualisierungen müssen wir jedoch dafür sorgen, daß kein Element der Fantasyunterhaltung ins Spiel kommt und daß die Andersweltreisen nicht zu abgewandelten Computerspielen werden. Es besteht immer die Versuchung, eine Visualisierung mit bekannten, dramatischen Figuren, Situationen, Wesen und so weiter zu füllen. Doch traditionsgemäß sollte das nicht geschehen: Nur die einfachsten traditionellen Muster, die auf der Ganzheit der Drei Welten (Abbildung 1b) und den Sieben Richtungen (Abbildung 3) beruhen, werden benutzt, wobei die Einzelheiten der Visionen für Interaktionen frei bleiben. Bei der Arbeit mit traditionellen Archetypen oder Gottheiten, bewußt kontaktierten Anderswelt- und Feenwesen befindet man sich auf einer ganz anderen Machtebene als bei Fantasyunterhaltung mit ihren Themen von Heldentum und Zauberei. Es gibt eine gute Regel für die Entwicklung von Visualisierungen, die für alle Abfolgen, Bilder oder Szenen gilt: im Zweifelsfall weglassen.

Bei einem Gruppenwochenende über Anderswelt-Traditionen in England sagte einmal eine junge Frau zu mir: »Aber das ist natürlich alles Fantasy, nicht wahr? Ich habe noch nie vorher solche Visualisierungen gemacht, und ich kann die Kraft spüren... aber es hat doch keine Wirkung aufs wirkliche Leben, oder?«

Doch je mehr wir mit Visualisierungen arbeiten, um so mehr Wirkung haben die Veränderungen in Energie und Bewußtsein auf unser Leben. Bei regelmäßiger Arbeit wird die Energie nach außen auf die Gewohnheitsmuster unseres Lebens wirken und diese allmählich verändern. In einigen Fällen vollziehen sich diese Veränderungen sehr dramatisch und unvermittelt – eine typische Anderswelt-Katharsis. Die meisten Menschen spüren die Auswirkungen der Veränderungen nach dem Ablauf eines vollen Jahres. Doch schon eine einzige Visualisierung kann Ihr Leben verändern, denn die Anderswelt und ihre Reiche sind eine Quelle unberechenbarer Macht. Unsere eigene Wesenheit stimmt sich auf diese Macht ein, indem sie sich an dem heiligen Land, der Anderswelt, dem Licht in der Erde ausrichtet.

Das ist der grundsätzliche Unterschied zwischen moderner Fantasy-Unterhaltung in jeder Form und den Machttraditionen: Beide benutzen vorgestellte Strukturen, Erzählungen, Abenteuer und Begegnungen, aber die Unterhaltungsvariante bewirkt keine tiefgreifende, dauerhafte Veränderung im Leben, sie bleibt einfach Unterhaltung. Ein Grund für diesen Unterschied liegt in der unterschiedlichen Intention, denn zur Visualisierung gehören eine bewußte Absicht und Hingabe. Ein anderer Grund hat mit dem starken kollektiven Bewußtsein zu tun, mit Bildern und Themen, die wir von unseren Vorfahren ererbt haben, auch wenn diese heutzutage verborgen schlummern oder auf groteske Weise kommerzialisiert worden sind.

DER UMGANG MIT DEN AHNEN

In der Anderswelt treffen wir unsere Vorfahren. Das scheint uns zumindest so. Vielleicht sollte man genauer sagen, daß wir beim Betreten der Anderswelt kollektive und individuelle Ahnenerinnerungen und -wesen wahrnehmen. Es ist typisch für die Ahnenkontakte der Anderswelt, daß sie um so stärker sind, je länger der Ahne verstorben ist: Je weiter entfernt er in der linearen Abfolge steht, um so enger der Kontakt mit ihm in der Anderswelt.

Es gibt einen deutlichen Unterschied zwischen der

Ahnenkunde in den weltweiten Anderswelt-Traditionen und dem modernen Spiritismus und seiner New-Age-Variante, dem Channelling. Die Grenzlinie zwischen Ahnen, Feenwesen und alten Gottheiten ist oft verschwommen, und in diesem nebligen Bereich sollten wir unsere Erkundung der Ahnenkontakte beginnen. Wenn wir die überlappenden Gebiete erst einmal ausgemacht haben, können wir mit ein paar einfachen Leitlinien zum Ahnenkontakt in der Anderswelt fortfahren.

Beim Betreten der Anderswelt geschieht etwas, was das Bewußtsein von den Ahnen in uns wachruft. Die Volkstradition kennt keine klaren Unterscheidungen zwischen Ahnen und Feenwesen... beide weilen gemeinsam im Feenreich. In der relativ modernen gälischen Tradition galten beispielsweise die Grabhügel auf Friedhöfen als vorübergehende Wohnstätten der Totenseelen, und im Laufe der Zeit wurden sie zu Feenhügeln. Die Ursprünge dieser Überzeugung finden wir in Traditionen der megalithischen Kultur, die um 5000 v. Chr. ihre Blütezeit hatte. Tausende von Hügeln, Gräbern, künstlichen Aufschüttungen und Kammern der megalithischen Kultur werden allgemein für Feenbehausungen gehalten.

Diese Überzeugung gilt nicht so sehr für die Steinzirkel und -linien, obwohl diese auch mit Feentraditionen in Verbindung gebracht werden. Im alten Irland finden wir die Gottheiten der *Tuatha de Danann,* später als Volk von *Sidhe* bekannt, denen alle Gebiete unter der Erde gegeben wurden, nachdem sie den Krieg mit den Menschen verloren hatten.[9] Dies spiegelt eine Reihe von miteinander verbundenen Ahnen- und Feentraditionen. Die riesigen Strukturen der megalithischen Kultur sind fraglos Ahnengräber und -behausungen, und wir würden deshalb erwarten, daß sie mythische Brennpunkte für Ahnen-Erinnerungen und -Weisheiten sind. Aber man

kann nicht behaupten, daß sich die Erinnerung an
frühere Kulturen im Laufe der Zeit in eine Tradition von
Feen und Andersweltwesen verwandelte ... denn es finden sich deutliche Unterscheidungen, wobei allerdings
wiederholt bestätigt wird, daß Feen und Ahnen gemeinsam in der Anderswelt leben. Die Grenzen sind tatsächlich verschwommen, aber nicht aufgrund von Erinne-
rungslücken oder einem Mangel an Verständnis für die
Unterschiede zwischen diesen zwei Arten von Wesen.

Auch alte Gottheiten werden in der Anderswelt und
im Feenreich angetroffen, und auch diese kann man mit
Ahnen verwechseln, aufgrund der langen Volkserinne-
rung an heidnische Lehren, die sich durch die Zeitalter
gehalten haben. Der Feentradition zufolge findet man
die Gottheiten oft in der sogenannten »hohen« Feenkunde, die die keltisch-heidnische Religion spiegelt. Es
gibt folgenden allgemeinen Unterschied zwischen hoher
und niederer Feenkunde: Bei der hohen Feenkunde handelt es sich um einen Korpus von Traditionen, die von
den alten Göttern und Göttinnen des Landes handeln,
gewöhnlich den heidnisch-keltischen Gottheiten. Sie bewahrt auch die Traditionen des Königtums und der Großen Göttin und die Erinnerungen an die megalithische
Bronzekultur. Niedere Feenkunde ist die allgemein über-
lieferte Lehre, wie man sie bis ins zwanzigste Jahrhundert über Feen, das Feenreich und das Zweite Gesicht
findet. Dazu gehören auch Feengefährten, Mitgänger
und örtliche Traditionen wie bestimmte Hügel und
Berge, Feenammen, Feenliebste und so weiter.

Die hohe Feenkunde wurde vornehmlich in alten Texten und Chroniken überliefert, in den langen Märchen
und Balladen der Geschichtenerzähler. Sie wurde nach
langer mündlicher Überlieferung im zwanzigsten Jahrhundert nach und nach literarisch aufgezeichnet.

Die niedere Feenkunde bewahrte sich auf einer alltäglichen Ebene und blieb bis heute in verschwommener, degenerierter Form lebendig.

Man sollte im Auge behalten, daß viele heidnische Gottheiten *nicht* in der Anderswelt anzutreffen sind, da sie auf die Landoberfläche gehören, ins Meer, in Flüsse, in den Himmel, zu den Sternen. Es gibt keine allgemeine Regel, daß vergessene Gottheiten sozusagen auf einen allgemeinen Friedhof gebracht werden. Das Konzept der Anderswelt als gleichbedeutend mit dem Unbewußten oder einem Mülleimer kollektiver Überzeugungen spielt in der Anderswelt-Tradition nur eine begrenzte Rolle. Wir werden in den späteren Stadien unserer Untersuchungen sehen, daß es eine Klasse von Anderswelt-Visionen und Träumen gibt, bei denen man durch ein Lagerhaus vergessener, zufällig zusammengetragener Objekte zu wandeln scheint. Wir können dies natürlich psychologisch-materialistisch deuten, aber es hat tiefere, energetische Verbindungen zu anderen Aspekten und Bereichen der Anderswelt, die in der modernen Psychologie nicht gesehen werden.

ARBEIT IM FREIEN

Die Arbeit im Freien fällt in zwei Kategorien: jene an alten Stätten der Macht, wie Tempeln, Hügeln, Steinkreisen und so weiter, und jene an natürlichen Orten der Kraft. Zur zweiten Klasse gehören zum Beispiel natürliche Felsen, Quellen, Brunnen, Zusammenflüsse von zwei Strömen, Höhlen, Bäume (vgl. Seite 93 f.).

Schauen wir uns zunächst die direkte Methode an, wie man an alten Kraftstätten arbeitet. Ehe wir die Techniken in Einzelheiten darlegen, muß ganz deutlich gesagt werden, daß man solche Arbeit in voller Eigenverantwortung unternimmt und daß man dabei versuchen sollte, die Anderswelt bewußt und mit voller Absicht zu betreten. Viele Menschen probieren es auf oberflächliche, experimentelle Weise, und wenn ihnen die Folgen nicht zusagen, erklären sie den Ort für »unheilig«, »ungesund« und »seltsam«.

Die Anderswelt-Tradition ist auf die archetypischen Muster eingestimmt, die in den Gebäuden oder alten Stätten ebenso wirken wie im Ahnenbewußtsein. Daher ist sie ein einfacheres und gutes Mittel, heilige Stätten auf einer inneren Ebene zu betreten, ohne sich irgendwelcher Hellseherei zu bedienen, ohne Wünschelrute oder ein äußeres System. Die Grundlagen sind sehr einfach: die Sieben Richtungen in den Drei Welten (Abbildung 1b und 3):

Oben, Unten, Innen, Osten, Süden, Westen, Norden.

Wenn man mit dieser Richtungsabstimmung des Bewußtseins und der Energie an einer heiligen Stätte arbeitet, richtet man sich auf das kollektive Bewußtsein der Menschheit auf diesem Planeten und auf das allgemeine Muster des heiligen Landes und der Kraftplätze im Energiefeld des Planeten aus. Die Richtungen sind natürlich, kein künstliches Deutungssystem. Sie beinhalten Macht.

Arbeiten Sie wie folgt:

1. Phase der Stille.
2. Bestätigen Sie die Richtungen mittels einer einfachen Formel, wie etwa:

»Der Himmel und die Sterne oben,
das heilige Land und die Anderswelt unten,
der menschliche und lebendige Geist darinnen.
Im Osten liegt die Kraft von Luft, Dämmerung und
Frühling.

Im Süden liegt die Kraft des Feuers, von Mittag und
Sommer.
Im Westen liegt die Kraft von Wasser, Abend und
Herbst.
Im Norden liegt die Kraft von Erde, Nacht und
Winter.«

Mit dieser Definition orientiert man sich am Zyklus der
Jahreszeiten und elementaren Energien, die bereits der
Stätte innewohnen und von Tag zu Tag, Monat zu Monat, Jahr zu Jahr durch sie hindurchfließen. Diese Ausrichtung hilft, eine Verschmelzung zwischen menschlichem Bewußtsein und den Energien des Ortes herbeizuführen. Alle anderen Kräfte, auch die vielbesproche-
nen Energiewirbel, die man mit Wünschelruten entdeckt, fließen ungehindert in diesem ganzheitlichen
System. Die Arbeit mit diesen Wirbeln ist eine andere
Disziplin, die man innerhalb der Anderswelt-Tradition
benutzen kann oder auch nicht.

3. Nach der Bestätigung der Richtungen sollte man in
   Ruhe einen Eingang in die Anderswelt an dieser Stätte
   suchen. Falls möglich, sollte er sich im Mittelpunkt der
   Stätte befinden. Die Technik, sich eine Tür oder einen
   anderen passenden Eingang vorzustellen, ist sehr
   nützlich, aber man sollte darauf achten, keine Bilder
   herbeizuzwingen, die nicht zur Stätte passen.
   Mit einiger Übung ist es möglich, auch ohne die üblichen Bilder hineinzugehen und die Anderswelt an dieser Stätte zu betreten, aber die Benutzung grundsätz-
   licher Bilder, wie einer Tür, eines Tunnels, einer Treppe
   und die entsprechende Rückkehr sind empfehlenswert,
   bis man eine Reihe von Stätten ausprobiert hat und mit
   den Erfahrungen der Anderswelt, ihrer Wesen und dem
   Licht in der Erde wahrhaft vertraut geworden ist.

DIE VISION UND DIE REISE VON THOMAS RHYMER

Von den wenigen mündlich überlieferten Feenballaden
sind zwei besonders eindrucksvoll und wichtig als Initia-
tionsvisionen. Die erste ist *Tam Lin,* in der ein Mädchen
ihren Liebsten aus der Anderswelt und von der Dunklen
Königin zurückgewinnt, die zweite heißt *Thomas Rhymer*
und beschreibt eine Reise durch das Feenland. Ich habe
beide Balladen ausführlich in anderen Büchern beschrieben[16], und sie sind auf viele Weise miteinander verbunden. Eine Analyse der Ballade von Thomas Rhymer Strophe für Strophe finden Sie in Anhang 3.

Die Vision von Thomas Rhymer ist eine wichtige
Quelle für unser Wissen über Feeninitiation. Als Ballade
wird sie schon seit Jahrhunderten gesungen, und in
Schottland ist sie heute noch populär. Thomas Rhymer
oder Thomas von Erceldoune (Earlston) lebte im Schottland des dreizehnten Jahrhunderts. Er war als Seher berühmt, und ihm werden verschiedene örtliche Prophezeiungen zugeschrieben sowie die frühe Prosa über *Tri-
stan* und ein langes romantisches Gedicht über seine
Reise nach Elfland, in das Feenreich.* Die mündliche Tradition bewahrte eine einfache, schlichte Ballade, die,
wenn wir ihre Entstehung im dreizehnten Jahrhundert
ansetzen, über 700 Jahre hinweg mündlich überliefert
wurde. Vielleicht ist die Vision selbst viel älter als die historische Quelle, denn dieselbe Tradition kann man auch
in verschiedenen anderen Quellen und Legenden über
die Anders- oder Unterwelt erkennen, wie etwa den Mythos vom heiligen Apfel und der Göttin.

---

* Elfe ist die nördliche, skandinavische und schottische Bezeichnung für
Feen.

Die Ballade von Thomas Rhymer

Der schottische Urtext findet sich in F. J. Childs Sammlung *The English and Scottish Popular Ballads.*

1. Der Thomas lag auf dem Wiesenhang
   und erblickt' eine schöne Frau,
   die näherte sich ihm frei und frank,
   kam reitend über die Au.

2. Ihr Kleid war aus Seide von zartem Grün,
   ihr Mantel war aus Samt,
   und an jedem Haar von des Pferdes Mähn'
   hingen Glöckchen mit Silberklang.

3. Der Thomas, der zog treu seinen Hut
   und fiel vor ihr auf die Knie.
   »Ich grüße dich, Höchste, mit allem Mut,
   denn sowas sah ich noch nie.«

4. »O nein, mein Thomas«, sprach sie dann,
   »so rede mich nicht an.
   Ich bin bloß die Königin von Elfenland,
   die nimmt dich jetzt bei der Hand.

5. Du mußt nun mit mir zieh'n, mein Tom.
   O Tom, du mußt mit mir geh'n,
   und dienen mußt du mir sieben Jahr,
   dann laß ich dich wieder zieh'n.«

6. Sie wendete ihr weißes Pferd,
   und Thomas sprang zu wie ein Kind,
   und als sie an dem Zügel gezerrt,
   flogen sie dahin wie der Wind.

7. Und vierzig Tag und vierzig Nächt'
   da ritten sie durch Blut,

sahen weder Sonn noch Mond
doch hörten des Meeres Wut.

8. Sie ritten und ritten den Weg entlang,
bis sie kamen an einen Baum.
»Steig ab, du schöne Dame mein,
bis ich einen Apfel gehau'n.«

9. »O nein, mein Thomas«, sprach sie da,
»faß den Apfel ja nicht an.
Denn alles Böse immerdar
würde folgen auf diesen Plan.

10. Ich habe hier Brot in meinem Schoß
und eine Flasche voll rotem Wein.
Und ehe wir weitergehn mit dem Roß'
laß es uns wohl hier sein.«

11. Und nach dem Essen und dem Trank
sprach sie: »Leg dich zu mir,
denn ehe wir weiter hinabgelangen,
siehst du der Wunder dreien hier.

12. Siehst du dort den Weg so breit,
dort bei dem Seerosenteich?
Der ist der Schlechtigkeit geweiht,
auch wenn mancher ihn zieh'n will gleich.

13. Und siehst du den schmalen, engen Weg
voller Disteln und voll Dorn?
Das ist der Weg der Gerechtigkeit,
dem nicht viele folgen woll'n.

14. Siehst du dort den wundersam' Pfad,
der sich windet durch den Farn?
Das ist der Weg zum Elfenland,
und dorthin werden wir nun fahr'n.

15. Doch Thomas, du mußt schweigen dort,
    was immer du hörst und siehst,
    denn nur ein Wörtlein an jenem Ort,
    und du nimmer die Erde begrüßt.«

16. Er bekam einen Mantel aus Seide fein,
    und Schuhe in samtenem Grün,
    und als sieben Jahr vergangen war'n,
    da ließ sie ihn wieder zieh'n.

Wenn wir den erzählerischen Gehalt zusammenfassen, erkennen wir die folgenden Stadien:

1. Schlaf unter einem heiligen Baum, einem Weißdorn.
2. Begegnung mit der Feenkönigin.
3. Reise mit ihr in die Anderswelt.
4. Waten durch Ströme von Blut (manchmal Blut und Tränen).
5. Fehlen von Sonne und Mond, aber tosende See.
6. Vision eines Gartens mit Apfelbaum.
7. Warnung vor der Frucht.
8. Frucht verwandelt sich in Brot und Wein.
9. Vision der drei Wege: Schlechtigkeit, Gerechtigkeit, Elfenland.
10. Dienst in Elfland, ein grüner Mantel und grüne Schuhe als Geschenk und eine Zunge, die nicht lügen kann.
11. Rückkehr in die Menschenwelt.

Diese Vision stellt ein klassisches Beispiel dar, wie man eine Anderswelt-Erfahrung erlebt, wie man hingeht und wieder zurückkommt. Die Ballade enthält auch viele Schlüssel für die Macht in der Anderswelt und für Feen-initiation: die Dunkle Königin oder Göttin, das Land in der Erde, der heilige Apfelbaum (der entweder Wahn-

sinn oder Unsterblichkeit verleiht), ein Ritual von Trans-
substantiation, wobei eine tödliche Substanz in eine andere, wohltuende verwandelt wird, die Vision der drei
möglichen Wege und schließlich die Geschenke. Der
grüne Mantel und die grünen Schuhe sind in der Tradition mit der Lebenskraft des Landes verbunden, während die Zunge, die nicht lügen kann, die Gabe der
Wahrsagung oder Prophezeiung bedeutet.

Diese Ballade schildert, wie man das Feenland betritt
und verläßt, und sie enthält einen Bericht von der Verwandlung und den potentiellen Geschenken, die man
dort findet. Es ist eine sehr beeindruckende Übung, mit
dieser Ballade zu arbeiten[17] und eine eigene Visualisierung aufgrund der geschilderten Bilder und Abfolgen zu
entwickeln. Wenn man noch nicht mit der Anderswelt
und dem Feenreich vertraut ist, sollte man jedoch zunächst einige der Visualisierungen benutzen, wie sie in
Teil 2 dieses Buches geschildert sind. Die Feenvisualisie-
rungen in diesem Buch benutzen viele Elemente, die in
der traditionellen Ballade von Thomas Rhymer beschrieben sind, denn es handelt sich hier um einfache und
starke Grundlagen der Feentradition.

Wir können nun zu den Techniken der Visualisierung
übergehen und mit bestimmten Anderswelt- und Feen-
übungen arbeiten.

Wenn man in Einzelarbeit visualisiert und versucht, allein das Feenreich zu betreten, folgt man lediglich den
eigenen Intuitionen, ohne eine Vision oder Begegnung
herbeizuzwingen. Dabei sind Notizen hilfreich, denn
wenn man seine Eindrücke sofort nach der Arbeit nie-
derschreibt, kann man sie später mit anderen Erfahrungen vergleichen und oft Anhaltspunkte über die relative
Qualität oder Tiefe der Wahrnehmung gewinnen. Auch
vergißt man die Wahrnehmungen in veränderten Be-

wußtseinszuständen recht schnell, wenn die feste Routine unserer äußeren Welt sich unweigerlich und notwendigerweise wieder behauptet.

Bei Gruppenarbeit, besonders mit Menschen, die einige Erfahrung mit der Anderswelt und dem Feenreich haben, ist es gewöhnlich möglich, die Tiefe der Erfahrung zu beurteilen und einzuschätzen, ob das Fehlen bestimmter Bilder einen tiefergehenden Kontakt oder eine schützende Begrenzung der Wahrnehmung bedeutet. Bei energetisch starken Sequenzen berichten Teilnehmer oft von einem Ausblocken bestimmter Teile der Erzählung, wobei sie jedoch auf natürliche Weise später wieder zu einer bewußten Wahrnehmung der sich entwickelnden Sequenz zurückkehren. Sie fügen sich in die späteren Stadien ein, ohne die Richtung verloren zu haben oder verwirrt zu sein. Dieses scheinbare Ausblocken scheint die Erfahrung nicht zu schwächen, was darauf hindeutet, daß es eine Tiefe des Bewußtseins und der Energie gibt, die nicht durch eine Form oder oberflächliche zeitliche und lineare Abfolge begrenzt wird.

Bei der Arbeit mit dem Feenreich und anderen Andersweltreichen brauchen wir gewöhnlich bestimmte Mittel des Zutritts und des Ausgangs. Die Tradition gibt uns dafür viele Bilder, Erzählungen und Visionen, aber wenn man in der Anderswelt angekommen ist, besteht keine Notwendigkeit, sich an die Einzelheiten zu klammern, und die praktische Arbeit zeigt, daß unser Bewußtsein sich oft in formlose Tiefen stürzt. Manchmal finden Teilnehmer diesen Abstieg in die Formlosigkeit verstörend und nehmen an, es geschähe nichts. In mancher Hinsicht ist das aber die allerstärkste Erfahrung überhaupt.

Wir müssen uns auch deutlich der rhythmischen Zusammenhänge zwischen Form oder Wesen und Form-

losigkeit oder Energie bewußt sein. Unsere eigene Gestalt, unser Körper, besteht aus Energien des Landes, der
Elemente und unseres Geistes oder letztendlichen Wesens. Wir haben eine feste Form oder Erscheinung nur
aufgrund des Zyklus der offensichtlichen Zeit. Unser
Körper löst sich tatsächlich ständig auf und wird in
jedem Moment neu geboren. Das äußere Bild eines
Menschen ist nicht mit der inneren Realität identisch,
daher sind auch menschliche Beziehungen ein riesiges
Feld, das es zu erforschen gilt. Warum sollten wir also in
der Anderswelt starre Muster fordern, in einer Welt von
Rhythmus und Transformation von Energie und Form, in
einem Reich, in dem Tod und Leben ineinander über-
und auseinander hervorgehen?

Teil 2

Übungen und Visualisierungen

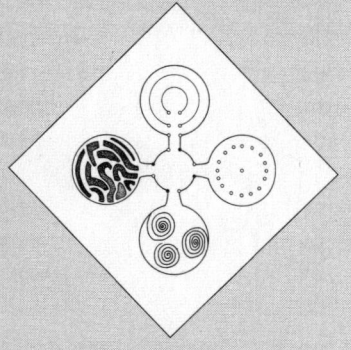

Die Übungen und Visualisierungen
sind nach einem sich allmählich entfaltenden
und entwickelnden Muster geordnet.
Man profitiert davon am meisten, wenn man in
dieser Reihenfolge mit ihnen
arbeitet, aber die Beispiele sind nicht in
dem Sinne geordnet, daß man von »leicht« zu
»schwer« fortschreitet. Jede Übung
und Visualisierung wirkt auf der Elementar- wie
auch der Fortgeschrittenenebene.

4. Energetisch verstärkte Visualisierungen

Da der Begriff »energetisch verstärkte Visualisierung« (von mir geprägt) im Verlauf dieses Buches öfter benutzt wird, soll hier erklärt werden, was damit gemeint ist und was bei bestimmten Arten der Visualisierung geschieht. Visualisierung ist zwar eine zunehmend verbreitete und beliebte Technik geworden, aber sie kann auf verschiedenen Bewußtseinsebenen funktionieren und eine Reihe von Wirkungen haben.

Mit »energetisch verstärkter Visualisierung« meine ich etwas ganz Bestimmtes. Zu ihr gehören eine Reihe von Vorstellungen und das Arbeiten mit grundlegenden Mustern innerhalb einer miteinander verbundenen Abfolge von Bildern. Die Bilderreihen wie auch die einzelnen Bilder sind relativ statisch, auch wenn sie ein Kraftpotential enthalten; es sind aber die Muster oder Kombinationen von Bildern, die eine Reaktion im Innern herbeiführen und dadurch innere Veränderungen erzeugen. Die Kunst der Definition und Auswahl dieser Veränderungen durch bewußte und rhythmische Wiederholung war in prämaterialistischen Kulturen wohlbekannt. Sie kann auch heute wieder entwickelt werden.

Bei der energetisch verstärkten Visualisierung gibt es auch untergründig eingebettete Muster und Formen, die nicht offen zutage treten; sie können zum Beispiel einer Erzählung zugrunde liegen oder sie transzendieren, wie es in älteren Traditionen Brauch war.

Eine verzweigte Erzählung mit Bildern und Charakteren der Anders- oder Unterwelt kann oft klarer werden, wenn wir uns den Grundplan bewußt machen, auf dem die Standardmuster angeordnet sind. Viele alte Interpretationen von Mythen und Legenden versuchen, die Geschichten und Themen möglichst mit einem solchen Grundplan oder -muster in Verbindung zu bringen. Bei modernen Interpretationen werden häufig die Grundmuster von Mythos, Legende und Folklore übersehen, weil das Material in ein psychologisches, soziologisches oder materialistisches Schema gepreßt wird, das es im menschlichen Leben und im menschlichen Bewußtsein nicht gab, als die Mythen noch zur Alltagserfahrung gehörten. Überraschenderweise können wir, wenn wir den richtigen Schlüssel oder Grundplan für die mythischen Traditionen finden, die innere Kraft für den heutigen Gebrauch nutzbar machen, auch wenn wir kulturell weit von den Quellen entfernt sind.[18]

Ein typisches, einfaches, modernes Beispiel dafür wäre eine Erzählung, die die Vier Jahreszeiten oder Vier Richtungen beinhaltet. Offenkundige Bilder dafür sind zum Beispiel vier Türen, die in vier den Jahreszeiten und Richtungen entsprechende Landschaften führen. Aufgrund des ganzheitlichen Charakters der Elementarmuster können dabei aber auch viele andere potentielle und tatsächliche Energien am Werk sein, die in den Grundbildern der vier Türen nicht zu erkennen sind, wenn sie bei der Visualisierung benutzt werden. (Dieses Muster ist Grundlage für die energetisch verstärkte Visualisierung, die ab Seite 153 beschrieben wird. Wir arbeiten dort mit den Vier Richtungen als Orten der Anderswelt.) Die Abbildungen 1 (Seite 29) und 3 (Seite 84) zeigen einige grundlegende Kräfte dieser Richtungen, die das Rad des Lebens bilden.

Grundsätzlich arbeitet Visualisierung mit der Wirkung von bestimmten Bildern, die in den Vordergrund unseres Bewußtseins gerückt werden. Unsere Vorstellungskraft ist das Zentrum unserer Macht; daraus entstehen alle Energien und Formen. Wenn die Bilder und die Visualisierungen sich nur an der Oberfläche des Bewußtseins abspielen, haben sie meist keine dauerhafte Wirkung. Aber bestimmte Bilder berühren tiefere Schichten der Vorstellungskraft in uns. Wenn man sie mit archetypischen Mustern verbindet, können sie dauerhaft verändernde Wirkungen haben.

Alle alten Traditionen der Weisheit, von den orthodoxen Religionen bis zur praktischen Magie, benutzen diese Techniken, bei denen man bestimmte Bilder und Muster miteinander kombiniert. In der Regel sind die stärksten Visualisierungen diejenigen, die sich auf eine lange Tradition einstimmen. Die Tradition selbst, gleich welche, ist auf einen kollektiven Bilderstrom eingestimmt und formt sich daraus. Die kollektive Bilderwelt stützt sich in der Regel auf die Umwelt oder die Kultur (siehe Abbildung 4).

Auf dieser letztgenannten Ebene arbeiten wir in der Anderswelt-Tradition und bei den Feenkontakten, denn sie haben sich seit Jahrhunderten in uns erhalten und werden aus dem kollektiven Bewußtsein heraus erzeugt. Innerhalb dieses kollektiven Feldes gibt es noch viele weitere Techniken und Bilder, die in sich bestimmte Anderswelt-Energien und -Erfahrungen erwecken und aktivieren können.

Dies ist das polare Gegenteil zur orthodox-religiösen Bilderwelt, die versucht, alle kollektiven Traditionen und Bewußtseinsweisen in ihre dogmatische oder autoritäre Struktur einzuordnen. Anderswelt-Traditionen gehen direkt auf die kollektive Ebene, ohne zu versuchen, jeman-

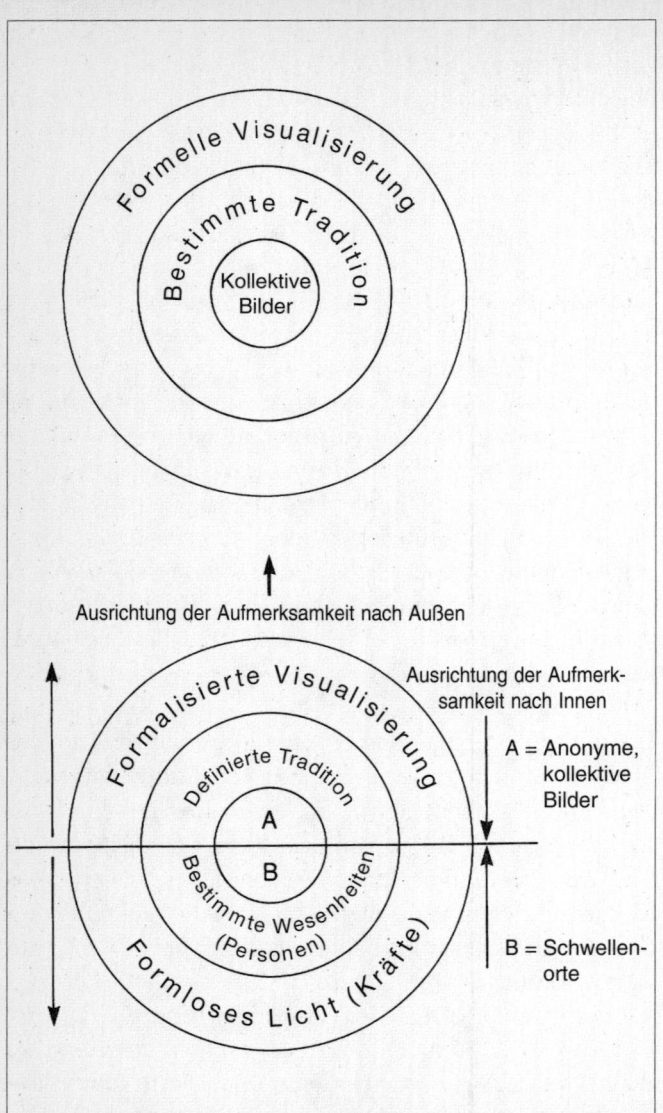

Abb. 4   Bewußtsein und Tradition

den zu bekehren oder zu dogmatisieren. Daraus haben sich mehrere zuverlässige Techniken und Kontakte herauskristallisiert. Im zweiten Band, *Erd-Kraft,* werden wir mit einigen ungewöhnlichen Ebenen der Anderswelt-Tradition arbeiten.

WAS GESCHIEHT BEI EINER ENERGETISCH VERSTÄRKTEN VISUALISIERUNG?

Die Visionen sind ein Medium für Energien; sie geben Kräften Gestalt, die sich sowohl in uns wie auch in der Umwelt befinden. Das soll nicht heißen, daß die Bilder bei der Arbeit mit einer komplexen Visualisierung »echt« sind, aber sie sind auch nicht »unecht«. Mit Umwelt meinen wir das gesamte Umfeld, die Ganzheit von Raum, Energie bzw. Bewußtsein und relativer Zeit. Es mag sich um eine örtlich begrenzte Sache handeln, mit lokaler Energie und lokalem Bewußtsein, oder aber um die Welt des lunaren, solaren oder stellaren Systems, die Drei Welten der alten Tradition. Energetisch verstärkte Visualisierungen überqueren alle Grenzen und lösen alle Filter und Beschränkungen auf, wenn man sie richtig anwendet.

Energetisch verstärkte Visualisierung unterscheidet sich von freier Assoziation oder zufälligen Phantasiebildern, auch von intellektuell bestimmter und angeleiteter Visualisierung. Sie wird davon bestimmt, daß ihre Muster und Bilder mit tiefen Energien in Kontakt stehen und mit tatsächlichen Wesenheiten verbunden sind.

Die Entwicklung von Bildern in einer bestimmten Abfolge in der Vorstellung einer Gruppe ist im Grunde eine verstärkte Version dessen, was in der Dichtkunst, beim Geschichtenerzählen oder im Theater geschieht. Die Betonung liegt immer auf der Beteiligung der Gruppe, statt auf passivem Konsumieren wie bei der Fernsehunterhaltung.

Es ist nicht nötig, daß die Bilder genau oder wahr sind, sondern nur, daß sie verschiedene Bewußtseins- und Energieebenen miteinander verbinden. Dieser Aspekt wird häufig mißverstanden und in Veröffentlichungen und in der Praxis regelmäßig fehlgedeutet oder falsch angewandt. Es geht tatsächlich nur um die Absicht und die Einstimmung: Vorausgesetzt, wir bleiben bei einem zusammenhängenden Muster von Bildern, funktioniert es immer. Es geht nicht um reine oder eindeutige Bilder, denn die Form löst sich auf, wenn sich unsere Wahrnehmung ändert, und wird immer mehr zur reinen Energie, in immer metaphysischeren Formen oder Präsenzen. Die ganze Frage von Vision, Bewußtsein, Vorstellungskraft, Form und Wesen ist relativ.

Bestimmte Formen scheinen zur tiefsten Ebene des Bewußtseins zu gehören. Diese sind bekannt als die Glyphen oder Mandalas der Weltreligionen, der Machttraditionen, der Magie und der Mystik. Wenn das äußere Bewußtsein und die alltäglichen Gedankenmuster beruhigt sind, wenn man durch Meditation und Versenkung zu tieferen Bewußtseinsebenen gelangt, tauchen diese Muster ungerufen auf, erscheinen dem aufnahmebereiten inneren Auge als visionäre Bilder. Ebenso enthüllen auch äußere Modelle, Meditationssymbole, heilige Tänze und andere Muster die inneren Glyphen und archetypischen Formen und helfen, unsere Gedanken- und Energiemuster darauf einzustimmen.

Diese Glyphen sind die archetypischen Urmuster, innerhalb derer verschiedene, äußerlich komplexe Einheiten ihre Form annehmen und innerhalb derer sie ihren Energiezyklus durchlaufen oder wiederholen. Ein Grund für ihr Auftauchen im Bewußtsein aller Menschen und Kulturen ist, daß sie eine innere Reflexion der Bewegungsmuster unseres Planeten darstellen sowie des Mondes, der Sonne und der Sterne. Das Rad des Lebens zum Beispiel durchläuft den Zyklus der Vier Jahreszeiten, der Vier Elemente, der Vier Zeitalter. Aber es verbindet auch die Vier (planetarischen) Richtungen des Nordens, Südens, Ostens und Westens mit den sieben inneren Richtungen (Vorn, Hinten, Rechts, Links, Oben, Unten und Innen).

Einfach ausgedrückt: Die universellen Glyphen oder Mandalas finden sich in den physischen Beziehungen und Befindlichkeiten der Menschheit auf ihrem Planeten im Sonnensystem genauso wie im Bewußtsein. Die esoterischen Traditionen lehren, daß es keine Trennung zwischen inneren und äußeren Mustern, zwischen Makrokosmos und Mikrokosmos gibt. Bei energetisch verstärkter Visualisierung nehmen wir eine Reihe komplexer Wesenheiten und Energien (Menschen, Orte, Mächte) und arbeiten sozusagen rückwärts, um die tiefen, transformativen Kraftmuster zu erreichen. Diese Vorstellung von universellen Mustern, wobei zunehmend komplexe Entitäten aus einfachen Grundenergien entstehen, findet man in allen Traditionen der Welt.

Das Geheimnis besteht darin, konsequent zu sein. Wenn man von einer Bilderwelt zur nächsten springt, von einer Tradition zur nächsten, zerstreut sich unsere Kraft. Wenn man jedoch mehrere Jahre lang beständig innerhalb einer einzigen spirituellen oder magischen Tradition arbeitet und niemals davon abweicht, ergibt sich etwas Erstaunliches. Die dauernde Beschäftigung und das regelmäßige Einstimmen befähigen einen schließlich, in jeder beliebigen Tradition zu arbeiten, weil man die inneren Verbindungen jenseits der äußeren Formen erkennen kann. Aber das ist nicht möglich ohne eine vorherige Einstimmung durch die traditionellen Bilder und Techniken; es ist keine Angelegenheit intellektueller Vergleiche oder großartiger Sätze wie: »Alles ist eins.«

Eine kollektive Tradition besitzt ungeheure Macht. Das Feenreich wurde seit vielen Jahrhunderten von Tausenden von Menschen kontaktiert und besucht. Dieser kollektive Vorrat an Bildern, Mustern, Wesenheiten und Formen ist ein Energiezentrum, das wir anzapfen können. Es liegt sogar in uns, eingestimmt auf die Anderswelt und die Feentraditionen unseres Landes und unserer Kultur, wer und wo wir auch sein mögen.

Was geschieht also, wenn wir mit energetisch verstärkter Visualisierung im Feenreich arbeiten? Es gibt zwei Arten, diese Frage zu beantworten, falls überhaupt eine Antwort erforderlich ist.

Da ist erstens das traditionelle Verständnis, daß wir tatsächlich mit Feenwesen arbeiten, die bestimmten Bildern gemäß Gestalt annehmen, Bildern, die unsere Rasse und die ihre gemeinsam haben. Damit meinen wir ein gemeinsames Alphabet, mit anderen Worten, eines, das nicht allzuweit von unseren Mustern und Formen entfernt ist. Feen- und Menschenvolk sehen einander ähnlich und können einander spiegeln. Die Feenwelten sind echt, und wir können in Geschichten, Liedern, Visionen oder durch körperliche Übertragung dorthin gelangen.

Wenn man sich einfach mit dem kollektiven Wissen und den Bildern bewegt, wird die Erfahrung allmählich verstärkt und nimmt eine bestimmte eigene Qualität und Energie an, weit jenseits einfacher Phantasien. Die alten Traditionen wurden wörtlich genommen, und sie funktionieren auch so, indem sie Erfahrungen und Gestalten aus dem allgemeinen Vorrat an Bildern und Potentialen wiedergeben.

Zweitens gibt es die tiefere Ebene, wie es in den Einweihungstraditionen bekannt ist und gelehrt wird – das ist für den modernen Geist vermutlich akzeptabler. Hier sind die offenkundigen Formen und Erfahrungen nur Darstellungen, Medien oder Schaltstellen zwischen unserem äußeren Bewußtsein und tieferen Ebenen der Energie und der Wahrnehmung. Man sollte das nicht mit einer psychologischen Deutung verwechseln, die annimmt, daß alle Erfahrungen Produkte der Psyche sind. Es handelt sich bei den Feen- und Anderswelt-Erfahrungen vielmehr um wirkliche Wesenheiten, wirkliche Energien und wirkliche Orte. Sie sind allerdings nicht ausschließlich auf die Formen beschränkt, die uns die kollektive Tradition anbietet, auch wenn diese Formen funktionieren und in unserer eigenen Vorstellung aktive Bilder hervorbringen.

Energetisch verstärkte Visualisierung bringt uns in Kontakt mit bestimmten Wesen, Mächten und Orten. Diese drei Angelpunkte jeden Mysteriums, *Wesen, Mächte* und *Orte,* kann man in zahllosen Dimensionen finden, menschlichen wie nichtmenschlichen, körperlichen, nichtkörperlichen und metaphysischen. Die energetische Verstärkung kommt aus der Tradition selbst, aus ihrer Vorstellungswelt und aus der bewußten Einstimmung und den Energiemustern dessen, der die Visualisierung leitet oder aufbaut.

Nichts ist schließlich genau das, was es scheint. Die gälischen Seher lehrten, daß alle Wesen einander durchdringen und daß es kein Lebewesen gibt, das nicht ein anderes auf oder in sich trägt, selbst noch die kleinste sichtbare Wesenheit.[19] Die modernen Naturwissenschaften haben das in einem materialistischen Sinn bewiesen, aber auch auf der Vorstellungsebene gilt das immer noch.

Die Ganzheit aller lebenden Wesen und Energien kann in unserer Vorstellung verschiedene Muster erhalten. Bei einer Visualisierung verändern wir absichtlich diese Muster und ersetzen die gebräuchlichsten und gewohnheitsmäßigen durch solche von tieferer und oft kathartischer Kraft. Wenn wir also mit einer energetisch verstärkten Visualisierung arbeiten, um die Anderswelt und das Feenreich zu betreten, benutzen wir Bilder, um Energien und Wesenheiten eine Form zu verleihen, die wir gewöhnlich nicht wahrnehmen. Trotz unserer üblichen Unkenntnis von diesen Wesen, Orten und Mächten sind sie ebenso wirklich wie wir. Was bedeutet, daß sie wie wir eine relative Wirklichkeit besitzen, die von Vorstellungsbildern und Energiekreisläufen abhängt.

EIN PAAR GRUNDÜBUNGEN

Es gibt eine ganze Reihe umfassender Visualisierungen und Techniken, die unsere Energie einstimmen und unser Bewußtsein von der Anderswelt verstärken. Diese komplexen Erzählungen, die ursprünglich durch die mündliche Überlieferung und in den alten Kulturen durch die Tempelausbildung bewahrt wurden, bringen uns in direkten Kontakt mit den Anderswelt-Energien und -Wesenheiten. Die traditionellen wie die modernen Formen, wie sie aus meinen eigenen Erfahrungen und aus meiner Arbeit mit Gruppen für dieses Buch zusammengestellt wurden, führen zu einer Transformation in uns selbst und befähigen uns schließlich, das Licht innerhalb der Erde nach außen zu vermitteln.

Unsere Rolle als Mensch ist die eines Vermittlers, einer Brücke zwischen den Welten, um bestimmte Arten des Bewußtseins und der Energie zu anderen Lebensformen zu bringen, die mehr oder weniger getrennt von uns existieren. Momentan ist es aber wohl so, daß die Trennung auf unserer Seite am stärksten ist; wir haben uns von allen anderen Lebens- und Bewußtseinsformen abgeschnitten, auch von unserem eigenen Planeten und den Mitbewohnern auf und in ihm.

Einige Beispiele und Beschreibungen der umfassenden Techniken bilden die folgenden Hauptvisualisierungen, aber es gibt auch ein paar Grundübungen, die sich bei regelmäßiger Arbeit lohnen. Es handelt sich in vieler Hinsicht um sehr einfache Übungen, aber sie sind gleichzeitig auch sehr fortgeschritten, denn sie umgehen die detaillierte Visualisierung und arbeiten direkt mit der Energie an sich.

Ich empfehle eine ausgeglichene Kombination zwischen Visualisierungstechniken, wie den gelenkten Phantasiereisen (Bestandteil einer altehrwürdigen Tradition), und den direkten Energietechniken, die wir im folgenden beschreiben. Bei den meisten Menschen ist es die kreative, wiederholte Arbeit mit Bildern, Reisen und Visualisierungen, die die Energien weckt und ausrichtet. Andere Methoden sind z. B. Ausführen ritueller Muster und Bewegungen, stille Meditation oder Encounter-Techniken. Man findet diese oft in urtümlicher oder chtonischer Magie. Wenn das Erwachen stattgefunden hat, die Initiation, kann man die direkten Techniken nach Belieben benutzen.

Die starke Kraft der Vorstellung befreit unsere Energiemuster, und wenn wir traditionelle Initiationstechniken anwenden, bekommen wir ein Grundmuster aus Bildern, die ein starkes Potential für die innere Transformation enthalten. Dieselbe starke Kraft kann man aber auch dazu benutzen, sich zu erniedrigen und zu schwächen. Materialisten würden dazu treffend sagen: Es spielt sich alles nur im Kopf ab.

Wir sind buchstäblich, was wir uns vorstellen. Durch Gier, Gleichgültigkeit und Materialismus haben wir uns in immer stärkere Isolation gebracht, durch unsere Vorstellungskraft; wir lehnen alle anderen Lebensformen ab, mißbrauchen sie, verleugnen ihre Existenz. Und dann fragen wir uns, warum die Menschheit sich im Universum so verloren fühlt, warum wir uns unglücklich, wütend und verzweifelt gegeneinander wenden. Wenn wir unsere Vorstellungskraft dazu benutzen, uns aus der Isolierung heraus zu öffnen, stellen wir fest, daß die Welt voller Wesen, voller Realitäten ist. Die *Welt* ist nicht bloß unser Planet, sondern die totale Umwelt, die universelle Welt. In und aus dieser universellen Welt besteht unsere Substanz, unsere Materie, unser Körper. Nicht nur unser Körper regeneriert sich tagtäglich aus der Substanz des Landes, sondern auch der planetarische Körper mit seinen verschiedenen Zonen, Kontinenten, Ländern und Kraftplätzen.

Wenn wir mit dem Licht innerhalb der Erde arbeiten, mit der Energie der Anderswelt, innerhalb und außerhalb unserer bewußten Deutung unserer Umwelt, vollziehen sich bemerkenswerte Veränderungen.

Schauen wir uns ein paar der einfachen Übungen an, die diese Interaktion mit der Anderswelt und ihren Energien verstärken. Wir konzentrieren uns bei diesen Übungen vornehmlich auf Energien statt auf Wesenheiten. Die Visualisierungen und traditionellen Bilder verleihen den Wesen eine Gestalt, genau wie unserem eigenen Wesen durch das kollektive Bild der Menschheit auf dem Land eine Form gegeben wird. Ich habe diese Übungen bei meiner Arbeit über fünfzehn Jahre hinweg entwickelt und sie in eine Form gebracht, die für die allgemeine Anwendung durch einzelne und Gruppen geeignet ist. Es gibt eine damit verwandte Gruppe älterer Techniken, die in verschiedenen Traditionen enthalten sind und die die gleiche Wirkung haben, aber sie sind für den modernen Verstand oft verwirrend oder unzugänglich.

Das aufsteigende Licht von unten

Dies ist eine einfache, aber wichtige Technik, um Energie zu wecken und durch den Körper zu leiten. Die Kraft, die aus der Unterwelt aufsteigt, das Licht der Erde, wird Ihre eigenen Energien weit wirksamer wecken und transformieren als die alleinige Konzentration auf die Energiezentren oder Chakren. Wenn man diese Übung jeden Tag macht und dazu regelmäßig mit Visualisierungstechniken arbeitet, kann man seine Energiezentren sehr schnell ausrichten und aktivieren.

Diese Übung ist ein Spiegelbild zu den bekannten Traditionen, die ein Licht »von oben« herabrufen. In beiden Fällen scheint die Energie außerhalb des Individuums ihren Ausgang zu nehmen (dieses Verständnis ändert sich allerdings, wenn man seine inneren Kräfte entwickelt), aber bei dieser Technik liegt das Licht in der Unterwelt oft verborgen. Das menschliche Bewußtsein aktiviert die Kraft und zieht sie hinauf durch den Körper der Erde in den menschlichen Körper. Die Übung des »Aufsteigenden Lichts« ist am wirksamsten, wenn man steht, aber man kann auch mit gekreuzten Beinen sitzen, da diese Haltung den Erdkontakt verstärkt. Hier der komplette Ablauf mit einigen kurzen Anmerkungen zu Entwicklung und Wirkung der einzelnen Abschnitte:

1. **Beginnen Sie mit einer Phase der Stille und gleichmäßigem atmen.** Die Arme hängen herab, die Fingerspitzen sind gestreckt und deuten auf den Boden. Wenn

man sitzt, können sie leicht den Boden berühren oder auf den Schenkeln ruhen. Diese Ausgangsposition der Arme ist wichtig, denn sie werden im Verlauf der Übung in verschiedene Positionen gehoben.

2. **Achten Sie auf den Kontaktpunkt zwischen Körper und Boden.** Wenn es sich um den Boden eines Zimmers handelt, seien Sie sich bewußt, daß das Gebäude auf der Erde steht und mit dem Land verbunden ist. Es ist offensichtlich, daß diese Übung verstärkt wird, wenn man direkt auf dem Erdboden arbeitet, in einer Höhle, in einem Keller oder in einem unterirdischen Raum. Wegen der Gesetze von Reflexion und Oktaven funktioniert es auch besonders gut auf einem Berg oder in einem hohen Gebäude. Viele Anderswelt-Techniken sind für diejenigen nützlich, die in einer städtischen Umwelt leben, weil das unausgewogene städtische Energiefeld direkt durchstoßen wird und so keine oder nur wenig Wirkung hat. Wenn man in einem ungesunden, gegen Energien isolierten Gebäude lebt, sollte man diese Übung auf dem Dach oder im Keller ebenso machen wie in der eigenen Wohnung.

3. **Visualisieren Sie eine Energiequelle genau unter dem Punkt, wo Ihre Füße oder Ihr Körper Kontakt mit dem Boden haben.** Man fühlt oder sieht diese Quelle gewöhnlich als eine Lichtkugel. Die Oberfläche dieser Energiekugel berührt die Fußsohlen (oder Beine, Schenkel und Po, wenn man mit gekreuzten Beinen sitzt), und vom unteren Rand führt ein Lichtstrahl direkt ins Herz der Erde, in die Tiefe des Planeten zu einer unbekannten Quelle. Das ist Ihr reflektiertes Energiefeld in der Unterwelt, das normalerweise latent ist.* Denken Sie daran, daß es ein Teil von Ihnen ist, reflektierte Energie, zu der man normalerweise keinen Zugang hat und die man

---

* Sie werden es nun aktivieren und durch bewußte Arbeit zum Leben erwecken.

nicht nutzt. Millionen von Menschen ahnen sie nicht einmal, auch nicht diejenigen, die Meditations- und Energietechniken praktizieren.

4. *Verstärken Sie die Wahrnehmung dieser Energiekugel.* Fühlen Sie die Berührung, versenken Sie Ihre Vorstellung hinein, und Sie spüren vielleicht, wie Ihre eigenen Energien hineinsinken, und ein Wärmegefühl, wo der Körper den Boden berührt.

5. *Ziehen Sie die Energiequelle langsam in sich hinein.* Das geschieht, indem man gleichmäßig atmet und dabei fühlt, wie die Energiekugel durch die Füße in den Körper aufsteigt. Arme und Hände werden langsam angehoben und ziehen die Energie mit sich. Es gibt vier Zonen des Körper-Energiefeldes: Füße, Genitalien, Herz, Kehle (Kopf) (siehe Abbildung 5). Dies sind die menschlichen Reflexionen der Ganzheit der Elemente und Welten (siehe Abbildungen 2 und 3, Seite 69 und 84).

6. *FÜSSE: Seien Sie sich des Elements Erde bewußt* und der Materie oder Substanz des gesamten Körpers. Die Energiekugel steigt hoch durch die Füße, Beine und Schenkel. Das ist das erste Erwachen der Energie innerhalb der körperlichen Substanz. Die Arme sind noch nach unten gerichtet, werden aber langsam angehoben und ziehen die Energie mit sich.

7. *GENITALIEN: Seien Sie sich des Elements Wasser bewußt* und der zweifachen Natur des Wassers im Körper. Erstens ist es das Grundelement unserer Zellen. Auf nicht physikalischer Ebene ist Wasser das Element von Schöpfung, Geburt, sexueller Vereinigung und Liebe und stellt das zweite Erwachen der Energie innerhalb der körperlichen Substanz dar. Die Arme werden langsam auf Hüfthöhe angehoben.

8. *HERZ: Seien Sie sich des Elements Feuer bewußt.* Während die Energiekugel aufsteigt, wird sie allmählich immer strahlender. Die Vier Elemente sind gleichzeitig

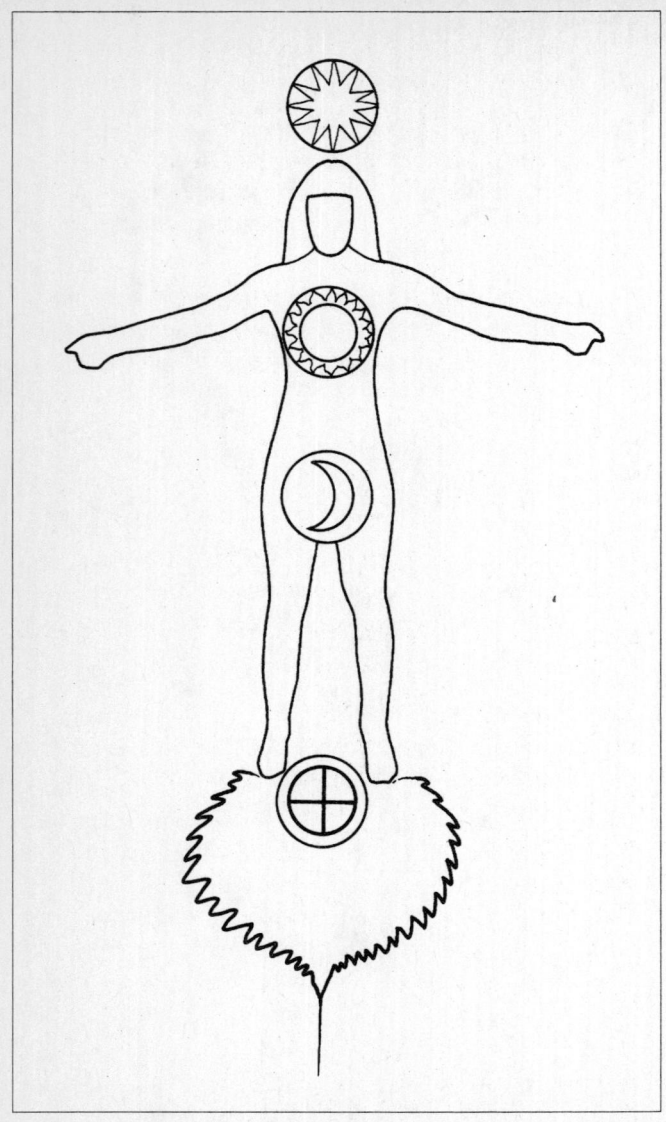

Abb. 5   Das aufsteigende Licht von unten

buchstäblich wie auch metaphysisch vorhanden. Auf der Herzebene wird die zunehmende Energieschwingung zu Feuer. Im Körper entspricht dies der bioelektrischen Energie, dem Blutstrom und den subtilen Kräften, die aus dem Lebenskern abstrahlen. Das Strahlen der Energiekugel, die sich aus der Unterwelt durch den Körper erhebt, ist das dritte Erwachen der Energie innerhalb der körperlichen Substanz. Die Arme sind bis auf Schulterhöhe erhoben, die Handflächen nach oben gerichtet.

9. **KEHLE (Kopf): Seien Sie sich des Elements Luft bewußt.** Die Energie ist nun so hoch gestiegen, daß sie den Kopf und die Schultern umgibt, und hat ihren schnellsten, beweglichsten Zustand erreicht. Alle vier Zonen sind nun lebendig, und jede Ebene des Körpers ist mit den anderen ganzheitlich verbunden. Doch die Anhebung der Energie zum Kopf hin bewirkt eine Verstärkung und Veränderung des Bewußtseins. Die Arme sind mit nach oben gerichteten Handflächen über den Kopf erhoben.

10. **Rückgabe der Kraft.** Jetzt kehren Sie die Abfolge einfach um, indem Sie langsam die Arme senken und spüren, wie die Kraft durch den Körper nach unten sinkt. Sie kehrt langsam wieder in die Energiekugel innerhalb des Landes zurück, unter Ihren Füßen. Beim Absinken senken Sie auch die Arme, und in jeder der vier Zonen nimmt die Aktivität langsam wieder ab.

Meditation innerhalb dieser Technik

Da es sich um eine Technik zum Erwecken der Energie handelt, braucht man nicht innezuhalten und dabei zu meditieren. Meditation kann aber die Wirkung verstärken und Ihnen den Energiefluß im und durch den Körper stärker bewußt machen. Beginnen Sie mit Meditationspausen aber erst, wenn Sie die Technik an sich ausreichend geübt haben, wenn Sie also den vollen Kreislauf mehrere Male vollständig durchgeführt haben.

Man kann bei jeder Zone beim Aufstieg, aber auch beim Abstieg meditieren. Da dazu Armbewegungen gehören, sollte man auf die Spannungsgefühle in Armen und Körper achten. Diese Spannungen wurden bei der alten Tempelausbildung als Kraftquelle genutzt, denn die Armhaltung hat einen starken Einfluß auf den Energiefluß durch den Körper.

Wichtige Anmerkung

Wenn die Energiekugel im Kehle-Kopf-Bereich angekommen ist, hält man sie dort. Es handelt sich um die ekstatischste Zone, und es besteht oft die Neigung, die Kontrolle zu verlieren. Die Armhaltung und die Spannung in den Armen dienen dazu, das Energiefeld im Kopfbereich zu halten. Man sollte keine Bilder oder Handlungen anschließen, durch die die Energiekugel sich über den Kopf hebt und auflöst. Denken Sie daran, daß Sie die subtilen Kräfte aus der Unterwelt und von Ihrem eigenen Wesen, das in diesem Reich gespiegelt ist, heraufholen und daß Sie nicht ein Opfer bringen oder Ihre Energie hingeben wollen, wie es vielleicht bei religiöser oder sexueller Ekstase der Fall wäre.

Man empfindet dabei vielleicht ein ekstatisches Gefühl von Vereinigung, hat Visionen von Sternen und erfährt häufig eine Reaktion vom oberen Licht, dem Bewußtsein der Sonne als spirituelles Wesen. Wenn Sie das erleben (viele erleben es, aber nicht alle), stürzen Sie sich nicht hinein, denn Sie verlieren dabei nur Ihre Energie. Zielen Sie immer darauf ab, die Kraft durch den Körper zurückzuleiten; alles was von der Richtung des Oben harmonisiert wurde, fließt entsprechend Ihrer Ausrichtung durch Sie hindurch in die Erde zurück.

Heutzutage wird nur selten bewußt mit dem Land und den Unterwelt-Reichen gearbeitet, so daß es wichtig ist, den Geist in der Materie durch diesen Kreislauf der Energie zu wecken, zu transformieren und zu bestätigen.

Wenn die Energiekugel in ihre schlummernde Position im Grund unmittelbar unter Ihnen zurückgekehrt ist, werden Sie feststellen, daß Ihr Bewußtsein vom Land, von der natürlichen Umwelt und von vielen subtilen Energien verstärkt ist. Schließlich machen Sie wie immer einige Aufzeichnungen.

Das nächste Stadium dieser Energiearbeit besteht darin, Energie aus bestimmten Orten, Objekten und anderen Lebensformen, wie z. B. Pflanzen und Bäumen, zu ziehen und zurückzuübertragen.

Grundvisualisierung der Anderswelt

Die Hauptvisualisierungen in diesem Buch sind angelegt, um bestimmte Kontakte mit der Anderswelt und dem Feenreich herzustellen und allgemein definierte Erfahrungen herbeizuführen. Viele Bereiche wurden bewußt offen gelassen, aber der Rahmen insgesamt stammt aus der Tradition und wurde für moderne Benutzer umgearbeitet. Wenn wir die Grundlagen dieser Visualisierungen auf eine sehr einfache Abfolge reduzieren, erhalten wir ein Muster, mit dem man für sich arbeiten kann, in das aber auch bestimmte Absichten und Bilder verwoben werden können.

1. Phase der Stille.

2. Bestätigung der Vier Richtungen.

3. Visualisierung einer geschlossenen Tür oder Luke im Boden vor einem; wenn man in der Gruppe arbeitet, sitzt man im Kreis und stellt sich kollektiv eine geschlossene Tür in der Mitte vor.

4. Öffnen Sie die Tür mit einer deutlichen Bestätigung Ihrer Absicht, die Anderswelt zu betreten und das Licht in der Erde zu suchen. Wenn man an einen bestimmten Ort gelangen will, in einen bestimmten Bereich oder zu einem bestimmten Kontakt, muß das jetzt definiert werden.

5. Stellen Sie sich eine steile Wendeltreppe vor, die sich nach rechts dreht. Die Stufen sind aus dem natürlichen Fels herausgehauen. An der Wand links ist ein dickes, aus roten, schwarzen und weißen Fasern gewebtes Tau, das mit Stein- oder Bronzehalterungen an der Wand befestigt ist. Steigen Sie die Treppe hinab.

6. Die Treppe endet in einer Höhle, einer Kammer oder Höhlung in der Erde. Manchmal handelt es sich um einen einfachen unterirdischen Tempel. Gewöhnlich durchschreitet man einen Bogengang, in dem eine kleine Lampe hängt und ein schwaches Licht wirft. In der Kammer hinter dem Bogen bleibt man in stiller Kontemplation stehen. An diesem Punkt kann man verschiedene Kontakte aufnehmen oder Visionen erleben.

7. Kehren Sie durch den Bogen zurück und steigen Sie die Treppe hinauf.

8. Gehen Sie durch die Tür und schließen Sie sie hinter sich. Stellen Sie sich vor, wie die Tür langsam im Boden verschwindet. Sie sind wieder in dem Raum, in dem Sie die Visualisierung begannen.

9. Diskutieren Sie das Erlebnis, falls nötig, und machen Sie Aufzeichnungen.

Anmerkungen

Wenn Sie regelmäßig mit Anderswelt-Traditionen arbeiten wollen, werden Sie feststellen, daß Aufzeichnungen sehr hilfreich sein können, aber die Notizen brauchen weder lang zu sein noch sollte man sich allzusehr darauf stürzen. Unmittelbar nach einer Visualisierung können Sie sich über folgende Dinge Notizen machen:

1. Symbole auf der Tür oder dem Bogen.

2. Beschreiben Sie die Höhle, die Kammer oder den unterirdischen Tempel. Normalerweise beginnt man mit einer sehr einfachen Felsenhöhle, aber sie verändert sich manchmal in einen anderen Ort. Diese spontanen Veränderungen des Ortes sind wichtig, und man kann bewußt an einen solchen Platz zurückkehren. Die anfänglichen Aufzeichnungen helfen einem, sich bei künftigen Visualisierungen und bei entsprechenden Träumen an Einzelheiten zu erinnern.

3. Beschreiben Sie alle Personen, Wesen oder Objekte, die während der Visualisierung in der Höhle oder dem Tempel auftauchen. Objekte, die einem als Geschenke angeboten werden, sind besonders wichtig, da sie oft einen Schlüssel für weitere Arbeit darstellen. Man kann zu anderer Gelegenheit über ihre Kraft und Bedeutung meditieren oder sie in späteren Stadien der Arbeit als Geschenke zum Austausch verwenden.

4. Beschreiben Sie die Energien und Kräfte, die Sie in der Anderswelt erleben, und wie diese Sie beeinflussen, wenn Sie aus der Visualisierung auftauchen.

Träume

Nach einer solchen Visualisierung an einem Kraftplatz oder auch zu Hause hat man manchmal ungewöhnliche Träume. Solche Träume sollten aufgezeichnet und mit den Wirkungen der Visualisierungen verglichen werden. Wiederum ist es nicht nötig, umfangreiche Aufzeichnungen zu machen oder alle Einzelheiten zu registrieren, sondern sich nur der Träume bewußt zu werden, in denen Bilder oder Kräfte der Anderswelt auftauchen, und sie mit den wachen Visualisierungen und Visionen zu vergleichen.

Nun können wir beginnen, die beiden Grundmethoden (Energiearbeit und Visualisierung) weiterzuentwickeln.

5. Die Dunkle Göttin und der Umgekehrte Baum

Die Dunkle Göttin

Nach einer kurzen, einleitenden Meditation wird der Heilige Raum definiert und eröffnet. *

Unsere Absicht ist, den Urtempel der Unterwelt aufzusuchen und uns in die Präsenz der Dunklen Göttin zu begeben. Um uns dieser Realität innerhalb der Erde zu nähern, müssen wir in unserer kreativen Vision einen Weg ebnen und den beteiligten Energien eine imaginäre Form verleihen.

Zunächst sehen wir im Boden, im Zentrum des Kreises, eine runde Holztür. Wenn wir diese Tür näher betrachten, erkennen wir ein Zeichen oder Symbol, das in das dunkle Holz geschnitzt ist.

---

* Der Heilige Raum wird definiert, indem man kurz die Richtungen nacheinander visualisiert und sich mit ihnen verbindet (siehe Abbildung 3). Diese Einstimmung der Wahrnehmung vorab verstärkt die darauffolgende innere Arbeit eindeutig.

Bei Gruppenarbeit kann die Erzählung von einem Teilnehmer laut vorgelesen werden, oder man benutzt ein Tonband.[10] Bei Einzelarbeit kann man ein Tonband benutzen, aber die einfache Methode, sich die Erzählung laut vorzulesen, ist überraschenderweise sehr wirkungsvoll. Nach mehreren Übungssitzungen kann man mit der Vision arbeiten, ohne sie laut zu lesen. Der Schlüssel dazu liegt in der uralten Macht des Geschichtenerzählens ... eine Geschichte oder Vision, die aus dem Zusammenspiel von Vorstellungskraft und Stimme entsteht, ist höchst wirkungsvoll. Es funktioniert mit der eigenen Stimme ebensogut wie mit der von jemand anderem.

Nun öffnet sich die Tür in der Mitte und gibt einen nach unten führenden Gang frei. Wir gehen auf die Öffnung zu und sehen Stufen, die sich spiralförmig nach rechts winden und abwärts führen. Sie bestehen aus grobem Stein und sind aus dem rohen Fels herausgehauen. An der linken Mauer sehen wir ein dickes, geflochtenes Tau aus drei Strängen, rot, schwarz und weiß. Es ist an der Wand mit Bronzekrampen befestigt, die Drachenköpfe tragen. Das Seil wird von den Drachenmäulern gehalten.

Wir betreten einer nach dem anderen die steile Treppe und beginnen den Abstieg. An dem dreifachen Tau halten wir uns fest, um das Gleichgewicht nicht zu verlieren. Der Abstieg ist steil, und man sieht nur ein schwaches Licht von unten. Bald haben wir die Oberwelt hinter uns gelassen und spüren nur noch den Fels ringsum. Hin und wieder durchläuft ein leises Beben den Stein, als durchziehe ein tiefes Klingen die Erde selbst. Es wird beim Abstieg immer wärmer, und diese Wärme scheint von allen Seiten zu kommen, doch die Mauern des Treppenabgangs fühlen sich kühl an. Wir spüren die Gegenwart des inneren Feuers und reagieren darauf. [*Kurze Pause.*]

Jetzt kommen wir am Fuß der Treppe an. Dort befindet sich eine niedrige Öffnung, über der eine winzige Lampe hängt und mit weißer, stetiger Flamme brennt. Einer nach dem anderen wiederholen wir unsere Absicht, den Tempel der Unterwelt zu betreten und die Dunkle Göttin zu sehen, falls sie es wünscht.

Wir tauchen in einer dunklen Höhle auf, die nur vom schwachen Schein der winzigen Lampe erhellt wird, der kaum ausreicht, um etwas zu erkennen. In der Mitte der Höhle befindet sich ein stiller, dunkler Teich. Einer nach dem anderen treten wir vor und schauen in den Teich. Zuerst sehen wir das Spiegelbild unserer Gesichter, verschwommen und dunkel, doch dann ändert sich das Bild, und wir sehen im Teich der Unterwelt etwas, was uns hier und jetzt enthüllt wird. [*Pause für Kontemplation und Vision.*]

Allmählich lassen wir die Visionen im Teich hinter uns und

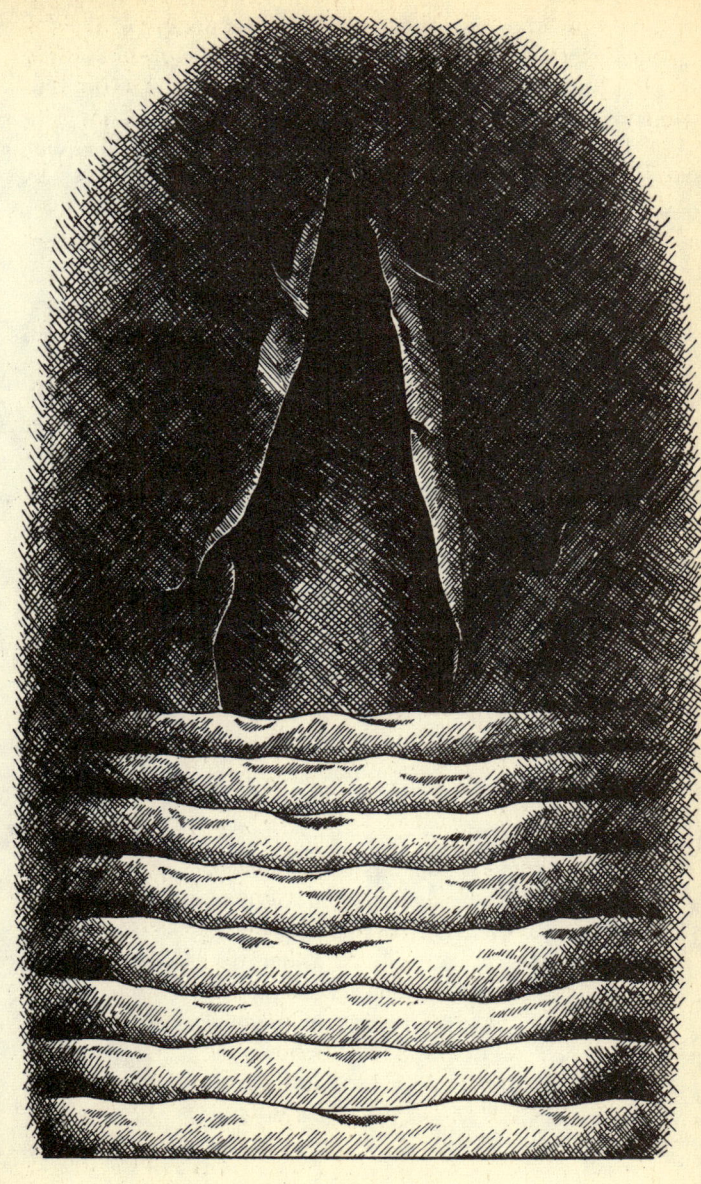

werden uns bewußt, daß jemand auf der anderen Seite des Wasserspiegels steht. Wir blicken im Dämmerlicht hinüber und sehen eine Treppe, die nach oben in einer dunklen Felsspalte verschwindet. Auf der obersten sichtbaren Stufe steht die Gestalt einer Frau in einer schwarzen Robe mit einer weiten Kapuze. Wir können ihr Gesicht nicht sehen. Sie hält einen Stab in einer Hand, von dem ein Faden auf eine Spindel herabläuft. Diese Spindel sendet beim Drehen kurze Farbblitze aus, wenn sie das Licht von der Lampe über dem Eingang auffängt, durch den wir den Tempel betraten. Wenn wir uns der Dunklen Göttin nähern wollen, müssen wir um den Teich herumgehen.

Einer nach dem anderen gehen wir um den Teich. Wir gehen links herum und wenden uns dann zur Treppe. Plötzlich steht die dunkle Gestalt vor uns am Fuß der Treppe. Wir nähern uns einer nach dem anderen und werden gebeten, ihr etwas darzubieten, was wir am liebsten behalten wollen. Es muß sich um ein wahres Opfer handeln, und eine Täuschung ist nicht möglich.

Wir bieten der Dunklen Göttin unsere Gaben dar, dieser Frau der stetigen Veränderung und der Wiedergeburt, die das Licht in der Dunkelheit zugleich verbirgt und enthüllt. Wir kommunizieren schweigend mit ihr. [*Pause zur Kontemplation.*]

Nun tauchen wir aus dieser Vereinigung wieder auf und stellen fest, daß wir für unsere Opfergaben etwas erhalten haben. Während uns diese Erkenntnis dämmert, beginnt ein schwach glühendes Licht aus den Höhlenwänden zu dringen. Zuerst ist es rosa, wird dann aber gelb und grün und erblüht schließlich zu strahlendem Weiß. Der schwarze Teich wird zu einem silbernen Spiegel aus Licht, und die Höhle ist taghell. Wir sehen Bilder an den Wänden, die eine Geschichte erzählen, an die wir uns erinnern können. [*Stille Pause.*]

Wir blicken hoch, um wieder die Gestalt der Dunklen Göttin anzusehen, doch sie ist verschwunden. Oben, in der Felswand der Höhle, verschwindet die Treppe in einer dunklen Felsspalte. Trotz des strahlenden Lichts bleibt sie im

Schatten. Nun haben wir die Wahl: Wir können entweder bleiben und das Licht in der Erde kontemplieren, oder wir versuchen, uns der Göttin mehr zu nähern, indem wir die Treppe hinauf auf die Felsspalte zugehen. Triff deine Wahl und sei eines mit dir selbst. [*Stille Pause.*]

Nun werden wir gebeten, zur Außenwelt zurückzukehren. Einer nach dem anderen kehren wie an den Rand des Teiches zurück und erkennen im Licht der Höhle die Gestalt von zwei schlangengleichen, ineinander verschlungenen Wesen in der Tiefe unten, die sich unaufhörlich umeinanderwinden, Muster bilden und ihre Kraft durch die Wasser hinauf in die Höhe schicken. Wir spüren, wie diese Kraft uns durchflutet, durch die Fußsohlen aufsteigt, durch die Genitalien, durchs Herz in die Kehle und in den Kopf steigt. Sobald die Kraft den gesamten Körper durchflutet, ist es an der Zeit, den Unterwelt-Tempel zu verlassen.

Wir gehen um den Teich herum zum Eingang auf der anderen Seite, und währenddessen schwindet das Licht des Tempels allmählich. Während wir den niedrigen Eingang mit der winzigen Lampe darüber erreichen, liegt die Höhle bereits im Dunklen. Doch wir spüren die vibrierende Kraft der Unterwelt, die uns durchströmt, als seien wir von Feuer und Licht erfüllt. Das ist die Kraft, die wir in die obere Welt zurückbringen und über das Land verströmen.

Einer nach dem anderen steigen wir die lange, steile Steintreppe hinauf und spüren immer noch das schwache Pulsieren des Steins in uns. Wir gelangen an die Tür zur Oberwelt und treten hindurch. Wir tauchen in einem dämmrigen, grauen Raum auf, der schattenhaft und verschwommen scheint. Allmählich formt sich die Außenwelt wieder, und wir kehren zu unserer Position im Kreis zurück, wo wir die Reise begannen. Wir sehen, wie die Tür sich schließt und die beiden gleichen Hälften des dunklen Holzkreises zueinander gleiten.

Nun löst sich die Tür auf, und wir sehen nur noch den nackten Boden. Wir öffnen die Augen und kehren zu unserer normalen Wahrnehmung zurück.

Nun kommen wir zur ersten energetisch verstärkten Feenvisualisierung. Es besteht zwar keine Abfolge von Anfängern zu Fortgeschrittenen bei diesen Übungen, aber sie sind miteinander verbunden und verknüpft. Die Abfolge an sich ist ein kraftvolles Arbeitsmuster.

Der Umgekehrte Baum

Zunächst wird der Heilige Raum definiert und eröffnet. Bei Gruppenarbeit sitzen die Teilnehmer in einem Kreis. Bei zwei Teilnehmern sitzen sie sich einander gegenüber, bei dreien in einem Dreieck; vier sitzen im Quadrat. Das Ziel dabei ist immer, die Visualisierung im Mittelpunkt eines Kreises ablaufen zu lassen.

In der Mitte des Raumes erkennen wir einen Brunnen. Dieses Bild muß stark aufgebaut werden: ein runder Brunnen in der Mitte des Raumes mit einem niedrigen Rand. Beim Betrachten gewinnt er immer mehr an Form, und wir sehen, daß viele feine Wurzeln den Rand des Brunnens umschlingen und sich tief hineingraben. Diese Wurzeln sind faszinierend, und wir wünschen uns, sie näher betrachten zu können.

Wir stehen auf und versammeln uns um den Brunnen, lehnen uns einer nach dem anderen vor und blicken hinein. Die feinen Wurzeln führen in die Tiefe, die von einem blaugrünen Licht beschienen wird. Wir sehen, daß die Wurzeln sich weiter unten verdicken und zu einer undeutlichen braunen Gestalt führen, die über dem blaugrünen Licht zu schweben scheint. Zuerst ist alles undeutlich, als schwämme etwas halbversunken in trübem Wasser.

Plötzlich klärt sich das Bild, und wir erkennen, daß wir auf einen Baum blicken. Dieser Baum ist so ungeheuer groß, daß wir das ganze Bild zunächst nicht aufnehmen konnten.

Er wächst umgekehrt in diesem Brunnen, die Wurzeln um den Rand herum, die Krone weit unten. Wir folgen mit dem Blick dem Verlauf der Wurzeln und sehen einen langen, braungrünen Stamm, der sich weit unten in breit ausladenden Ästen und Laub verliert. Das blaugrüne Licht aus unsichtbaren Tiefen bricht sich auf den Blättern. Wir betrachten eine Weile diesen umgekehrten Baum, dessen Wurzeln in unserer Welt liegen und dessen Krone weit unten im Licht liegt. [*Kurze Pause zur Meditation.*]

Es handelt sich um einen der Bäume der Transformation, einen verkehrten Baum, der in eine andere Welt führt. Wir wissen, wenn wir diese Welt erreichen wollen, müssen wir diesen Baum besteigen, von den Wurzeln bis zur Krone, jedoch stets abwärts. Einer nach dem anderen bestätigen wir unsere Absicht, den Baum zu erklimmen, und klettern über den Rand des Brunnens.

Zuerst ist es schwierig, aber im weiteren Verlauf wird es immer leichter, weil sich die Wurzeln verbreitern. Sobald wir die breite Plattform erreichen, wo die Wurzeln aus dem Stamm entspringen, halten wir inne und blicken nach unten. Der breite Stamm erstreckt sich weit unter uns, und in regelmäßigen Abständen recken sich dicke Äste nach allen Seiten. Wir sehen, wie diese Äste sich zu einer ungeheuren Krone verbreitern, mit schimmernd silbergrünen Blättern, die sich in ständiger Bewegung befinden, darunter das verschwommene Licht, das unseren Blick verwirrt, wenn wir uns darauf zu konzentrieren versuchen.

Nun klettern wir an dem Stamm weiter und stellen fest, daß tiefe Falten und Furchen in der Rinde es möglich machen, daß Füße und Hände immer wieder Halt finden, bis wir die ersten großen Äste erreichen. Einer nach dem anderen klettern wir auf den Stamm und spüren, wie die ungeheure Kraft des Baumes uns beim Abstieg hilft. Wir blicken hoch und sehen zum ersten Mal über uns einen seltsamen Himmel. Er ergießt sich in Purpur, Blau und Silber, und Lichtspuren huschen darüber. Direkt über unseren Köpfen befindet sich ein rundes Loch im Himmel, in dem die Wurzeln

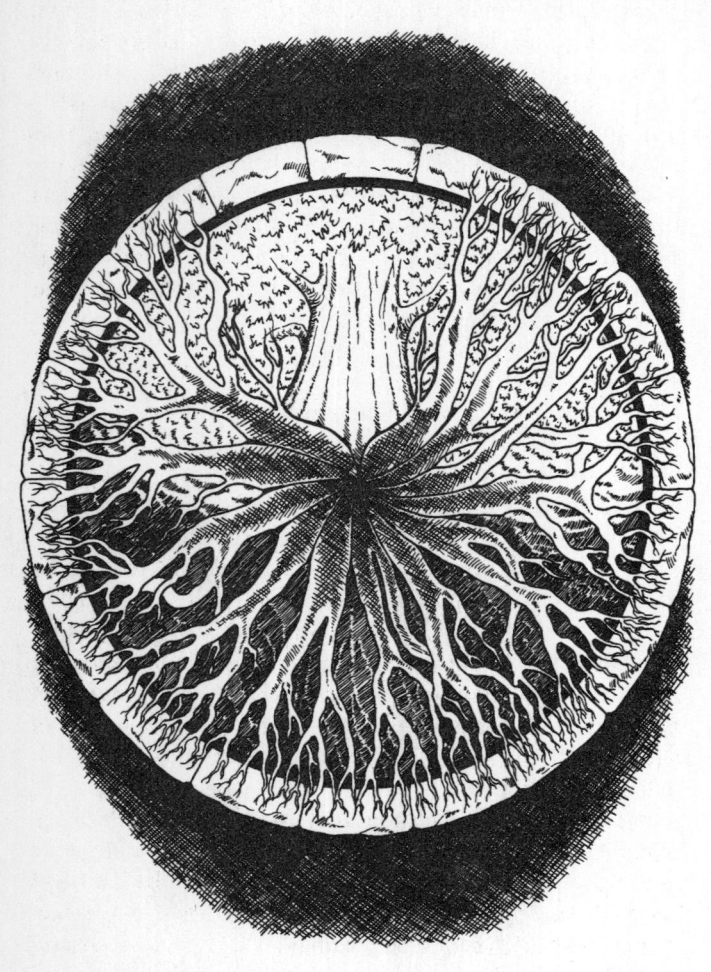

des Baumes verschwinden. Dieses Loch ist erdbraun und schwarz, als durchdrängen die Wurzeln ein rundes Beet da oben.

Wir steigen weiter den Stamm hinab und finden den Weg immer leichter. Sobald wir bei den großen Ästen ankommen, durchfließt uns ein Gefühl von Ausgeglichenheit und Leichtigkeit, als hätten wir alles überflüssige hinter uns gelassen. Jetzt können wir über die Baumkrone hinaussehen und erkennen, daß der grüne Schimmer eine Grasebene weit unten ist. Beim weiteren Abstieg verbergen die Äste und das Laub den Blick darauf allmählich, bis wir nichts anderes mehr sehen als den Baum ringsum. Tief in der Krone spüren wir einen frischen, kühlen Wind um uns her, der sehr belebend und anregend wirkt.

Jetzt befinden wir uns auf den dünnsten Ästen und vernehmen ein mächtiges Rauschen, während die tanzenden Blätter im hellen Licht schimmern. Plötzlich erkennen wir, daß die Wiese nur einen kurzen Sprung weit entfernt liegt, und einer nach dem anderen lassen wir die Äste los. Wir fallen mühelos auf den Boden, und sobald unsere Füße ihn berühren, spüren wie ein Kribbeln, als durchfließe uns einen kurzen Moment lang ein Strom der Kraft. Wir stehen an der Stelle, an der die Äste des Baumes beinahe das Land darunter berühren, und blicken einen Moment lang noch zu der riesigen Krone und dem Stamm, der weit in den Himmel nach oben ragt und in einem dunklen Loch verschwindet. Der Himmel hat seine Farbe gewechselt, ist blausilbern und strömt ein gleichmäßiges Licht aus, das das Land hell erleuchtet.

Nun drehen wir uns um und betrachten die Wiesenebene. Sie erstreckt sich flach und grün nach allen Richtungen. Das Gras ist übersät mit winzigen bunten Blumen und weht hin und her, manchmal mit dem Wind, dann wieder dagegen. Wir drehen uns dem kühlen Wind zu und blicken über die weite Ebene. Der stetige Luftstrom bringt unsere Augen zum Tränen, und wir drehen dem Wind den Rücken zu und blicken in die andere Richtung. Weit hinten auf der

Ebene sehen wir einen Hügel. Er wirkt wie ein niedriger Grasberg ohne besondere Kennzeichen.

Wir wissen, daß wir auf diesen Hügel zugehen müssen, und machen uns einer nach dem anderen auf den Weg, den Wind im Rücken.

Dieser Gang zum Grasberg geschieht sehr schnell, und wir merken, daß der Wind im Rücken uns hilft, die Wiese zu überqueren. Uns erfüllt große Kraft, als sei die Lebensenergie in uns geklärt, verstärkt, erweckt. Sobald wir uns dem Hügel nähern, sehen wir, daß es sich um einen riesigen Grasberg handelt, der sich lang, glatt und ohne Unterbrechung dahinzieht, als sei er seit Tausenden von Jahren durch Wind und Regen geglättet worden.

Nun erreichen wir den Fuß des Hügels und blicken zur Kuppe hinauf. Gras und Blumen überziehen ihn ohne Unterbrechung, als habe er sich faltenlos aus der Ebene herausgewölbt. Doch wir wissen, daß wir diesen Berg betreten müssen, denn es ist unsere Absicht, das Volk der *Sidhe* zu treffen, die Feenwesen im Berg. Den Hügel scheint von Zeit zu Zeit ein schwaches Licht zu umtanzen, das verschwindet, wenn wir es direkt betrachten wollen, das aber deutlich aus den Augenwinkeln wahrnehmbar ist. Es gibt keine Wege, keine Kennzeichen, keinen Hinweis auf einen Eingang in der glatten Graswand vor uns.

Unsere Absicht ist nun, um den Berg herumzugehen und einen Eingang zu suchen. Wir drücken diese Absicht deutlich aus, wenden uns einer nach dem anderen nach links und beginnen diesen Gang, indem wir der Form des Hügels folgen und seine gesamte Länge abschreiten. Dabei ändert der Wind plötzlich seine Richtung und weht uns ins Gesicht. Er scheint sich uns zu widersetzen, aber wir schreiten stetig weiter, bis wir ein Gleichgewicht zwischen unserer Bewegung und dem Wind im Gesicht finden. Sobald wir am anderen Ende des langen Hügels ankommen, legt sich der Wind unvermittelt. In der einsetzenden Stille hören wir einen schwachen Laut, wie ferne Musik, die aus dem Boden unter unseren Füßen zu dringen scheint. [*Kurze Pause.*]

Wir wenden uns nach rechts und umgehen die Flanke des Berges. Plötzlich stoßen wir auf einen Eingang. Es ist eine niedrige Steinkammer, die aus zwei aufrechten Quadern besteht, bedeckt von einer dritten, massiven Platte. Diese Kammer ragt direkt vor uns aus dem Grasboden auf, und wir werfen einen Blick hinein.

In der kleinen Steinkammer sitzt eine Gestalt. Das ist der Türwächter des Feenhügels, und einen Moment lang blicken wir Wesen aus verschiedenen Welten einander an. [*Stille Pause. Wenn die Reise aktiv geleitet wird, kann man den Türwächter beschreiben.*]

Der Türwächter macht ein Zeichen, daß wir die Kammer betreten sollen, die sehr klein ist. Wir müssen uns bücken und sehen eine grobe Steinwand vor uns, in der sich kein weiterer Eingang zum Hügel befindet. Wir blicken diese Mauer an, und in diesem Moment gleitet sie nach oben in den Boden und gibt ein glühend rotes Licht im Innern frei. Uns treibt ein drängendes Gefühl, und wir treten rasch über die Schwelle in das rote Glühen hinein.

Sobald wir den Berg betreten haben, verändert sich das rote Glühen zu strahlend hellem Blau, Grün und Weiß, und wir erkennen, daß wir innen auf einem glatten Steinboden stehen. Hinter uns senkt sich die Steinplatte wieder und schließt den Eingang. Wir stehen in der Feenhalle.

Zu unserer Überraschung erweitert sich die Kammer nach rechts und links, obwohl wir an einem Ende des Berges eingetreten waren und erwartet hatten, daß sie sich vor uns erstreckt. Wir sehen eine gewölbte Decke aus eng aneinandergefügten Natursteinen. Zwischen den riesigen Quadern hängen Wurzeln, obwohl wir doch oben keine Bäume gesehen haben. Das strahlende Licht stammt aus flammenden Fackeln in diesen Wurzeln, als stünden sie in Flammen. Der Steinboden der Kammer trägt ein komplexes, verschlungenes Muster, das sich in alle Richtungen verzweigt und sich dem Verständnis entzieht, aber doch voller Bedeutung und Sinn erscheint.

Zuerst blicken wir nach links und sehen eine ganze Versammlung von Feenwesen. Sie sind von verschiedener Art und Gestalt und tragen Kleider aus vielen verschiedenen Epochen. Die meisten sind in Gestalt und Kleidung den Menschen ähnlich, aber viele tragen auch Gewänder aus seltsamen Materialien; andere sind Wesen, wie wir sie noch niemals vorher gesehen haben.

Nun blicken wir nach rechts und sehen einen großen Tisch am anderen Ende der Halle. Hinter dem Tisch stehen zwei große Thronsessel; einer ist aus Stein und Kristall, der andere ist der riesige Stumpen eines alten Baumes, aus dem immer noch winzige Zweiglein und grüne Spitzen sprießen. Auf dem Felsenthron sitzt die Feenkönigin, auf dem Baumthron der Feenkönig.

Zuerst betrachten wir die Königin. Sie hat ein blasses Gesicht und langes, fließendes, rötlich-schwarzes Haar. Sie trägt ein mit Silber-, Gold- und Kristallfäden durchwirktes Kleid, und wir sehen, wie undeutliche Muster ihr Gesicht überziehen. Nun betrachten wir den König. Er hat lockiges Haar eine einen Bart, den goldene Strähnen durchziehen. Er trägt ein schlichtes grünes Hemd mit einem weißen Blumenmuster; seine Arme sind nackt.

Wir nähern uns dem Tisch und können dabei den König und die Königin genauer betrachten. Während wir uns der Königin nähern, scheinen die Muster auf ihrem Gesicht aufzublühen und wieder zu schwinden, wie ein Gewebe aus zarten Blättern und Ästen. Ihre Augen sind unergründlich wie die eines Falken. Während wir uns dem König nähern, erkennen wir, daß grüne Fäden oder Ausläufer sein Haar und seinen Bart zu durchziehen scheinen und daß seine Augen tiefgrün mit schwarzen Pupillen sind. Aus der Nähe erkennen wir, daß beider Augen sofort die Farbe wechseln, wenn sie uns anblicken.

Auf dem großen, groben Tisch befinden sich Essen und Trinken, Becher und Schüsseln. Wir werden entweder vom König oder von der Königin angezogen und nähern uns einer nach dem anderen der jeweiligen Person. Dann kommunizieren wir schweigend mit König oder Königin. [*Stille Kontemplation und Visualisierung.*]

Wir sind uns bewußt, daß König und Königin mit jedem von uns etwas ausgetauscht haben und daß wir nun gebeten werden, uns umzudrehen und die Feenschar zu betrachten. Wir blicken durch die lange, große Halle mit den brennenden Wurzelfackeln und dem silbergrünen Licht und erkennen, daß einige Wesen aus der Menge hervorgetreten sind. Wir werden eingeladen, uns aus den Vorgetretenen einen Gefährten auszusuchen.

Betrachte diejenigen genau, die sich als Gefährten anbieten. Du kannst dir einen als Partner aussuchen und damit ein Band zwischen der Feenwelt und der eigenen Welt schmieden. Du mußt nicht denjenigen akzeptieren, der als erster zu dir tritt, du kannst auch überhaupt keinen Partner auswählen. Aber du darfst dir nur jemanden auswählen, der frei zu dir getreten ist, keinen, der sich zurückhält. Wenn du einen Gefährten auswählst, tue es mit Bedacht. Wenn du keinen Partner wählst, sei dir der Gründe dafür bewußt. [*Pause in Stille.*]

Nun haben wir einen Gefährten ausgewählt oder beschlossen, ohne einen wieder zu gehen. [Anmerkung: Die Gefährten können mit dir gehen und bei der künftigen Arbeit als Gefährten oder Vermittler zwischen Menschen- und Feenwesen dienen.] Unsere Gruppe hat sich nun vergrößert, und wir wissen, daß es an der Zeit ist, die Feenhalle zu verlassen. Wir gehen auf den Eingangsstein zu, und sobald wir ihn erreichen, hören wir hinter uns in der Feenschar eine wilde Musik. Wir möchten gern bleiben, wissen aber, daß wir gehen müssen. Am Eingangsstein sehen wir eine Frau in einer langen Robe mit einer weiten Kapuze. Sie hält einen Korb aus geflochtenen Binsen an einem Arm und nimmt daraus für jeden, der am Ausgang ankommt, ein Geschenk. Wir können ihr Gesicht nicht erkennen, aber wir betrachten das Geschenk, das sie uns gibt, genau und stecken es sorgfältig ein.

Nun gleitet der Türstein nach oben, und wir treten in die kleine Steinkammer dahinter. Drei Stufen führen hinauf zu der Türkammer, und während wir hochgehen, scheint das

Licht hinter uns rötlich zu werden, während wir schrille Pfeifen und sanfte Harfen vernehmen. Die Steinplatte gleitet hinter uns wieder herab, und wir sehen, daß der Türwächter uns zuwinkt, schnell durch die Kammer ins dahinterliegende Land zu gehen.

Beim Auftauchen spüren wir einen starken Wind und winzige Regentropfen. Er bläst uns zurück zu dem Baum. In dessen Richtung erkennen wir aber nur eine schwache, sich windende Rauchsäule, wo eigentlich der Baum aufragen sollte. Unsere Rückkehr zu dem Baum scheint nun sehr dringlich, und wir hören viele Wesen im Gras ringsum huschen und rennen, sehen aber nichts. Wir eilen sehr rasch über die Ebene und spüren dabei, wie sich das Licht verändert.

Sobald wir uns dem Baum nähern, ist er plötzlich wieder sichtbar, und wir gelangen unvermittelt an dem Punkt an, an dem seine riesige Krone fast den Boden berührt. Die Zweige werden von dem stärker wehenden Wind gepeitscht, und die Blätter rascheln und zischen. Aus dem Dickicht des Laubes und der Zweige tauchen zwei hochgewachsene Wesen auf. Sie scheinen aus Ästen zu bestehen und haben ein hellgrünes Blatt als Gesicht. Sie treten zu jedem einzelnen von uns und berühren uns an der Stirn.

Bei dieser Berührung verlieren wir das Gehör und fühlen uns einen Moment lang wie eine Pflanze, wie ein Baum. Wir sehnen uns danach, in die Erde hinabzugreifen und uns in den Himmel zum Licht zu recken. Wir haben ein Zeitgefühl, das sich von der Menschenzeit stark unterscheidet. [*Pause.*]

Allmählich werden wir uns wieder bewußt, daß der Wind stark weht, und wir wissen, daß wir in die Menschenwelt zurückkehren müssen. Wir steigen in die Äste hinauf und beginnen den langen Aufstieg. Die beiden Baumwesen sind verschwunden, aber wir sind uns beim Klettern der Feenwesen und Gefährten bewußt, die sich mit uns bewegen, auch wenn wir sie nicht sehen können. Während wir den dicken Stamm hinauf zu den Wurzeln klettern, verschwimmt das Land unter uns grün-bläulich, und wir sehen über uns einen Wirbel aus Schwarz und Braun, in den die Baumwurzeln wachsen.

Nun nähern wir uns diesem Wirbel, und er hört langsam auf, sich zu drehen, und wird zu einem dunklen, runden Loch. Auf der anderen Seite schimmert ein graues Licht. Einer nach dem anderen steigen wir aus dem Brunnen in den vertrauten Raum. Zuerst scheint er wie ein Schatten in einem grauen Traum, aber wir kehren an unseren Ausgangspunkt zurück, wo wir die Reise begannen, und der Raum nimmt wieder Gestalt an.

Nun betrachten wir den Brunnen mit den rundherum wachsenden Wurzeln mitten im Raum, und er verschwindet langsam und wird vom festen Boden ersetzt. Unsere Reise ins Feenreich ist vorbei, und wir kehren zum Außenbewußtsein zurück. Wir werden uns bewußt, daß wir Geschenke und Gefährten mitgebracht haben. [*Stille Pause.*]

(Nun werden Aufzeichnungen gemacht, und, falls gewünscht, beschreiben die Gruppenmitglieder der Reihe nach ihre Erfahrungen. Man braucht seine Geschenke oder den Feengefährten nicht zu beschreiben, wenn man das Gefühl hat, das sei nicht richtig.)

6. Die Vier Städte

Es gibt vier Städte, die kein sterbliches Auge je betrachtet hat, die der Seele jedoch bekannt sind; dies sind Gorias im Osten, Finias im Süden, Murias im Westen und Falias im Norden. Und das Symbol von Falias ist der Stein des Todes, der gekrönt ist von bleichem Feuer. Und das Symbol von Gorias ist das trennende Schwert. Und das Symbol von Finias ist der Speer. Und das Symbol von Murias ist die Mulde, die von Wasser und schwindendem Licht erfüllt ist.

FIONA MACLEOD, *Das kleine Buch des großen Zaubers*

Der Heilige Raum und die Sieben Richtungen bilden einen machtvollen Schlüssel zur Arbeit in der Anderswelt und im Feenreich. Die Richtungen und die Elemente von Luft, Feuer, Wasser und Erde bilden ein verbindendes Muster für unsere Energien und unser Bewußtsein, wenn wir andere Welten erkunden und mit deren Wesen kommunizieren. Bei der Arbeit mit dem Feenreich besitzen die Vier Richtungen von Osten, Süden, Westen und Norden zahllose Assoziationen für uns, besonders, da das Land auf die Energien der Vier Richtungen eingestimmt ist.

Dieses Energiemuster der Richtungen, die das Land unterteilen und harmonisieren, war Bestandteil der alten keltischen Kultur und vieler anderer Kulturen der Welt. Man findet es immer noch in unseren planetarischen Richtungen heute, und es handelt sich nicht um ein theoretisches Muster, sondern ein praktisches, das auf der Polarität der Erde und der Bewegung des Planeten um die Sonne beruht.

Die Verbindung der Jahreszeiten und Elemente mit den Richtungen bildet daher eine Ganzheit, in der sich ein relativer Kreislauf aus Energie abspielt. Wir können diesen Zyklus der Richtungen und seine jahreszeitlichen und elementaren Energien bei unseren Visualisierungen des Feenreiches nutzen.

Damit stimmen wir uns auf das heilige Land mit seinen energetischen Richtungen ein und beziehen uns gleichzeitig auf die Elemente und die Phasen des Bewußtseins (die Jahreszeiten) in uns selbst. In vielen Weisheits-Traditionen mit transpersonaler Entwicklung bilden die Elemente und die damit verbundenen Zyklen, auch *Lebensrad* genannt, die Grundlage aller Meditationen, Visualisierungen und rituellen Muster. Wenn diese Ganzheit innerhalb des Feenreiches verwirklicht wird, stellen wir fest, daß sie die Charakteristika dieses Reiches annimmt und die Kräfte des Landes befähigt, sich für uns, in uns und durch uns zu realisieren und zu manifestieren, und damit wiederum zum Nutzen und zur Regeneration unserer eigenen Welt.

Wind stammt vom Frühlingsstern im Osten, Feuer vom Sommerstern im Süden, Wasser vom Herbststern im Westen, Weisheit, Schweigen und Tod vom Winterstern im Norden.

FIONA MACLEOD, *Das göttliche Abenteuer*

Fiona Macleod (Pseudonym von William Sharp, 1855 bis 1905) benutzte in verschiedenen Gedichten ein obskures Modell von Vier Städten. Es soll sich hierbei um die Originalbehausungen der *Tuatha De Danann* handeln, wie sie

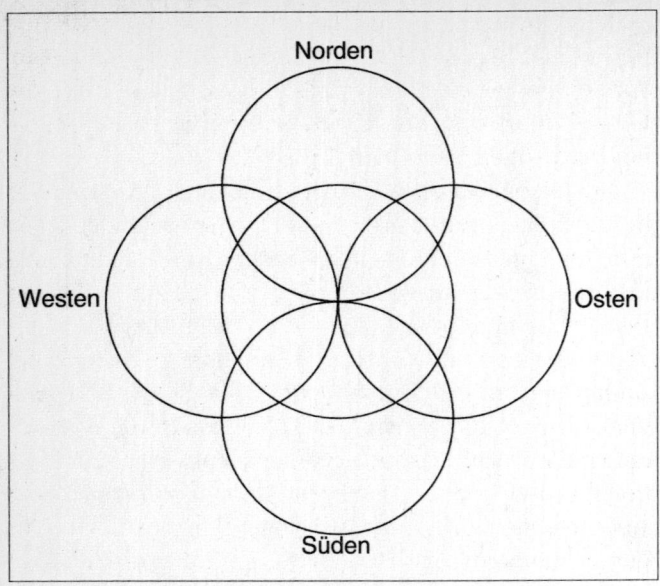

Abb. 6   Die Fünf Zonen des Alten Irland. In den alten Kulturen
der Welt wurden viele Länder nach den Fünf Elementen und den Sieben Richtungen ausgerichtet

in früher irischer Dichtung angeführt werden. Die Vorstellung ist eng mit den alten Provinzen Irlands verbunden
(siehe Abbildung 6) und mit den vier Gerätschaften oder
magischen Waffen der *Tuatha De Danann,* den alten irischen Göttern und Göttinnen, die in späteren mündlichen
und schriftlichen Traditionen mit dem »hohen« Feenstamm
gleichgesetzt wurden.[3] Die heiligen Gerätschaften sind
Schwert, Speer, Kelch oder Kessel und Stein.

Wir können das Richtungsmuster und die vier andersweltlichen »Städte« bei der Visualisierung benutzen und
die tieferen Mysterien des Feenreichs mit ihnen enthüllen. Wenn wir die Vier Städte oder Zusammenkunfts-

plätze des Feenvolkes erkunden, befassen wir uns mit
der tiefsten Ebene der Feenkunde sowie der Ahnenkunde und -energie, denn diese befinden sich nahe der
Grundlage des mythischen Bewußtseins von der Beziehung zwischen Menschen und Feenreichen.

Die folgenden Visualisierungen sollten vollzogen werden, nachdem man die Vision vom Umgekehrten Baum
durchgearbeitet hat. Sie führen zu tieferen Ebenen des
Feenreichs und verbinden einen mit starken Kräften innerhalb des heiligen Landes.

Anmerkung: Man kann für diese Visualisierungen vier Me-
ditationsobjekte auf einem kleinen Tisch in der Mitte ar-
rangieren. Dabei handelt es sich um einen Quarzstein für
den Norden, eine Schüssel mit Wasser für den Westen,
einen geraden Zweig – mit einer einzigen raschen Bewegung abgebrochen oder ohne Stahl- oder Eisenklinge von
einem Baum abgeschnitten – für den Süden und einen
Dolch oder ein kleines Schwert aus Bronze oder Stein
(nicht aus Eisen oder Stahl) für den Osten. Eine Medita-
tionsglyphe für diese Visualisierung ist in Abbildung 7 dargestellt. Mit einiger Übung kann man dieses Muster direkt
bei der Meditation benutzen, um den Kontakt zu den Vier
Städten und den Vier Kräften aufzunehmen.

Die Vier Städte

Der Heilige Raum wird eröffnet, es herrscht Stille.

Wir beginnen, indem wir intensiv die innere Vision der Vier
Richtungen von Norden, Osten, Süden und Westen aufbauen. Im Norden herrschen Nacht und Winter, im Osten

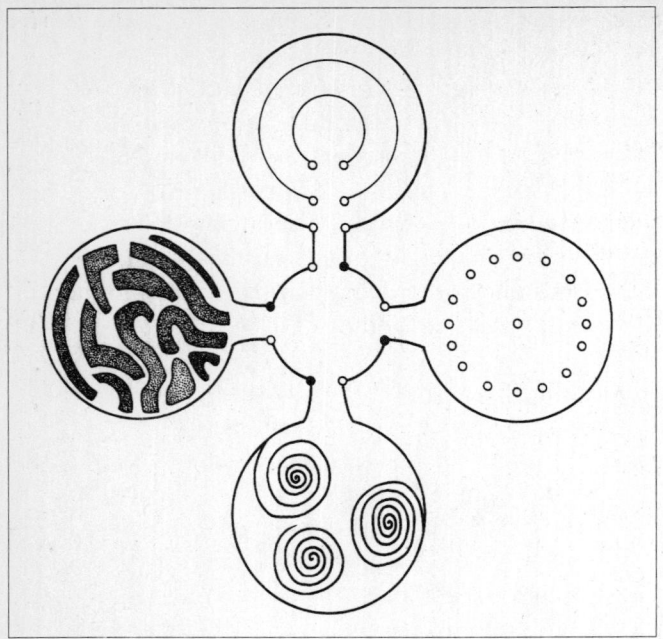

Abb. 7   Die Glyphe der Vier Städte von Gorias, Finias, Murias
und Falias. Diese Glyphe wirkt wie eine Landkarte für
die Visualisierung (S. 153 bis 175) und hilft auch als
meditatives oder visuelles Schlüsselmuster oder
Mandala. Derartige Muster werden schon lange mit
Feenkontakten und Anderswelt-Verbindungen in
Beziehung gebracht

Morgendämmerung und Frühling, im Süden ist es Mittag
und Hochsommer, im Westen Herbst und Abend.

Während wir die Vision der Richtungen aufbauen, sehen
wir, wie der Raum, in dem wir sitzen, sich in eine quadratische Kammer mit einer Tür in jeder Wand verwandelt, und
wir wissen, wir müssen durch jede einzelne Tür gehen, um die
Vier Städte des Feenreichs zu erreichen: Gorias im Osten,
Finias im Süden, Murias im Westen und Falias im Norden.

Osten: Zuerst öffnet sich die Tür in der Ostwand und gibt den Blick auf eine Landschaft frei. Wir blicken auf das Tor zum Osten: Es besteht aus zwei aufrechten Steinen mit einer schmalen Lücke dazwischen. Durch diese Lücke sehen wir eine Frühlingslandschaft, von hellblauem und grünem Licht beschienen.

Süden: Als nächstes öffnet sich die Tür in der Südwand und gibt ebenfalls den Blick auf eine Landschaft frei. Wir blicken auf das Tor zum Süden: Es besteht aus zwei Bäumen, einer mit grünen, ausladenden Ästen, der andere aus Feuer, das stets brennt, sich aber nie verzehrt. Während wir diese Bäume betrachten, scheinen sie sich zu vertauschen: Zuerst besteht der eine aus Flammen, dann der andere. Wir blicken zwischen ihnen hindurch und erkennen ein strahlend hell beschienenes Land, in dem direkt vor uns in der Ferne ein Hügel aufragt.

Westen: Nun öffnet sich die Tür in der westlichen Wand und enthüllt eine Landschaft. Wir blicken auf das Tor zum Westen: Es besteht aus zwei niedrigen Hügeln, auf denen Abendlicht spielt. Hinter den Hügeln liegt das Meer, über das sich ein Lichtpfad erstreckt.

Norden: Schließlich öffnet sich die Tür in der Nordwand und gibt das Tor zum Norden frei: Es besteht aus einer niedrigen Dornenhecke mit einem schmalen Durchgang. Hinter dem Durchgang erkennen wir eine Höhle in einer hohen Felswand. Tief in den Schatten der Höhle sehen wir ein schwaches silbriges Glühen, wie Sternenlicht.

Wir betreten nacheinander die vier Tore und beginnen mit dem Tor zum Osten:

Die Vision von Gorias im Osten

Wir spüren einen scharfen Wind aus dem Osten und hören den leisen Klang von Hörnern. Wir treten zu den beiden

Steinen und gehen zwischen ihnen hindurch. Nun sehen wir eine sanft wogende Grasebene. Der Wind weht uns kräftig ins Gesicht, und das Gras wiegt und kräuselt sich im hellen Dämmerlicht. Während wir uns nach der Quelle dieses Lichts umschauen, sehen wir im Osten vor uns eine Reihe von Silhouetten, die aus dem Gras aufragen und sich vor dem Horizont abzeichnen.

Wir fühlen uns von diesen Formen angezogen und halten einen Moment inne, um unsere Reise der Aufgabe zu widmen, die geheimnisvolle Stadt Gorias zu suchen und zu finden, wo das heilige Schwert der Anderswelt aufbewahrt wird.

Wir beginnen also unseren Gang nach Osten, und beim Durchschreiten des hohen Grases werden die Formen am Horizont deutlicher erkennbar. Wir sehen, daß wir auf eine Reihe von Stehenden Steinen zugehen. Beim Herannahen erkennen wir eine Allee aus Steinen, und der Eingang dazu liegt direkt auf unserem Weg. Er führt in einen dreifachen Kreis aus aufrechten Steinquadern.

Sobald wir diese Steinallee betreten, erkennen wir, daß das hohe Gras bis dicht an sie heranwächst, als sei noch nie jemand hier gegangen, denn man sieht keine Spuren und keine zertretenen Halme. Doch wenn wir uns umblicken, sehen wir, daß wir selbst ebenfalls keine Spur hinterlassen haben.

Wir blicken noch einmal zurück und sehen weit weg im Westen zwei winzige aufrechte Steine auf der riesigen Ebene, die das Tor kennzeichnen, durch das wir eintraten.

Nun gehen wir durch die Steinallee und hören, wie der Wind sie umpfeift und ummurmelt. Vom äußersten Steinkreis her hört man langgezogene Flötentöne. Der Wind macht Musik mit den Steinen, und wir fragen uns, ob dies der Hörnerklang war, den wir vernahmen, als wir das Tor zum Osten betraten.

Während wir den äußersten Steinkreis betreten, erkennen wir, daß die Quader niedrig sind, kaum größer als ein Mensch. In jeden Stein sind Spiralen und flache Mulden geritzt, aber kein Stein ist dem anderen ähnlich; jede Spirale,

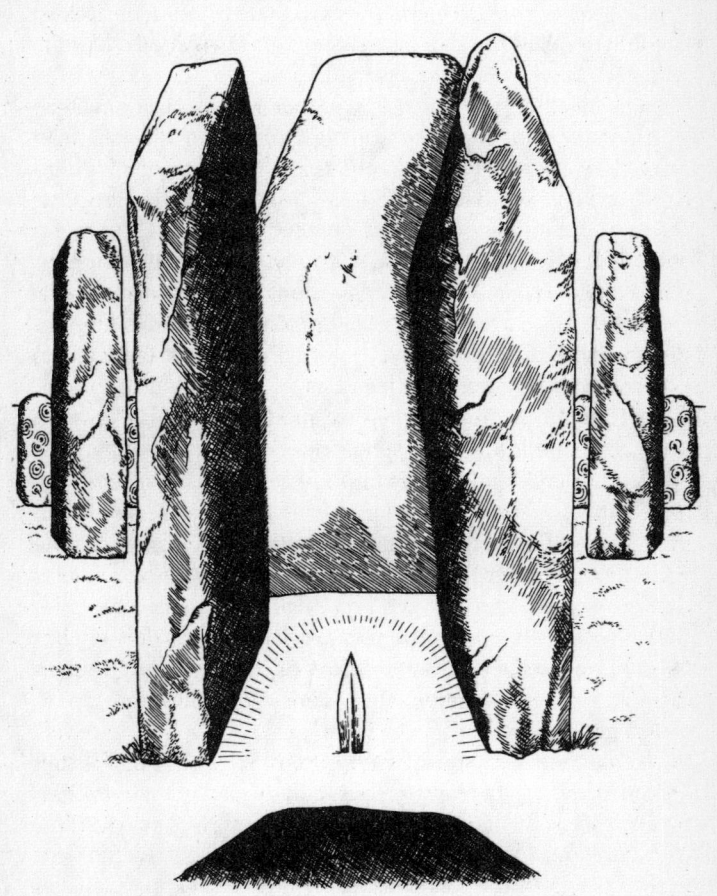

jede Mulde übermittelt uns eine wortlose Botschaft, und wir wenden uns nach links und gehen um den Kreis zwischen der ersten und zweiten Reihe. Dabei wird jeder von uns von einem Stein im mittleren Ring angezogen, und wir bleiben vor diesem stehen, gleichgültig, wo er sich befindet. Das ist dein Steingefährte, dein Lebensstein im Osten, und du kommunizierst schweigend mit ihm. [*Stille Pause.*]

Nun tauchen wir aus der Kommunikation mit dem Stein wieder auf und hören erneut die Flöten und die Windharfentöne ... sie scheinen nun aus dem innersten Steinkreis zu dringen, und wir blicken dorthin. Dort stehen vier grob behauene, riesige Steine ohne Gravierungen, und wir treten in den Kreis zwischen dem zweiten und dem innersten Ring. Dabei spüren wir eine starke Strömung um den Kreis, als wateten wir durch tiefes Wasser. Die Geräusche des Windes legen sich plötzlich, und wir betreten den innersten Kreis in völligem Schweigen. Er ist leer.

Wir betrachten den Graskreis im stillen Licht der ewigen Morgendämmerung und sehen die Spitze eines Schwertes genau in der Mitte aus dem Boden stechen. Es hat eine polierte grüne Klinge und ist nur zu einem kleinen Teil sichtbar. Wir stehen um den Kreis herum, spüren die groben Steine im Rücken. Es scheint unmöglich, sich dem Schwert weiter zu nähern, als stemme sich die Luft selbst gegen uns, oder die Erde wolle uns nicht tragen. Wir sehnen uns danach, das Mysterium des vergrabenen Schwerts, das aus der Erde hervorkommt, zu verstehen, und meditieren schweigend darüber. [*Stille Pause.*]

Nun sehen wir, wie sich über dem Schwert eine Gestalt herausbildet, sich langsam aus Luft und Licht zu formen scheint. Das ist der Wächter des Geheimnisses von Gorias, der Stadt des Ostens. Sobald die Figur auftaucht, werden wir uns auch anderer Präsenzen in dem Steinkreis bewußt, als habe sich eine gewaltige Heerschar hier unsichtbar versammelt, während wir über das Schwert meditierten. Einer nach dem anderen nähern wir uns dem Wächter und suchen die Antwort auf eine Frage. [*Pause.*]

Nun müssen wir in die Außenwelt zurückkehren und das heilige Schwert, seinen Wächter und die Stadt des Ostens verlassen. Langsam treten wir aus dem innersten Kreis heraus, und dabei verflüchtigen sich die Präsenz des Wächters und die unsichtbaren Scharen sofort, als seien sie nie dagewesen. Einer nach dem anderen finden wir unseren Stein im zweiten Kreis und betasten die Gravierungen, versuchen, seine Geschichte zu begreifen und warum wir von ihm angezogen wurden, als wir den Kreis betraten.

Nun gehen wir rasch durch die Steinallee auf die Grasebene hinaus. Während wir den äußersten Steinkreis verlassen, hören wir den Wind hinter uns flöten und blasen, in hohen und langgezogenen Kadenzen, wie überirdischer Hörnerklang. Wieder hören wir, wie sich die großen Heerscharen in den Steinen versammeln und murmeln, flüstern, schreien, unvermittelt wild und kurz aufheulen. Wir wissen, daß wir uns nicht umblicken dürfen, sondern resolut auf das Tor zur Menschenwelt fortschreiten müssen.

Die beiden Torsteine stehen vor uns, und ein starker Wind erhebt sich in unserem Rücken und scheint durch uns hindurchzublasen. Wir gehen zwischen den Steinen hindurch und finden uns in einer Kammer mit vier Türen wieder. Hier bleiben wir stehen und kehren langsam zum Ausgangspunkt zurück, einem vertrauten Raum in der Menschenwelt. Allmählich schwindet das Bild der Kammer mit den vier Türen, und wir öffnen die Augen und kehren zum Außenbewußtsein zurück.

Anmerkung: Hier sollte eine Pause gemacht und eine Gelegenheit gegeben werden, Notizen zu machen. Wenn man den Inhalt der Visualisierung sofort in ein Notizbuch schreibt, behält man oft Material, das man andernfalls vergißt. Es ist bei einer Gruppe auch sinnvoll, die Erfahrungen nach jeder der vier Visionen auszutauschen und zu diskutieren, aber nicht deutend oder psychologisch, denn die Wirkung der Erfahrung wird abgeschwächt, wenn man versucht, sie zu rationalisieren. Durch einfaches Akzeptieren und Notieren der Erfahrungen baut sich allmählich die Kenntnis von Symbolen und regulären Mustern des Feenreichs auf. Die Erfahrung sollte immer so akzeptiert werden, wie sie war, nicht als Analogie oder Allegorie oder etwas, was man rationalisieren müßte. Nach einiger Übung mit den Vier Städten kann man versuchen, den vollen Zyklus ohne Pause durchzuarbeiten. Das ist die anspruchsvollste, kraftvollste und lohnenswerteste Weise, diese Visualisierung durchzuführen. Mit Schweigepausen dazwischen kann dies über eine Stunde dauern.

Die Vision von Finias im Süden

Wir beginnen, indem wir eine starke innere Vision von den Vier Richtungen aufbauen, von Norden, Osten, Süden und Westen. Im Norden herrschen Nacht und Winter, im Osten Morgendämmerung und Frühling, im Süden ist es Mittag und Hochsommer, im Westen Herbst und Abend.

Während wir die Vision der Richtungen aufbauen, sehen wir wieder, wie der Raum, in dem wir sitzen, sich in eine quadratische Kammer verwandelt. Jede Wand hat eine Tür, und wir wissen, daß wir nacheinander durch jede Tür gehen müssen, um die Vier Städte des Feenreiches zu erreichen: Gorias im Osten, Finias im Süden, Murias im Westen und Falias im Norden. Wir sind bereits zur Stadt Gorias im Osten gereist und haben einige Schlüssel zu der Kraft und Bedeutung dieses Ortes mitgebracht. Nun werden wir alle Städte nacheinander aufrufen und dann nach Süden reisen.

Osten: Zuerst öffnet sich die Tür nach Osten und gibt einen vertrauten Anblick frei. Wir blicken auf das Tor zum Osten, das aus zwei aufrechten Steinen besteht, mit einer schmalen Lücke dazwischen. Durch diese Lücke hindurch sehen wir eine Frühlingslandschaft, die von hellblauem und grünem

Licht beschienen ist. Es ist das Reich des Ostens, in dem die Stadt Gorias in ewiger Morgendämmerung liegt.

Süden: Als nächstes öffnet sich die Tür in der Südwand und gibt den Blick auf eine Landschaft frei. Wir blicken auf das Tor zum Süden. Es besteht aus zwei Bäumen, einer mit grünen, ausladenden Zweigen, der andere aus Flammen, die immerfort brennen, sich aber nie verzehren. Während wir diese Bäume betrachten, scheinen sie sich miteinander zu vertauschen: Zuerst besteht der eine aus Flammen, dann der andere. Wir blicken zwischen ihnen hindurch und sehen ein hell beschienenes Land, in dem direkt vor uns in der Ferne ein Hügel aufragt.

Westen: Nun öffnet sich die Tür in der westlichen Wand und enthüllt eine Landschaft. Wir blicken auf das Tor zum Westen: Es besteht aus zwei niedrigen Hügeln, vom Licht der Abendsonne beschienen. Jenseits der Hügel liegt das Meer, über das sich ein Lichtpfad erstreckt.

Norden: Als letztes öffnet sich die Tür in der Nordwand und gibt das Tor zum Norden frei. Es hat die Gestalt einer niedrigen Dornenhecke mit einem schmalen Durchgang. Hinter dem Durchgang erkennen wir eine Höhle in einer hohen Felswand. Tief in den Schatten der Höhle sehen wir ein schwaches, silbrig-weißes Glühen, wie Sternenlicht.

Wir beabsichtigen, zur Stadt Finias zu reisen, der weißen Stadt des ewigen Sommers im Süden. Wir konzentrieren unsere Aufmerksamkeit auf die Tür zum Süden, treten hindurch und finden uns vor den beiden hohen Bäumen, dem einen mit grünen Blättern und dem anderen mit leuchtend orangefarbenen, weißen und roten Flammen. Während wir die Bäume betrachten, kehren sich die Bilder um, Flammen und Blätter wechseln einander ab. Wir spüren jedesmal einen starken Energieschub, wenn die Bilder wechseln.

Wenn wir das Sommerland vor uns betreten wollen, müssen wir genau dann durch die Bäume schreiten, wenn der Energiepuls von Flammen zu grünen Blättern wechselt.

Wir zählen die Pulslänge der Transformationen und finden heraus, daß die Bilder alle neun Herzschläge wechseln. Beim neunten Pulsschlag schreiten wir hindurch, einer nach dem anderen. Dabei wechseln die Bäume ihr Bild, und wir spüren eine starke Welle von Energie durch unseren Körper fließen. Wir tauchen im strahlenden, warmen Sommersonnenschein auf.

Das volle Licht des Hochsommermittags liegt über dem Land, und die Luft ist warm und duftet nach Blumen. Wir hören Bienen summen und spüren, wie die Pflanzen um uns vibrieren. Die Landschaft ist sanft geschwungen und voller blühender Blumen, Büsche und duftender Kräuter. Direkt vor uns liegt ein Hügel, auf den sich ein schmaler Pfad zuwindet. Der Pfad schlängelt sich zwischen kleinen Bäumen und duftenden Blumen hindurch, und beim Gehen spüren wir den warmen Boden unter unseren Füßen. Der Duft der Pflanzen ist geradezu berauschend. Wir fühlen uns auf dem gewundenen Pfad sehr wohl und sehen Farbblitze von den verschiedenen Pflanzen, als hätten wir eine neue Sichtweise, eine neue Lichtwahrnehmung erlangt.

An einer Stelle, an der ein kleiner blühender Baum aus einem Haufen bunter Steine wächst, gabelt sich der Weg dreifach. Der Pfad nach links führt durch die hügelige Landschaft in eine weite Ebene in der Ferne. An dieser Seite des Steinhaufens sind die Steine grün, und der Weg führt nach Gorias, doch wir dürfen diesen Pfad diesmal nicht einschlagen.

Der Weg nach rechts steigt steil an, führt über sanfte Hügel und ist bald nicht mehr zu sehen. Diese Seite des Steinhaufens besteht aus blauen Steinen, und der Weg führt nach Murias, aber wir dürfen ihn diesmal nicht nehmen. Der Weg vor uns, direkt neben dem blühenden Baum und dem Steinhaufen, führt auf den Berg. Es ist der Weg zur Stadt Finias, den wir einschlagen müssen. Die Steine auf dieser Seite sind weiß, und der Weg führt an ihnen vorbei. Wir sehen im Vorbeigehen, daß die Steine, die nach Norden weisen, in die Richtung, aus der wir kamen, schwarz sind.

Vor uns steigt der Hügel an, und der Weg schlängelt sich herum und endet schließlich oben auf der Kuppe. Diese Kuppe ist von einer weißen, leuchtenden Wolke umhüllt, in der wir verschwommene Gestalten wahrnehmen. Während wir langsam den Hügel ersteigen, erkennen wir einen weiten Kreis aus Bäumen auf der Spitze, und die weiße Wolke löst sich in silberne Blätter und weiße Blüten auf. Doch beim Zusehen verwandelt sich dieser Anblick wieder in eine leuchtende, weiße Wolke. Wir steigen weiter und können bald auf das Land herabschauen. Wir sehen, wie sich im fernen Westen das Licht auf dem Meer bricht. Im Osten sehen wir in der Ferne eine weite Ebene, und am Horizont, in unendlich weiter Ferne, ganz schwach die aufrechten Steinquader. Es ist, als würde unsere Sicht vom Licht dieser Gegend verstärkt, und wir können sehr weit sehen und sanfte Farben und selbst die Lebensessenz der Bäume und Pflanzen wahrnehmen.

Nun kommen wir oben auf dem Hügel an und stehen in einem Hain schlanker, hoher Bäume. Sie ähneln Pappeln, haben aber eine silbrige Rinde und tragen weiße, hellgrüne und silbrige Blätter und zahlreiche weiße Blüten. Die Bäume schwanken leicht im Wind und erfüllen die Luft mit einem Rascheln und einem zarten, aber starken Duft. Im Mittelpunkt des Hains sieht man eine flache, grasbewachsene Fläche von leuchtend silbrigem Grün.

Hier bleiben wir stehen und bestätigen unsere Absicht, einzutreten und das Geheimnis von Finias, der Stadt im Süden, zu ergründen. [*Kurze, stille Pause.*]

Ehe wir den Hain betreten, müssen wir um ihn herumgehen, und dabei werden wir jeder von einem bestimmten Baum angezogen. Von dem Baum, von dem du dich angezogen fühlst, löst sich ein Wesen. Das ist dein Baumgefährte im Süden, und du darfst nur mit diesem Gefährten in den Heiligen Hain treten. Der Baumgefährte berührt dich an der Schulter, und ihr kommuniziert schweigend miteinander. [*Kurze, stille Pause.*]

Die großen Bäume schwanken und rascheln, als wehe ein

Wind, aber wir spüren keinen Luftzug. Das leuchtende Licht wirkt wie die Sonne an einem Mittsommertag, heiß und lebensspendend, aber am Himmel ist keine Sonne zu sehen. Wir schreiten mit unseren Baumgefährten in den Heiligen Hain. Sofort nimmt das Rascheln zu, bis es die Luft erfüllt, und wir hören leises Flüstern, Stimmen und Bewegungen ringsum. Wir gehen langsam um den Hain herum, jeder geführt von einem Gefährten, und blicken ins Innere. Wo wir zuvor nur Gras gesehen hatten, taucht nun ein weißer Stab auf, der aufrecht im Boden steckt. Wir nähern uns langsam und sehen, daß er grüne Knospen trägt, als stünde er kurz davor, auszuschlagen. Doch er trägt auch ein Spiralmuster, so als wäre er künstlich gemacht und zugleich lebendig. Während wir uns auf die Kreismitte zubewegen, ebben die Geräusche ringsum ab, und es herrscht ein starkes Gefühl der Erwartung, des Beobachtetwerdens, des Wartens auf ein Wunder.

Nun stehen wir vor dem lebendigen Stab, und eine wolkige Gestalt formt sich um ihn herum. Das ist der Hüter des Geheimnisses des Stabs, und wir kommunizieren schweigend mit diesem Wesen. [*Stille Meditation, möglichst mit Musik.*]

Nun gibt der Hüter jedem von uns ein Geschenk, das wir betrachten und sicher verwahren. Dann bitten uns die Baumgefährten, den Heiligen Hain zu verlassen, drehen uns sanft um und führen jeden zu dem Baum, der ihn erwählt hatte. Sobald wir an dem Baum ankommen, hören wir gemurmelte Unterhaltung und die Musik von Harfen und hohen Singstimmen, in die viele Stimmen harmonisch einfallen. Unsere Gefährten machen uns deutlich, daß wir uns nicht umdrehen oder umsehen dürfen und schieben uns aus dem Baumkreis hinaus auf den Weg, der den Hügel hinabführt.

Auf dem Gipfel des Hügels des Südens, in der weißen Stadt Finias, blicken wir noch einmal nach Osten und Westen und nun zum ersten Mal auch nach Norden. Der Pfad windet sich den Berg hinab, und wir sehen, daß er durch die hügelige Landschaft und zu einem Tor aus lodernden Flammen führt. Hinter dem Tor sehen wir nur Schwärze. Das ist der Weg, auf dem wir in die Menschenwelt zurückgehen müssen.

Unser Abstieg geschieht schnell, und wir kommen an der Weggabelung an. Aus dem kleinen blühenden Baum flüstert eine Stimme jedem von uns ein Wort zu. Wir bleiben stehen und prägen uns ein, was gesagt wurde. [*Pause.*]

Nun gehen wir weiter aufs Tor zu, und das Bild der lodernden Flammen verwandelt sich in zwei Bäume, die sich beide in raschem Wechsel als grün oder flammend zeigen. Beim Herannahen verlieren wir unseren geschärften Blick und das Gefühl von Ekstase, das uns im Sommerland erfüllte, und der Wechsel der Baumbilder verlangsamt sich, bis der Abstand zwischen den beiden Bildern wieder neun Herzschläge beträgt. Einer nach dem anderen treten wir in die dahinterliegende Schwärze und tauchen in einer kahlen Kammer mit vier Türen auf. Die Tür hinter uns schließt sich, und wir lösen die Vision der Kammer auf und kehren in den vertrauten Raum zurück, bereit, wieder in der Außenwelt aufzutauchen.

Die Vision von Murias im Westen

Wir beginnen, indem wir eine intensive Vision der Vier Richtungen von Norden, Osten, Süden und Westen aufbauen. Im Norden herrschen Nacht und Winter, im Osten Morgendämmerung und Frühling, im Süden Mittag und Hochsommer, im Westen Herbst und Abend.

Während wir die Vision der Richtungen aufbauen, sehen wir wieder, wie sich der Raum, in dem wir sitzen, in eine quadratische Kammer mit einer Tür in jeder Wand verwandelt, und wir wissen, wir müssen durch jede Tür hindurchgehen, um die Vier Städte des Feenreiches zu erkunden: Gorias im Osten, Finias im Süden, Murias im Westen und Falias im Norden. Wir sind bereits zu den Städten Gorias im

Osten und Finias im Süden gereist und haben einige Schlüssel zu der Kraft und Bedeutung dieser Orte mitgebracht. Nun werden wir diese Städte der Reihe nach aufrufen und dann nach Westen reisen.

Osten: Zuerst öffnet sich die Tür in der östlichen Wand und gibt einen vertrauten Anblick frei. Wir schauen auf das Tor zum Osten; es hat die Form von zwei aufrechten Steinquadern mit einer schmalen Lücke dazwischen. Jenseits dieser Lücke sehen wir eine Frühlingslandschaft, die von hellgrünem und blauem Licht beschienen ist. Das ist das Reich des Ostens, in dem die Stadt Gorias in ewiger Morgendämmerung liegt.

Süden: Als nächstes öffnet sich die Tür in der Südwand und gibt den Blick auf eine vertraute Landschaft frei. Wir blicken auf das Tor zum Süden: Es besteht aus zwei Bäumen, der eine mit grünen, ausladenden Zweigen, der andere aus Flammen, die ewig brennen, sich aber nie verzehren. Während wir die Bäume betrachten, scheinen sie sich zu vertauschen: Zuerst ist der eine aus Flammen, dann der andere. Wir schauen zwischen ihnen hindurch und sehen ein hell beschienenes Land, in dem direkt vor uns in der Ferne ein Hügel aufragt.

Westen: Nun öffnet sich die Tür nach Westen und enthüllt eine Landschaft. Wir blicken auf das Tor nach Westen, das aus zwei niedrigen Hügeln besteht, vom Abendlicht beschienen. Jenseits der Hügel liegt das Meer, über das sich ein Lichtpfad erstreckt.

Norden: Als letztes öffnet sich die Tür in der Nordwand und gibt das Tor zum Norden frei. Es hat die Form einer niedrigen Dornenhecke mit einem schmalen Durchgang. Hinter dieser Lücke erkennen wir eine Höhle in einer hohen Felswand. Tief in den Schatten dieser Höhle sehen wir ein schwaches, silbrig-weißes Glühen, wie Sternenlicht.

Es ist unsere Absicht, nun nach Westen zu reisen, zur Stadt Murias. Wir wenden uns zur Westtür und zu der Vision eines Meeres, das zwischen zwei Hügeln goldrot beschienen ist. Wir treten durch die Tür und stehen unmittelbar in einem flachen Tal zwischen zwei niedrigen Hügeln. Wir sehen, daß das Wasser wie von einem Sonnenuntergang glüht, aber eine Sonne sehen wir nicht. Durch das Tal verläuft ein Fluß, und wir folgen ihm aufs Meer zu. Beim Gehen hören wir leise Musik, als würden Harfen beim Meer gespielt. Die Luft schmeckt salzig, und wir hören die Wellen leise an den Strand plätschern. Beim Gang durch dieses Tal sehen wir zahlreiche weiße Steine im Gras und erkennen beim näheren Hinschauen, daß es Quarze sind. Das Gras ist von einer üppigen, blaugrünen Farbe, fest und federnd; auf dem sandigen Boden wächst an manchen Stellen auch wilder Spargel. Es scheint, als überflute das Meer dieses Tal manchmal, denn die Erde ist mit Sand und Muscheln vermischt.

Wir schauen ins Tal und erkennen, daß der Fluß auf uns zufließt: Er fließt vom Meer ins Tal hinein. Wir bleiben stehen, um über dieses Fließen zu meditieren, und sehen in diesem Moment einen Fisch durchs Wasser schießen und sich rasch zum Meer hin bewegen. [*Pause.*]

Einer nach dem anderen bücken wir uns, um aus dem Fluß zu trinken; das Wasser ist rein und klar und schmeckt nicht nach Salz. Wir gehen weiter und stehen plötzlich am Strand. Das Meer glänzt in dem goldenen Licht, doch die Wellen, die sich am Strand brechen, sind dunkelgrün und blau. Wir spüren das Meer, seine Macht und seine Gegenwart, und wir halten inne, um unsere Absicht zu bestätigen, die verborgene Stadt Murias zu finden. [*Pause.*]

Wieder klingt Musik auf, als käme sie aus dem Wasser, und wir sehen zwei Gestalten, die sich uns von rechts und von links nähern. Sie sind groß und haben langes, fließendes, grünes und weißes Haar; beide spielen auf einer kleinen, reich verzierten Harfe. Ihre Finger sind lang, und sie haben goldene Fingernägel. Zu diesem Harfenspiel folgen wir dem Strom, der zwischen den Spielern hindurch aufs Meer zufließt.

Nun nähern wir uns dem Wasser und erkennen, daß sich das Wasser ändert und wir hineinsehen können. Das Ufer fällt sanft in die Tiefen ab, und wir können immer noch den Fluß sehen, der sich zu einem breiten Strom vergrößert und aus den Tiefen des Meeres auf uns zufließt. Wir gehen hinein, als sei das Wasser unser natürliches Element geworden, und es schlägt über unseren Köpfen zusammen. Wir atmen das Wasser wie Luft und sehen, daß wir einem breiten Fluß folgen, der sich durch eine silbrige Landschaft ergießt. Dicke Büschel von Seetang umwehen uns, und wir spüren die Strömungen der unsichtbaren See.

Weit vor uns taucht der Fluß aus einem aufragenden Gewirr von Felstürmen auf, fällt in einer silbrigen Wolke auf den sandigen Boden und sammelt sich, um das Land hochzufließen. Wir erkennen, daß dies die Stadt Murias ist, und halten stumm inne, um unsere Aufmerksamkeit darauf zu richten: auf die hochragenden Türme aus strahlend weißen und grünen Felsen, den silbernen Wasserfall. Wir sehen eine schimmernde Bewegung zwischen den Türmen, können aber nicht deutlich erkennen, wer oder was dort schwimmt. [*Kurze Pause.*]

Wir merken, daß wir uns beim Betrachten der Stadt rasch darauf zubewegt haben. Die Felsen ragen nun direkt vor uns auf, durchsichtig weiß und grün, und bilden komplexe Türme, Spitzen, Höhlen und schlanke, vom Wasser geformte Gestalten. Ringsum herrscht Bewegung, und wir hören den leisen Klang von Harfen und Stimmen.

Eine schmale Treppe in dem grünen Felsen führt zu einem Höhleneingang, aus dem sich der silbrige Fluß ergießt. Einer nach dem anderen steigen wir die schmalen Stufen hinauf und treten in die Höhle ein.

Die Höhle ist erfüllt von einer riesigen Schale aus grünem Stein, einem ungeheuren Gefäß, in dem silbriges Wasser aufsprudelt, sich über den Rand ergießt und nach unten abfließt. Es ist das Heilige Gefäß des Westens, in der Stadt Murias. Wir nehmen eine Präsenz über dem Wasser wahr und blicken auf den Wächter des Kessels der Wiedergeburt. [*Pause zur Kontemplation, möglichst mit Harfen-musik.*]

Zu jedem von uns tritt ein Feenwesen, das sich aus dem großen Steinkessel herauslöst. Sie bringen uns kleine Geschenke, und wir merken, daß auch wir etwas mitgebracht haben, und geben es ihnen. Diese Geschenke tauchen plötzlich in unseren Händen auf, und wir erkennen sie, obwohl wir nicht wußten, daß wir sie mitgebracht hatten. Nach diesem Austausch von Geschenken nehmen uns die Gefährten bei der Hand und führen uns an den Rand des Gefäßes. Das aufsteigende silbrige Wasser ergießt sich über den Rand, und einen Moment lang werden wir von den feinen Tröpfchen bespritzt, die daraus aufsteigen. Nach dieser »Taufe« werden wir an den Rand der Höhle zurückgeführt. Dort liegt ein winziges Boot, das mit einem geflochtenen Grasband an einem Felsbrocken befestigt ist. Die Gefährten bedeuten uns lachend, wir müßten dieses Boot besteigen, und sobald wir dies getan haben, wird das Band gelöst. Das winzige Boot schießt sehr schnell über den Rand des Wasserfalls.

Aber wir stürzen nicht ab; das Boot steigt sacht über den silbrigen Fluß hinaus und schwebt auf den Horizont zu, den wir als Ufer erkennen. Wir spüren, daß viele Wesen mit uns schwimmen, die lachen und singen und manchmal in unser Blickfeld hineinblitzen. Plötzlich steigen wir auf hohen Wellen auf und merken, daß unser Boot an der Oberfläche schwimmt. Es gelangt ans Ufer, und wir steigen bei dem silbernen Fluß ans Land. Dort, wo die grünen Harfenspieler auftauchten, stehen nun zwei graugrüne Büsche. Wir gehen zwischen ihnen hindurch, und sie rascheln sanft im Wind. Wir werfen lange Schatten vor uns, doch wenn wir uns umdrehen, sehen wir eine goldene Straße auf dem Wasser, aber keine Sonne.

Nun gehen wir eilig das Tal hinauf, und der Fluß verschmälert sich zu einem winzigen, schnell dahineilenden Bächlein, das überraschenderweise bergan fließt. Wir sehen vor uns einen kleinen Dolmen, aufrecht stehende Steine mit einer Platte darauf. Er ist großteils von Sand bedeckt, aber er

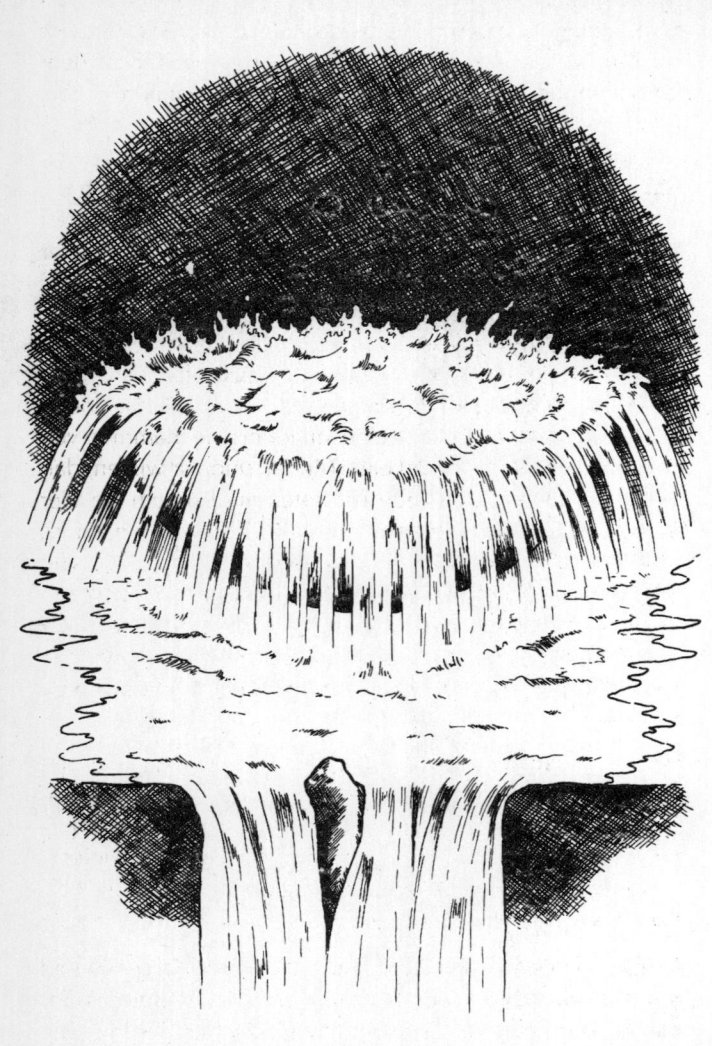

hat eine große Öffnung, durch die der Bach fließt. Wir treten in diese Kammer und betreten durch eine Tür den quadratischen Raum. Wir kehren in die Außenwelt zurück, und die Kammer löst sich auf und verwandelt sich wieder zu dem vertrauten Raum, in dem wir unsere Reise begannen.

Die Vision von Falias im Norden

Wir beginnen, indem wir eine starke innere Vision der Vier Richtungen von Norden, Osten, Süden und Westen aufbauen. Im Norden herrschen Nacht und Winter, im Osten Morgendämmerung und Frühling, im Süden ist es Mittag und Hochsommer, im Westen Herbst und Abend.

Beim Aufbau dieser Richtungen sehen wir, daß der Raum, in dem wir sitzen, sich in eine quadratische Kammer verwandelt, die in jeder Wand eine Tür hat, und wir wissen, daß wir nacheinander durch jede Tür treten müssen, um die Vier Städte des Feenreichs zu erreichen: Gorias im Osten, Finias im Süden, Murias im Westen und Falias im Norden. Wir sind bereits zu den Städten Gorias im Osten, Finias im Süden und Murias im Westen gereist und haben einige Schlüssel zu der Kraft und Bedeutung dieser Orte mitgebracht. Nun werden wir die Städte der Reihe nach aufrufen und dann nach Norden reisen.

Osten: Zuerst öffnet sich die Tür in der Ostwand und gibt den Blick auf eine vertraute Landschaft frei. Wir blicken auf das Tor zum Osten in Form von zwei aufrechten Steinquadern mit einer schmalen Lücke dazwischen. Hinter dieser Lücke sehen wir eine Frühlingslandschaft, die von hellblauem und grünem Licht beschienen wird.

Süden: Als nächstes öffnet sich die Tür in der Südwand und gibt eine vertraute Landschaft frei. Wir blicken auf das Tor zum Süden: Es hat die Form von zwei Bäumen, der eine mit grünen, ausladenden Zweigen, der andere aus Flammen, die stetig brennen, sich aber nie verzehren. Beim Betrachten dieser Bäume scheinen sie einander abzuwechseln, und zuerst besteht der eine aus Flammen, dann der andere. Wir blicken zwischen ihnen hindurch und sehen ein strahlend hell beschienenes Land, in dem direkt vor uns in der Ferne ein Hügel aufragt.

Westen: Nun öffnet sich die Tür in der Westwand und enthüllt eine vertraute Landschaft. Wir blicken auf das Tor zum Westen in Form von zwei niedrigen Hügeln, die von Abendlicht beschienen sind. Hinter den Hügeln sieht man das Meer, über das sich ein Pfad aus Licht erstreckt.

Norden: Als letztes öffnet sich die Tür in der Nordwand und gibt das Tor zum Norden frei; es hat die Form einer niedrigen Dornenhecke mit einem schmalen Durchgang. Hinter dem Durchgang erkennen wir eine Höhle in einer hohen Felswand. Tief in den Schatten der Höhle sehen wir ein schwaches, silbrig-weißes Glühen, wie Sternenlicht.

Es ist nun unsere Absicht, durch das Nordtor zu schreiten und die Stadt Falias zu suchen. Wir bauen die Vision dieses Ortes jenseits der Tür auf und treten hindurch vor eine niedrige Dornenhecke. Sie besteht aus dichten, alten Dornbüschen und ist wild und ungestutzt. Die Zweige sind schwarz und miteinander verwoben, und wir sehen nur einen schmalen Durchgang, in den sich Zweige recken. Hinter diesem Durchgang sieht man eine helle Felswand mit einem schmalen Höhleneingang, wie eine gezackte Spalte. Aus dieser Höhle ergießt sich ein schwaches silbernes Licht.

Während wir uns bücken und durch die Lücke zwängen, spüren wir eine Präsenz, die hinter der Hecke hervortritt und uns mit gekreuzten Händen und offenen Handflächen den Weg versperrt. Einer nach dem anderen treten wir zu diesem Wächter und sagen ihm, daß wir in Gorias, Finias und Murias gewesen sind und nun die Stadt Falias und den Heiligen Stein dort suchen. Einen nach dem anderen läßt er uns eintreten, aber wen er abweist, der muß auf eine weitere Reise warten und erneut um Zutritt ersuchen.

Wir gelangen durch die schmale Lücke und stehen im Mitternachtsland. Die Luft ist kalt, und unser Atem ist als Wolke zu sehen. Vor uns türmt sich eine hohe, helle Felswand zu einer gewaltigen Klippe auf. Wir sehen dicht gesäte Sterne am Himmel, aber erkennen keine der uns vertrauten Konstellationen. Der Wächter deutet auf den gezackten Höhleneingang, der nun völlig dunkel erscheint. Wenn wir die Stadt Falias und den Heiligen Feenstein sehen wollen, müssen wir durch dieses dunkle Tor treten.

Einer nach dem anderen betreten wir die Höhle und spüren, wie Hände uns ergreifen und uns mehrere Male herumdrehen, bis wir das Gefühl für die Orientierung verloren haben. Man kann keinen Eingang mehr sehen, und aus dem dunklen Raum der Höhle hört man leises Lachen und wie sich Schritte in der Ferne verlieren. Wir halten in der Schwärze inne und erkennen, daß sie mit Frieden, Stille und absoluter Konzentration erfüllt ist. [*Stille Meditation.*]

Wir bestätigen unsere Absicht, nach Norden zu reisen und Falias zu suchen, und darauf erscheint ein kleines Licht, dem wir sofort folgen. Wir haben das Gefühl, daß der Boden der Höhle nach unten abfällt, aber der Weg ist leicht, und wir fühlen uns nicht unwohl dabei.

Wir folgen dem schwachen Licht und gehen immer weiter abwärts, bis wir die ungeheure Präsenz der Erde selbst spüren, das uralte Felsgestein um uns herum. Der Weg wird nun schmaler, bis wir uns zwischen den glatten Wänden auf beiden Seiten hindurchdrücken müssen. Die Wände rücken immer enger zusammen, bis sie ganz aufeinanderstoßen, und wir stehen vor einer schwach erleuchteten Nische, in der eine kleine Tonlampe vor einem runden, polierten Steinspiegel brennt. Das schwache Licht wird gespiegelt und flackert und schwindet, wenn es von dem Luftzug, den wir verursachen, gestreift wird. Es scheint nicht mehr weiterzugehen. Einer nach dem anderen schauen wir in den kleinen Steinspiegel und sehen dort eine Wahrheit über uns selbst gespiegelt. [*Pause für stille Kontemplation.*]

Nachdem wir in den Spiegel des Nordens geblickt haben, erkennen wir den Durchgang mit der neuen Schärfe unserer

Sicht. Die Mauern, die auf die Nische zuführen, haben einen schmalen Spalt, wie eine Naht, und wir erkennen, daß Lampe und Spiegel in einem Toreingang stehen. Sobald wir das erkennen, gleitet die Steintür mit der Lampe und dem kleinen Spiegel beiseite, und wir treten in eine riesige Höhle.

Wir spüren einen großen, offenen Raum, der so ungeheuer groß ist, daß wir weder die gegenüberliegenden Mauern noch die Decke sehen können. Der Boden besteht aus poliertem, glattem Stein und trägt ein komplexes, gewundenes Muster aus schwach leuchtenden, weißen Linien. Dieses Muster ist wie ein riesiges Labyrinth und führt uns weiter in die Höhle. Wir folgen ihm.

Nun sehen wir eine weitere Lichtquelle, zuerst schwach, dann deutlicher. Sie strahlt aus einer Gruppe von Felsen auf dem Boden der Höhle. Die Felsen sind weiß und blitzen kristallfarben, doch in der Mitte dieser Gruppe steht ein hoher, glatter, weißer Stein, der sich aus den natürlich groben Felsen erhebt. Während wir uns diesem Ort nähern, hören wir, wie Steine aufeinandergeschlagen werden, und ein tiefer, gedämpfter Klang umgibt uns. Langsam bildet sich eine Gestalt, wie eine Wolke, über dem glatten, weißen Stein. Sobald wir an dem Felsenstück ankommen, blicken wir dem Wächter des Nordens ins Gesicht, dem Bewahrer des Heiligen Steins. [*Pause zur Kommunikation.*]

Nun tritt zu jeden von uns ein Steinwesen, das uns tief in die Augen blickt und unser Wesen zu erkennen scheint. Jedes Steinwesen hält ein Fragment oder geformtes Stück eines bunten Steins, und wir nehmen dieses Geschenk entgegen. Sie bedeuten uns, daß wir es am Fuß des weißen Mittelsteins niederlegen müssen, und wir sehen einen Berg von Gaben, winzige bunte Steine, Haare, Federn, Ringe, alten Schmuck, getrocknete Blätter. Beim Zusehen verwandeln sich die wertvollen Objekte in Blätter und Federn, und die Federn und Blätter verwandeln sich in Silber und Gold. Der Wächter des Heiligen Steins lacht über unsere Wahrnehmung, und wir spüren in seinem Lachen tiefe Weisheit und Freude.

Während wir den hohen, weißen Stein in der Mitte der felsigen Kristallgruppe betrachten, sehen wir darin eine undeutliche Gestalt. Sie scheint zu schlafen, und wir betrachten dieses Wunder schweigend. [*Stille Pause.*]

Nun bittet uns der Wächter des Nordens zu gehen, und die Steinwesen führen uns fort, nicht in die Richtung, aus der wir kamen, sondern auf die andere Seite dieses Heiligen Ortes. Sie bringen uns an eine Treppe, die über einen hohen Felsen führt, beschienen von winzigen, glühenden Lichtern, die ohne Flamme oder Rauch zu brennen scheinen und deren Licht direkt aus dem Stein zu dringen scheint. Hoch über uns sehen wir eine Spalte in der Höhlenwand. Wir steigen die Stufen hinauf und sehen in weiter Ferne drei winzige Bilder hoch oben an der Wand. Eines ist ein Fenster nach Osten, das zweite ein Fenster nach Süden, das dritte ein Fenster nach Westen. Wir steigen auf das Fenster nach Norden zu.

Beim Aufstieg sehen wir, wie der Heilige Stein weit unter uns Wellen aus weißem Licht aussendet, und hören wieder das pulsierende Geräusch, wie wenn Steine aneinanderschlagen, darüber aber auch fließende Töne und Klänge. Oben auf der Treppe angekommen, hören wir, wie weit unten eine große Prozession vorbeizieht, sehen aber nichts. Unsere Steingefährten haben uns verlassen, und wir stehen vor einer einfachen, hölzernen Tür. Einer von uns öffnet sie, und sie gibt einen vertrauten Raum mit vier Türen frei. Wir treten hindurch, und die Holztür schließt sich hinter uns.

Nun ist unsere Reise zur Stadt Falias im Norden beendet, und wir treten aus der vierfachen Kammer in den Raum, in dem unsere Vision begann. Wir kehren langsam zum äußeren Bewußtsein zurück und bringen die Kraft des Lichtes in der Erde mit uns.

7. Die Webergöttin in der Unterwelt

Mit der letzten Visualisierung kehren wir zur Dunklen Göttin der Anderswelt zurück. Dabei ziehen wir am Feenreich vorbei zu einem der tief unten liegenden Tempel der Anderswelt. Ernsthafter Versuch zur inneren Transformation oder Magie, wie immer wir es nennen, es kann ohne Erfahrung mit zwei miteinander verbundenen Konzepten weder versucht noch erreicht werden: die Unterwelt und die Göttin. Wir benutzen zwar den Begriff Konzept, doch sind die Unterwelt und die Göttin keine Theorien, sondern fundamentale, universelle Kräfte. Sie sind Erscheinungswesen oder Aspekte des unermeßlichen Einen Wesens, der letztendlichen unaussprechlichen Realität und Wahrheit.

Es gibt viele Arten, die Unterwelt und die Göttin auszudrücken, aber keine noch so ausführliche Diskussion ersetzt die tatsächliche Erfahrung. Man braucht über die »Realität« von Worten und Bildern auch nicht zu streiten, denn sie entstammen alle einer tiefergreifenden Realität jenseits aller Form.

Diese beiden ursprünglichen Konzepte und Kräfte, die Göttin und die Unterwelt, wurden ignoriert und mit schrecklichen, möglicherweise nicht wiedergutzumachenden Folgen für die Menschheit und den Planeten Erde unterdrückt. Das Verstehen der Göttin führt uns zu sexueller Ausgeglichenheit und Reife auf allen Bewußtseinsebenen, auch jenen, die das Geschlecht transzendieren. Das Verstehen der Unterwelt bringt eine bewußte Beziehung zwischen der Menschheit und dem Land, der Umwelt und dem Planeten. Da die Göttin in der Unterwelt weilt, sollten wir die beiden in unserer Vorstellung nicht voneinander trennen.

Die Göttin und die Unterwelt stellen Energien und Bewußtseinszustände dar, die für unser individuelles und kollektives Wohlergehen grundsätzlich wichtig sind. Darüber hinaus haben diese beiden Konzepte und Kräfte das Potential, die Menschheit und die kollektive Welt wieder ins Gleichgewicht zu bringen, die beide in unmittelbarer Gefahr sind, ausgelöscht zu werden. Schlicht ausgedrückt kann man das Atomproblem auf ziviler und militärischer Ebene als Folge von Unkenntnis und Mißbrauch von Unterweltkräften begreifen, von Pluto und Uranus. Die Schwermetalle sind Unterwelt-Wesen oder stellare Wesenheiten, spezifisch ausgedrückt, stellare Wesenheiten innerhalb der Erde. Wir können die grotesken Extreme des Materialismus und des männlich-stereotypen (statt archetypischen) Bewußtseins wohl als eine Folge davon sehen, daß die Kräfte der Göttin unterdrückt wurden.

Die Anderswelt-Tradition, in der es um das Licht innerhalb der Erde geht (im Gegensatz zu theoretischer Magie oder literarischem Okkultismus), muß sich mit den Kräften der Göttin verbinden. Das wurde von den neuen Okkultisten des neunzehnten und frühen zwanzigsten Jahrhunderts auch verstanden, ebenso wie früher von den Eingeweihten der Rosenkreuzerbewegung, den Alchimisten, den Magiern und Metaphysikern der Renaissance.

Noch vor zwei Generationen war das Arbeiten mit der Göttin in magischen Gruppen ungewöhnlich, wenn-

gleich bekannt. Die magischen Künste waren noch von
den Phantomen männlich-egozentrischer Autorität und
dogmatischen Hierarchie-Denkens beherrscht, Phantome, die heutzutage durchaus nicht völlig ausgelöscht
sind. Diese männlich orientierten Gruppen arbeiten mit
der Göttin ausschließlich in ihrem Venusaspekt, dem sexuell orientierten, liebenden Aspekt, weil dieser dem Stereotyp von Pseudoweiblichkeit ähnelt, zu dem sie von
Kindheit an konditioniert wurden. Wir tauchen momentan aus einer Periode von monosexueller Religion und
Kultur auf, und diese stereotypen Vorstellungen werden
allmählich durch etwas anderes, aber grundsätzlich
Altes, Ursprüngliches und Dauerhaftes ersetzt.

Die gesellschaftlichen Bedingungen ändern sich langsam und drücken oft Transformationen aus, die zuvor
nur den Forschungen magischer Gruppen früherer Generationen vorbehalten waren. So ist die Gleichberechti-
gung der Geschlechter heute in der westlichen Welt ein
verbreitetes gesellschaftliches und politisches Thema,
während um die Jahrhundertwende die Gleichberechti-
gung oft ein sehr gewagtes Experiment war, bei dem
Männer und Frauen zusammen Magie ausübten (im Gegensatz zu den ausschließlich männlichen Freimaurer-
orden, aus denen solche Gruppen sich oft abspalteten).
Wichtiger jedoch als die bloße Tatsache, daß Männer
und Frauen gleichberechtigt in den magischen Künsten
zusammenarbeiteten (obwohl dies einen großen Schritt
bedeutete), waren die Göttin-orientierten Rituale und Visualisierungen, die damals auftauchten und sich oft auf
Material früherer Kulturen und Religionen stützten. Dion
Fortune beispielsweise verbrachte ihr ganzes Leben
damit, die Göttinnen von Atlantis und Ägypten in den
Kontext des zwanzigsten Jahrhunderts zu übertragen.
Die Ergebnisse, mit vielen kraftvollen Visionen und Ri-

tualen, findet man nicht in ihren wissenschaftlichen Werken über Psychologie und Magie (die heute veraltet scheinen), sondern in ihren bemerkenswerten Romanen.

Weitere Diskussionen der Ausbreitung der Göttinnenverehrung und die verschiedenen Aspekte des aktiven Feminismus im wiederbelebten Heidentum sind für ein Buch dieser Art nicht relevant; dennoch ist es eines der erstaunlichsten Wunder des zwanzigsten Jahrhunderts, daß die Göttin unwiderstehlich zurückkehrt, ganz gleich, in welcher Ausdrucksform. Vor einer Generation noch hörten Schüler die geflüsterten Geheimnisse über sexuelle Magie, bei der sich zwischen Männern und Frauen etwas unaussprechlich Mystisches abspielte (und es handelte sich nicht um Geschlechtsverkehr!). Heute hat sich die gesamte Wissenschaft der polaren Magie geöffnet und wird immer definierter und verständlicher. Solche Entwicklungen, im magischen oder poetischen Sinne, hätten nicht ohne die aktive Kraft der Göttin geschehen können, die unser Bewußtsein wieder ausgleicht.

In der westlichen esoterischen Tradition wie auch in der des Ostens gibt es eine Reihe von sogenannten weiblichen Archetypen. Sie haben sich in Legenden, Mythen und Volksweisheit sowie in magischen, alchimistischen und mystischen Allegorien erhalten, darunter auch in »ketzerischen« Grallegenden. Solche Archetypen wurden, oft ohne Erfolg, aus den politischen, orthodoxen Religionen verbannt, doch häufig tauchen sie in Gestalt von weiblichen Heiligen wieder auf, die die heidnischen Göttinnen ersetzen, oder als Volks-Aberglauben, so wie in der Wiederbelebung des Marienkultes.

Wichtiger jedoch als alle zitierten Quellen ist die innere Tradition des Kontaktes mit energetischen Bildern der Göttin durch Meditation, Visualisierung und Ritual.

Es wäre falsch, die Aussage zu treffen, daß der Westen keine Göttinnen kennt und solche Bilder in der mystischen oder magischen Arbeit keine Rolle spielen, aber eine deutliche Definition und ein starker Kontakt mit solchen Bildern ist oft schwierig, weil sie jahrhundertelang durch die Orthodoxie unterdrückt und wegkonditioniert wurden. Wenn der Kontakt jedoch einmal geschlossen ist, wird die Göttin zur unleugbaren Kraft und in vieler Hinsicht als starke Präsenz erlebt.

Es gibt in der Anderswelt-Tradition zwar Aspekte der Göttin, die besonders wichtig und stark sind. Wir können sie »Die Unten Weilende« nennen, die »Göttin der Unterwelt«, die »Dunkle Mutter«, und »Die Oben Weilende«, die universelle »Göttin der Sterne«. Diese Gestalten bilden die beiden Extreme einer einzigen Einheit und sind einander in praktischer Hinsicht sehr nahe, wenn wir über sie meditieren oder sie visualisieren, aber sie sind nicht vom Menschen willkürlich austauschbar.

Die westliche Tradition kennt eine Abkürzung zur Erleuchtung, die vieles mit den Methoden gemeinsam hat, wie sie sich im tibetanischen Buddhismus oder im Zen finden, auch wenn wir hier nicht andeuten wollen, daß sie identisch seien. Wir brauchen uns keiner östlichen Variante zuzuwenden, wenn wir bereits deutlich definierte und starke initiatorische Techniken haben. Die Ähnlichkeiten beruhen auf den Gemeinsamkeiten im menschlichen Bewußtsein, die Unterschiede beruhen auf unterschiedlichen kulturellen und Umwelteinflüssen sowie verschiedenen psychischen Mustern, die nur durch die Arbeit mit der eigenen Tradition bis zu ihrem Ende transzendiert werden können.

Der verkürzte Weg zur Erleuchtung besteht darin, sich einfach in die Unterwelt zu begeben und der Göttin zu begegnen. Für viele Menschen stellt das eine furchterregende Erfahrung dar, die es unter allen Umständen zu vermeiden gilt: Solche Menschen sollten sich nicht mit den initiatorischen Traditionen von Bewußtsein und Energie befassen. Wenn sie dies dennoch tun, werden sie die Anstrengung meist bald wieder aufgeben, oder sie lassen sich in die verschiedenen Sackgassen des Okkultismus und der New-Age-Gemütlichkeit ziehen. Das klingt vielleicht hart, aber keine Wachstumserfahrung, keine Transformation war jemals leicht.

Indem wir in die Unterwelt hinabsteigen, erreichen wir paradoxerweise nicht nur ein Verständnis und eine Erfahrung der Dunklen Göttin, der Macht des Gebens und Nehmens, sondern auch ihres universellen stellaren Aspekts. Zuerst taucht die zerstörende, vernichtende Kraft auf, die wir fürchten, die Dunkle Göttin, dann ihr universeller Aspekt jenseits aller Vorstellungen vom Selbst oder von falschen Begrenzungen. In dieser Phase verstehen wir die Göttin als eine bewußte Kraft, die Zeit, Raum und Energie durchdringt.

Wir finden die bildlichen Vorstellungen dieser Göttin in verschiedenen Formen in Mythen und Legenden, und solche Bilder sind besonders wirkungsvoll auf der inneren Ebene von Visualisierung und Kontakt. Im gegenwärtigen Kontext können wir Zwischenformen wie Kulturgöttinnen, Liebesgöttinnen, Schwestergöttinnen, Kriegsgöttinnen und lokale weibliche Gottheiten ausschließen: Sie sind wie Perlen auf einer Schnur, die von der Unterwelt bis zu den Sternen reicht. Bei der Unterwelt-Initiation erkennen wir, daß das lineare Konzept dieser Schnur eine Illusion ist, daß beide Enden eins sind und das Bild eines Kreises oder einer Kugel geben. Diese Kugel enthält das Universum in einer Dimension und den Planeten oder die Unterwelt in einer anderen: Die Göttin webt alle Dimensionen und Energien zusammen.

In menschlichen Begriffen findet man diese Kraft unten wie auch innen. Dies gilt es bei der Frage nach der Richtung von Energie und Bewußtsein bei Ritualen, Imaginationen und geführten Visualisierungen der Göttin zu berücksichtigen. Für unsere Ahnen gab es eine ungeheuer einfache Methode: Sie begaben sich in unterirdische Kammern, Höhlen, Katakomben und suchten dort Erleuchtung. Diese körperliche Bewegung ist gleichbedeutend mit einer visionären, transformativen Erfahrung, bei der wir ein Reich unter der Erde betreten, aber feststellen, daß es voller Sterne ist. In der keltischen wie der griechischen Mythologie finden wir die Göttin unter der Bezeichnung »Weberin«, und sie erscheint in mehreren wichtigen magischen oder mystischen Visionen. Die folgende Visualisierung benutzt viele Elemente der Göttinnentradition und zeigt die Weberin in ihren stärksten Aspekten.

Die Webergöttin

Wir beginnen, indem wir über eine einzelne Kerzenflamme meditieren. [*Eine Kerze oder ein langsam brennendes Teelicht wird angezündet.*]

Wir blicken in dieses Licht, anfangs mit offenen Augen, und sind uns bewußt, daß es das spirituelle Licht darstellt, das in uns brennt. Das Licht ist überall, sein Ursprung und Zentrum ist in jeder Zeit, jedem Raum und jeder Seinsform. Während wir über das Licht meditieren, schließen wir die Augen und verharren ein paar Augenblicke in formloser Kontemplation. [*Kurze, stille Pause.*]

Nun sehen wir vor uns die Vision von drei Ringen oder Kreisen, die ineinander verschlungen sind und eine Kugel bilden. Einer dieser Ringe liegt vertikal, einer horizontal, der dritte ist vor uns geöffnet. Beim Betrachten dieser Ringe beginnen diese langsam zu rotieren, und jeder nimmt den Platz der anderen ein. Sie scheinen zu schweben und ineinander zu verschmelzen und sich zugleich aus eigenem Antrieb zu drehen. Während wir dieses Mysterium betrachten, erweitern sich die Ringe über unser Blickfeld hinaus, bewegen sich über und durch uns, bis wir in ihnen sind, doch sie sind so groß geworden, daß wir sie nicht mehr sehen können.

Wir stehen nun auf einem warmen, sonnigen Platz oder Hof. Die Luft duftet nach Sommer und exotischen Pflanzen; wir sehen eine hohe Steinmauer aus eng aufeinandergefugten großen Quadern ... ein blühender Baum wächst vor dieser Mauer, und die riesigen weißroten Blüten sind weit geöffnet. Einen solchen Baum haben wir noch nie gesehen ... Der Stamm ist glatt und dunkelgrün mit tiefen schwarzen Mustern, die Blätter sind breit und glänzend, von tiefblauer Farbe mit graugrünen Schattierungen. Eine leise Brise bringt die weißroten Blüten zum Rascheln.

Wir hören das Geräusch des leichten Windes in den Blättern und Blüten und auch leise Schritte, und wir drehen uns um und sehen, wie ein Junge auf uns zukommt. Er ist eher noch ein Kind und trägt eine schlichte weiße Tunika wie ein Schüler oder Novize. Er winkt uns feierlich zu sich und führt uns auf eine viereckige Tür in der Mauer zu. Ein glatter Stein gleitet nach oben und gibt den Weg frei in ein kühles, dunkles Gebäude. Wir treten ein, und die Hitze, die Sommerlüfte und der Duft des seltsamen Baumes verschwinden sofort. Im Inneren des Gebäudes ist es kühl und still. Wir stehen in einem großen Raum, der von Fensterschlitzen hoch oben erhellt wird, durch die Lichtstrahlen fallen. Diese Strahlen sind durch Fenstergläser oder Membranen in hellem Grün und Blau gedämpft. Auf der gegenüberliegenden Seite befindet sich ein großer, runder Schacht, in den eine Treppe hinabführt. Unser Führer leitet uns mit gemessenen Schritten auf diese Treppe zu, und sobald wir vor der ersten Stufe ankommen, läutet er mit einer kleinen Bronzeglocke, die an einem Steinquader hängt, der wie der schlanke Stamm einer Pflanze mit einer geöffneten Blüte geformt ist.

Ein klarer, tiefer Ton durchdringt den Raum, und der Junge setzt sich mit gekreuzten Beinen unter die Steinblume mit der bebenden Glocke. Wir halten inne und sehen, daß uns bereits jemand auf der Treppe entgegenkommt ... ein alter Mann in einer langen, dunkelroten Robe, die mit einem seltsamen Symbol bestickt ist. Er kommt oben an der Treppe an und betrachtet jeden von uns der Reihe nach prüfend. Er hält ein großes Knäuel aus buntem Garn in der Hand und wirft es plötzlich die Treppe hinab, so daß es sich abwickelt. Wir hören, wie das Knäuel leise von einer Stufe zur anderen fällt. Der alte Mann hält das Ende der Schnur in der Hand und reicht es einem von uns. Man hört, wie das Geräusch des fallenden Knäuels in der Ferne verklingt. Dann setzt sich der alte Mann mit gekreuzten Beinen dem Jungen gegenüber auf der anderen Seite der Treppe nieder. Wir wissen, daß wir zwischen ihnen hinabgehen und dem Faden und dem Knäuel folgen müssen.

Beim Abstieg erkennen wir, daß wir in eine riesige Höhle hinabgehen, so groß, daß wir ihre Abmessungen nur erahnen können. Sie wird von den Wänden her schwach beleuchtet, aber wir können die Lichtquelle nicht sehen. Unsere Treppe, die uns anfangs so breit erschien, schmiegt sich an eine Wand und ist nur wie ein schmaler Sims, der in die Tiefe führt. Der Faden läuft uns voran, und wir folgen ihm mit den Händen, lassen ihn aber hinter uns auf der Treppe liegen, die nach oben führt.

Schließlich kommen wir am Fuß der langen Treppe an, und wir stehen auf einem ebenen Steinboden. Der Faden biegt plötzlich ab und verläuft in weitem Bogen nach rechts. Wir folgen ihm und haben das Gefühl, in einem weiten Kreis zu gehen ... bald haben wir die Mauer und die Treppe hinter uns gelassen. Unsere Schritte hallen leise in der Ferne, das Echo scheint von weit her zu rühren, und plötzlich erscheint uns der Faden wie eine Rettungsleine, ohne die wir keine Ahnung hätten, wohin wir uns wenden sollten. Ohne sie würden wir niemals den Weg zur Treppe wiederfinden. Wir folgen dem Faden mit dem Gefühl, in einer Spirale zu gehen, die so groß ist, daß wir kaum eine Biegung hinter uns gebracht haben. Die Decke der Höhle liegt weit außer Sichtweite über uns, und wenn wir hinaufblicken, wird uns schwindlig, als fielen wir in eine Schattengrube. Sanftes Strahlen erfüllt die Luft ringsum, nimmt zu und ab wie ein Atemstrom.

Wir gehen langsam weiter und werden uns eines deutlicheren Lichts bewußt, das von einer Lampe oder einem Feuer zu stammen scheint, sowie einer festen Form, wie eine schwarze Scheibe oder ein Kreis, hinter diesem Licht. Dorthin führt unser Faden. Die Form befindet sich noch in weiter Ferne, aber unsere Bewegungen über den glatten Steinboden sind rasch und stetig, und die Scheibe scheint auf uns zuzukommen. Die Umgebung ist so riesenhaft, daß wir ihre Größe nicht einschätzen können.

Wir nähern uns der Scheibe und erkennen, daß sie aus Glas oder poliertem schwarzem Stein besteht. Sie ist ein perfekter Kreis aus spiegelnder Schwärze, ein Vielfaches größer als ein Mensch, und sie scheint ohne Stütze zu schweben oder auf ihrer Kante auf dem Steinboden zu stehen. Neben diesem riesigen Spiegel befindet sich ein hoher silbriger Ständer in Form einer aufgerichteten Schlange, und aus ihrem Maul lodert eine klare Flamme. Wir nähern uns dem Spiegel und der Lampe und sehen, daß der Schlangenständer nicht aus Silber, sondern aus Kristall besteht. Die Flamme im Maul der Schlange scheint aus dem Nichts zu brennen; wir sehen weder Öl noch einen Docht, der sie nährt. In dem großen Spiegel erkennen wir ein Abbild von uns selbst, sanft von der Kristallampe beschienen. Wir wirken klein und jämmerlich in den riesigen, dämmernden Schatten der Höhle.

Wir schauen auf die runde Scheibe mit ihrer glasklaren, schwarzen, polierten Oberfläche und erkennen, daß drinnen, hinter unserem eigenen Abbild, eine Gestalt steht, als würde sie uns etwas hinter oder jenseits von uns zeigen. Wir versuchen, diese Gestalt zu erkennen, aber sie entzieht sich uns ... je genauer wir hinschauen, um so weiter in der Ferne scheint sie zu verschwimmen. Wir treten zurück und versu-

chen, uns auf das zu konzentrieren, was in den Tiefen des großen, schwarzen Spiegels verborgen scheint. Dabei wird uns eine Gestalt am Rand des Spiegels bewußt, gegenüber von der kristallenen Schlange. Nun tritt die Gestalt ins Licht, und wir erkennen eine Frau in einer langen, schwarzen Robe mit einer weiten Kapuze, die bisher in den Schatten verborgen gestanden hatte. Sie trägt einen langen Stab, um den sich ein Band windet, und wir spüren die schreckliche Macht, die sie ausstrahlt. Sie scheint über den Boden auf uns zuzugleiten und hebt den Stab hoch über den Kopf; im nächsten Augenblick schlägt sie auf die Schlangenlampe und zertrümmert sie in viele Stücke. Wir stehen unvermittelt in so vollständiger Dunkelheit, daß wir das Gefühl haben zu fallen.

Beim Fallen sehen wir unter uns plötzlich einen erleuchteten Kreis und erkennen, daß wir in den schwarzen Spiegel stürzen, der nun hell geworden ist. Wir fallen durch eine Felsenhöhle, die von vielen winzigen Lampen in Nischen und Spalten hell erleuchtet ist. Wir stürzen auf den Boden und sehen einen Moment nichts außer dem Fels und den winzigen Lampen. Nun erkennen wir, daß wir zu Füßen einer riesigen, dunklen Gestalt liegen, und wir stehen auf, um sie zu betrachten. Über uns ragt eine aus glänzend schwarzem Stein gemeißelte Frau auf. Sie hat den Kopf leicht gesenkt, als schaue sie uns an. Ihr Gesicht ist riesig und gelassen und verrät kein menschliches Gefühl. Die Arme sind ausgestreckt, und wir sehen, wie aus einer Hand ein dickes Tau auf den Boden fällt, während sich ein anderes aus der anderen Hand an die Höhlendecke zieht, wo es im Felsen verschwindet. Erst jetzt erkennen wir, daß sie nicht uns anschaut, sondern ein Bild, das in den Boden der Höhle geritzt ist. Das Seil, das nach unten führt, verschwindet im Stein und verschmilzt mit dem Bild eines Webrahmens, auf den wir gefallen sind. Das nach oben führende Seil verschmilzt ebenfalls mit dem Bild eines Webrahmens, der in die Decke geschnitzt ist, wie ein Spiegelbild des Bodens, mit winzigen Spiralen und Formen in dem Gewebe.

Das war das Bild, das wir in dem schwarzen Spiegel ge-

rade eben erkennen konnten, ehe die Kristallschlangen-
lampe zertrümmert wurde. Wir halten inne, um über die Gestalt der Göttin und über ihr Mysterium zu meditieren.
[*Pause zur stillen Meditation.*]

Wir sitzen still und meditieren über die Bedeutung dieses
riesigen Göttinnenbildes und ihres doppelten Webrahmens,
und dabei tritt eine junge Frau in weißer Robe in die Höhle
und versorgt die Lampen. Sie beschneidet bei jeder Lampe
den Docht, bis die Flamme wieder hell brennt. Sie achtet
nicht auf uns, aber bei ihrem Gang entlang der Höhlenwand,
während sie alle Lampen versorgt, spüren wir eine reini-
gende Kraft in uns. Sie säubert die Lampen, und das Licht
wird stärker, bis die ganze Höhle strahlend hell erleuchtet ist.
Die riesige schwarze Göttinnenstatue ist von einem Licht-
schein umgeben; die dicken Taue in ihren Händen schimmern und scheinen sich im Lichtgeflacker zu drehen. Das
Webrahmenbild im Boden, auf dem wir sitzen, scheint sich
zu bewegen und die Muster zu wechseln. Wir blicken nach
oben zum Höhlendach und erkennen, daß sich der Webrah-
men oben ebenfalls verändert und sich dann langsam in ein
Muster aus Sternen verwandelt, die tief in den Stein gegra-
ben sind.

Wir werden von diesem Muster angezogen, den Sternen
in großen Spiralen und komplexen Formen. Wir stehen auf
und stellen fest, daß die schwarze Göttin langsam vor unseren Augen verschwindet und sich in dem Strahlen der Lampen auflöst. Sobald wir aufgestanden sind, hören wir einen
Gong [*Gongton, wenn möglich*] und wissen, daß die Frau
nun mit dem Lampenputzen fertig ist. Das Echo des Gongs
schwindet, und das Höhlendach mit dem Sternenmuster öffnet sich in zwei Hälften. Langsam lösen sich die rechte und
die linke Hälfte voneinander und geben einen Nachthimmel
voller Sternenkonstellationen frei. Im Mittelpunkt dieses
Himmels liegt eine sich windende Schlange aus Sternen, ein
Wirbel aus Licht, der sich in einer Doppelspirale nach innen
und außen dreht.

Nun schiebt sich von oben eine einfache Holzleiter auf

uns zu, und wir sehen auf den beiden Seiten der Leiter einen alten Mann und ein Kind. Sie blicken kurz auf uns herab. Wir steigen hinauf, und sie ziehen sich aus unserem Blickfeld zurück. Einer nach dem anderen steigen wir die Leiter empor und stehen nun auf dem Gipfel eines hohen, runden Berges. Lampenlicht scheint aus dem Loch, aus dem wir gestiegen sind, aber das Licht der Doppelspirale aus Sternen nimmt zu und bewegt sich, bis wir nichts anderes mehr wahrnehmen können ...

Im Zentrum der Spirale glänzt ein wolkiger Schleier, der vor einer teilweise verborgenen Gestalt pulsiert. Dann wird dieser Schleier dünner, und wir sehen eine Frau in einem silbergrauen Gewand mit einer weiten Kapuze, die ihr Gesicht völlig verbirgt. In den Händen hält sie einen Stab, von dem sich ein Faden spiralförmig fortdreht, bis er zu der Doppelspirale aus Sternen wird. [*Siehe die Trumpfkarte »Das Gericht« im Merlin-Tarot.*]

Der Schleier wird immer dünner. Ohne zu wissen, warum, bemerken wir, daß wir bereits den Kopf gesenkt und die Augen mit den Händen bedeckt haben. So verharren wir schweigend und erfahren die Macht der großen Göttin, die spinnt, webt und auflöst. [*Stille Meditation.*]

Nun spüren wir eine Veränderung, eine Bewegung unter den Füßen, als habe sich der Berg einen Moment geneigt. Es wird wärmer, und die Luft scheint von süßen Düften durchdrungen. Wir spüren die Sonne auf unserem Gesicht. Wir senken die Hände, um zu schauen, und stehen wieder in dem sonnenbeschienenen Hof bei dem Baum mit den riesigen Blüten und den Blättern von seltsamer Farbe. Auf dem Boden sehen wir nun zum ersten Mal einen großen gewebten Teppich. Er ist rot, weiß und schwarz und zeigt viele abstrakte Muster und verschlungene Linien und Formen. Auf dem Teppich liegen einige Steinkugeln, wie zufällig hingeworfen. Wir fühlen uns stark versucht, mit diesen Bällen zu spielen, aber sobald wir uns zu dem Teppich wenden, taucht der alte Priester mit der dunkelroten Robe hinter dem Baum auf und verbietet uns mit einer seltsamen Handbewegung,

uns zu nähern oder etwas zu berühren. Wir versuchen, uns diese Geste zu merken, denn sie ist Bestandteil der inneren Tempelsprache. Er weist uns von dem Teppich und seinen zauberhaften Mustern fort und zeigt uns statt dessen eine niedrige Tür in der Mauer hinter dem Baum. Diese Tür hat einen dicken Türbalken und Schlußstein, und wir sehen, wie sich die Steinplatte, aus der die Tür besteht, nach oben schiebt und den Blick auf ein dämmrig beschienenes, vertrautes Zimmer freigibt. Zuerst sieht es wie ein Schattenraum in einem Traum aus, aber allmählich nimmt es Substanz und Farbe an. Wir treten durch die Steintür und setzen uns auf die vertrauten Stühle. Man hört das Geräusch von mahlenden Steinen, und während die Tür sich schließt, verschwindet unsere Vision von der Mauer. Wir kehren in die Außenwelt zurück und entdecken, daß jeder von uns ein Geschenk von einer der Personen bekam, denen wir auf der Reise begegneten. Dieses Geschenk taucht in unseren Händen auf, und wir betrachten es einen Moment lang und wissen sogleich, wer es uns gab, und denken über seine Bedeutung nach. Diese Gaben ermöglichen es uns, in die innere Welt zurückzukehren, durch die wir auf der Suche nach der Webergöttin reisten. Aber jede Gabe ist anders und wurde von einem anderen Wächter gegeben, daher können wir nicht wissen oder vermuten, wohin sie uns letztendlich führen wird.

Nun ist es Zeit, in die Außenwelt zurückzukehren. Doch wir bringen mit uns das Licht und das Wissen, das wir im Innern fanden.

Ein Wort für die Zukunft

Man kann in der Kommunikation und im Kontakt mit dem Feenreich noch vieles mehr unternehmen. Ich hoffe, dieses Buch hat einige der vor Ihnen liegenden Wege angedeutet, indem es sich eine alte, aber lebendige Tradition zunutze macht und sie für den modernen Gebrauch erklärt.

Wenn wir auf einer Ebene befangen bleiben, auf der wir Feen als kleine Elfen oder romantisierte Naturgeister betrachten, billigen wir schweigend die Vernichtung des Landes. Fantasy ist der künstliche Süßstoff im vergifteten Kuchen des Materialismus. In der realen Welt der Imagination, wo sich Form und Energie ineinander auflösen und die Grenzen von Bewußtsein und einschränkenden Bildern eingerissen werden, kann eine süßliche Phantasie nicht existieren. In der Anderswelt, im Feenreich, herrschen Schrecken genauso wie Ruhm und Ekstase.

Mit der heutigen Technologie haben wir gedankenlos seit einem Jahrhundert und noch länger den Planeten geplündert und verletzt, und dies kann nicht mehr ungeschehen gemacht werden. Doch es ist unser lebendiges Bewußtsein, das mit dem Land sprechen muß. Dann gibt uns das Land auch Antwort... und erzählt uns, daß jenseits der inneren Dunkelheit ein Licht zu finden ist. Dieses Licht ist keine Neonröhre, kein Bildschirm, kein radioaktives Glühen, sondern das lebendige Licht, das Licht, das heilende, regenerative Energie zu allen Lebewesen bringt.

Doch ehe wir wahrhaft dieses Licht empfangen und wieder ausstrahlen können, müssen wir uns anderer Lebensformen bewußt werden – bewußt im Sinne von Kommunikation und Austausch, nicht bloß aufgrund von biologischer Forschung und von Experimenten. Wir sind alle Teil voneinander, und viele Lebensformen sind nichtmateriell, nichtorganisch.

Auf dieser subtilen Ebene des Energieaustausches können die Traditionen der Feen- und Anderswelt für uns von Nutzen sein: Es handelt sich nicht um alberne Phantasien aus alten Zeiten, sondern um verschlungene Aussagen über die tiefste Intuition, das Verständnis und die Erfahrungen der Menschheit, die auf und in diesem Planeten lebt. Zu lange haben wir uns vom hohlen Ungeheuer des Materialismus beherrschen lassen. In neuerer Zeit haben wir uns der gleichermaßen entnervenden Weltsicht der Psychologen zugewandt, die alle Mythen, Anderswelt-Wesenheiten und nichtmaterialistischen Traditionen als Rationalisierungen oder vage Erkenntnisversuche darstellt, die sich ausschließlich auf die Psyche beschränken, aber keine Verbindung zu anderen Teilen der Ganzheit von Land, Planet und Universum haben. Das reicht nicht mehr, und diese Weltsicht hatte auch nie eine andere Funktion, als ein Zwischenstadium zu sein, das uns vom religiösen Dogma fortführte.

Ich möchte statt eines Nachworts, das zusammenfaßt, zu welchen Erkenntnissen ich in diesem Buch gelangte, lieber ein Zukunftswort schreiben. Die einzigen Schlußfolgerungen sind diejenigen, die Sie selbst ziehen, wenn Sie mit dem Feenreich arbeiten. Die Zukunft der Menschheit und des Landes sind untrennbar. Das Licht der Erde ist Ihr Licht ... nur Sie können es finden, und nur Sie können es vor sich selbst verbergen.

Wir teilen dieses Licht mit unzähligen anderen Lebensformen, und die uns nächststehenden Gefährten auf subtilen Ebenen sind die Wesen des Feenreiches. Wir haben in den Anfangskapiteln dieses Buches viel über sie gesagt und in den Übungen genügend vorgeschlagen, um ein paar erste Einsichten in ihre Beziehung zu uns und unsere tiefergehende Beziehung zur Ganzheit der Anderswelt zu geben. Nutzen Sie die Ihnen angeborene Fähigkeit, die Anderswelt zu betreten, die Urheimat von uns allen. Suchen wir das Feenreich und eröffnen wir wieder den Diskurs mit den Wesen dort. Wir haben einander viel zu bieten.

TEIL 3

Anhang

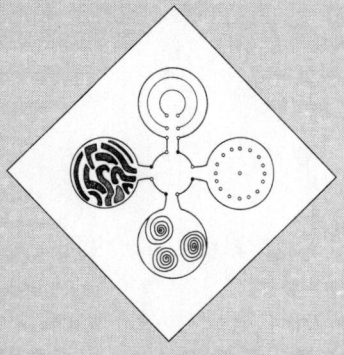

1. Arbeitsprogramm

TAGESZYKLUS

Morgen: Der Heilige Raum und die Vier Elemente (s. Seite 83)
Nachmittag: Grundvisualisierung der Anderswelt (s. Seite 131 ff.)
Abend (Zwielicht): Der Umgekehrte Baum (s. Seite 140 ff.)
Mitternacht (falls möglich): Unterwelt-Tempel und Dunkle Göttin (s. Seite 176 ff.)

ZWEITAGESZYKLUS

Morgen des ersten Tages: Der Heilige Raum und die Vier Elemente (s. oben)
Nachmittag: Grundvisualisierung der Anderswelt (s. oben)
Abend (Zwielicht): Der Umgekehrte Baum (s. oben)
Mitternacht (falls möglich): Unterwelt-Tempel und Dunkle Göttin (s. oben)
Morgen des zweiten Tages:
a) Der Heilige Raum und die Vier Elemente
b) Das aufsteigende Licht von unten (s. Seite 125 ff.)
Nachmittag: Anderswelt-Tempel und Dunkle Göttin, Suche nach Ahnenkontakt
Abend: Die Vier Städte (s. Seite 153 ff.)
Keine nächtliche Arbeit.

WOCHENZYKLUS (VOLLZEIT)

1. Heiliger Raum, Elemente, Richtungen (Vier Sitzungen,
   eine für jede Richtung wie in Abb. 2)
2. Grundvisualisierung der Anderswelt (Morgen)
   Das aufsteigende Licht von unten (Nachmittag), jede
   Phase dieser Übung der Reihe nach entwickeln.
   Der Umgekehrte Baum (Abend)
3. Heiliger Raum – Bestätigung (Morgen)
   Nicht geführte Meditation und Kontakt mit den Feenverbündeten (in der Übung vom Umgekehrten Baum
   am Vortag gefunden) (Nachmittag)
   Der Umgekehrte Baum (Wiederholung) (Abend)
4. Das aufsteigende Licht von unten (Morgen; alle Phasen entwickeln)
   Der Unterwelt-Tempel und die Dunkle Göttin (Nachmittag)
   Die Vier Städte (Abend)
   Mitternachtsmeditation im Freien (falls möglich)
5. a) Besuch eines Kraftplatzes oder eines Heiligen
   Ortes (falls möglich). Versuchen Sie, durch Visualisierung in die Stätte hineinzugelangen (s. Seite 101 ff.) (ganzer Tag)
   oder
   b) Bestätigung des Heiligen Raumes (Morgen) mit der
   Absicht, die Vier Städte mit den Vier Richtungen
   der Außenwelt zu verbinden (Nachmittag)
6. Das aufsteigende Licht von unten (Morgen)
   Die Vision von Thomas Rhymer: Improvisationen
   (s. Seite 104 ff.) (Nachmittag)
   Die Webergöttin (Abend)
7. Heiliger Raum, anschließend das aufsteigende Licht
   von unten, während der Heilige Raum geöffnet ist
   (Morgen)

Der Umgekehrte Baum (Nachmittag). Diese Visualisierung zeigt einem nun spontan einige größere Veränderungen, wenn man stille Pausen zuläßt oder die Erzählung, auf dem Hauptstrang basierend, improvisiert (s. Seite 140 ff.)

Die Vier Städte (Abend), Improvisation mit der Bewegung nach einem Grundplan wie in Abbildung 2. Abschluß mit Heiligem Raum

Mitternachtsmeditation im Freien (falls möglich)

MONATSZYKLUS

Arbeit mit den Mondphasen, immer mit dem Neumond beginnend. Man arbeitet wie folgt: Neumond / zunehmend / Vollmond / abnehmend.

Der folgende Neumond ermöglicht eine Phase der Ruhe. Man entwickelt ein eigenes Arbeitsmuster mit dem Material, das in diesem Buch angeboten wird. Wenn man nur begrenzt Zeit hat, arbeitet man jeden Tag einmal zur gleichen Zeit. Man sollte so viel wie möglich im Freien arbeiten.

JAHRESZYKLUS

Arbeit von November bis November oder von Februar bis Februar, unter Beachtung der jahreszeitlichen Feste und Mondphasen. Machen Sie sich die Richtungen in Verbindung mit den Jahreszeiten bewußt. Benutzen Sie die oben genannten Leitlinien, um bestimmte Arbeitsmuster zu entwickeln. So viel wie möglich im Freien arbeiten.

2. Hinweise für Gruppenvisualisierungen

TYPISCHE REAKTIONEN BEI EINER VISUALISIERUNG

Bei der praktischen Arbeit mit Gruppenvisualisierung ist es überaus wichtig, die Ereignisse nicht vorauszubestimmen oder festzulegen, indem man den Teilnehmern vorab sagt, was sie zu erwarten haben.

Meine Einführung in magische Visualisierungen geschah Ende der sechziger Jahre unter ganz persönlichen Umständen innerhalb der westlichen esoterischen Tradition. Gruppenvisualisierungen, Selbsterfahrungs-Workshops und ähnliche Veranstaltungen, die heute weit verbreitet sind, waren damals praktisch unbekannt. Sie hätten ohnehin gegen die strengen Regeln verstoßen, nach denen sich die Tradition lange gerichtet hatte, wobei man einem engen System ohne Öffentlichkeit oder Zugang folgte. Diese Geheimnistuerei beruhte aber eher auf Jahrhunderten der Unterdrückung als auf einer elitären Anschauungsweise. Auf einer subtileren Ebene sollte die Beschränkung der magischen Tradition auf einen kleinen Kreis ihre Energien und Werte verstärken und bewahren. Ich glaube nicht, daß dieser konservative Zugang heute noch Bedeutung hat, doch in der Vergangenheit war er zweifelsohne wichtig. Diese Beschränkungen gab es innerhalb vieler alter Traditionen, von der Feenkunde, die nur in bestimmten Familien weitergegeben wurde, bis zu magischen Gruppen und Orden mit formalen Strukturen. Diese Gruppen gehörten übrigens nicht zu jenen, die durch den modernen Journalismus oder durch Biographien am meisten bekanntgemacht wurden.

Traditionelle Schulen visionärer Erfahrung benützen übrigens, ungeachtet ihrer Ursprünge oder ihres Stils, fast immer die Technik, den Schüler unvorbereitet ins kalte Wasser zu werfen. Bei der Unterweisung in ursprünglichen Transformationstechniken wird dem Schüler in allen Teilen der Welt eine bestimmte Erfahrung vermittelt, die an sich schon die Initiation, den Beginn, bedeutet. Wenn er darauf nicht angemessen reagiert, bricht die Unterweisung hier ab. Das nächste Stadium wird gewöhnlich erreicht, indem man die richtigen Fragen stellt, beruhend auf den Erfahrungen in der Visualisierung.

In meinem eigenen Fall bedeutete dies, daß mir niemand irgendwelche Hintergrundinformationen zur Technik vermittelte, daß man mir keine Einführung in die Bildvorstellungen gab und sehr wenig »Erklärungen« nach dem Ereignis lieferte. Das scheint im Licht der heutigen Entwicklung sehr negativ, aber es war für mich die bestmögliche Einführung in die Kraft der Visualisierung, denn ich konnte nicht abstreiten, was geschehen war. Ich war ja in keiner Weise darauf vorbereitet oder konditioniert worden, bestimmte Ergebnisse zu erwarten.

Traditionellerweise ruht die Verantwortung einerseits beim Schüler, dafür, ob er nun schwimmt oder untergeht, und andererseits beim Lehrer oder Leiter der Visualisierung, dafür, das Ereignis energetisch aufzuladen und nicht für den unwissenden Schüler oder die Gruppe zurückzunehmen oder zu trivialisieren. Wenn hoch energetische Visualisierungen auf diese Weise erlebt werden, können sie die Wirkung einer Offenbarung haben, nicht nur für den bewußten Verstand, sondern auch für die subtileren

Energien und die transpersonalen Ebenen des Bewußtseins. Größere Gruppensitzungen blieben gewöhnlich erfahrenen Teilnehmern vorbehalten, und auch dann waren
es selten mehr als zehn oder zwölf Personen.

Im letzten Jahrzehnt (1980–1990) hat sich eine bedeutsame Veränderung im Potential von Gruppenarbeit
vollzogen. Ich gebe nicht vor zu wissen, wie diese Veränderung genau aussieht oder wie sie vonstatten ging, aber
das kollektive Überschreiten irgendeiner Schwelle hat
Gruppenvisualisierungen und das direkte Erleben der inneren Welten zugänglicher gemacht als je zuvor. Die
alten Traditionen verkünden oft, daß, wenn ausreichend
viele Menschen erfolgreich mit Veränderungen des Bewußtseins und der Energie arbeiten, diese Transformation
auf alle anderen übergreift. So ist es heute möglich, in
größeren Gruppen mit bestimmten Visualisierungen und
anderen Techniken zu arbeiten, wie es vor nur zwanzig
Jahren undenkbar gewesen wäre.

Ich bin übrigens kein Anhänger der begeisterten Theorie, daß diese Veränderung eine neue Stufe des mensch-
lich-spirituellen Bewußtseins anzeige und damit das neue
Zeitalter, das New Age, einläute. Ich akzeptiere lediglich,
daß es in meiner Zeit geschah, und ich begrüße es. Jedes
Jahrhundert, jedes Jahrtausend hat ein neues Zeitalter ver-
kündet … es steht immer kurz bevor. Wenn unsere Begeisterung für das New Age bedeutet, daß wir das archetypi-
sche Bild des heiligen Landes und des Planeten verwirklichen, daß wir das Licht in der Erde erkennen und manifestieren, dann soll es mir willkommen sein. Wenn es jedoch zu einer Elite- und Fluchtbewegung führt, bei der
nur die »schönen« und »spirituell entwickelten« Menschen
überleben, indem sie alles ablehnen, was nicht zu ihren
Vorstellungen paßt, dann handelt es sich um eine subtile
Form von Unterdrückung.

DER UMGEKEHRTE BAUM

(Bitte diese Anmerkung erst nach der Visualisierung lesen.)

Bei der Arbeit mit Anderswelt-Visualisierungen ergibt sich eine bemerkenswerte Konsistenz unter den verschiedenen Gruppen, ungeachtet, wo sie sich befinden und woher sie stammen. Der Umgekehrte Baum ist ein typisches Beispiel für eine Visualisierung, die ins Feenreich führt, und wir wollen hier ein paar typische Reaktionen aufführen. Wenn Sie an praktischer Arbeit beteiligt sind, sollten Sie diese Beispiele aber nicht dazu verwenden, eine Gruppe oder ein Individuum vorher damit zu beeinflussen.

1. Der Umgekehrte Baum: Dieses Bild ist für manchen schwierig, aber es handelt sich um den Schlüssel zu dieser Erfahrung. Der paradoxe Aspekt ermöglicht viele der folgenden Transformationen und Erfahrungen. Die häufigste Bemerkung dazu ist, daß man nicht sicher sei, ob man den Baum mit dem Kopf oder den Füßen voran besteigen soll.
2. Viele Teilnehmer berichten, daß sich ihre Kleidung und sogar ihr Aussehen verändere, wenn sie den Baum hinabsteigen. Das geschah spontan bei verschiedenen Gruppen und scheint eine unabhängige Transformation zu sein, die ich nicht in die Visualisierung eingebaut hatte. Ich war mir dessen nicht bewußt gewesen, habe aber gemerkt, daß es sich um eine bedeutsame Transformation handelt. Interessanterweise berichteten diejenigen, die angaben, ihre Kleidung und ihr Aussehen verändere sich beim Abstieg durch den Baum, auch von einer umgekehrten Veränderung zur ge-

wöhnlichen Erscheinung, während sie wieder hinauf in die Menschenwelt kletterten.

3. Die Erfahrung, daß man rasch über die Grasebene geht, scheint einheitlich, doch manche Menschen stellen fest, daß sie mit besonders großer Geschwindigkeit reisen und einzelne Aspekte der Visualisierung bereits vor den anderen erleben. Dieses Vorgreifen, wobei man Visualisierungen erlebt, ehe sie verbalisiert sind, kann bei jeder Etappe der Reise geschehen.

4. Der Hügel: Generell wird der Hügel von allen Teilnehmern wie in der Vision beschrieben gesehen, aber gelegentlich sehen Teilnehmer nicht diesen Berg, sondern einen anderen, bestimmten Ort, wie einen heiligen Hügel oder eine Feenstätte, die ihnen bekannt ist. Oft scheint es ein überraschender Ort zu sein, obwohl er nicht notwendigerweise eine bekannte Stätte sein muß ... aber auch das kommt vor.

5. Der Wächter: Der Wächter erscheint jedem verschieden. Anfänglich habe ich mit der Beschreibung eines Feenkriegers gearbeitet, aber so viele Teilnehmer sahen etwas anderes, daß es angemessen erschien, diesen Teil der Sequenz der unabhängigen Vision zu überlassen. Einige sahen einen Türsteher oder Wächter, und als ich den Feenkrieger beschrieb, reichte der erste Wächter sie an diese festgelegte Gestalt weiter. In anderen Fällen wich er im Aussehen völlig von meiner Beschreibung ab und konnte nicht damit vereinbart werden. Gewöhnlich entstammt der Wächter der Feentradition, aber es gibt Ausnahmen. Manchmal bringt man den Wächter oder Türsteher mit einer bestimmten Stätte in Verbindung. Ein ungewöhnliches Beispiel trug sich in Irland zu, wo ein Teilnehmer den heiligen Patrick als Türsteher zum Tor in den Feenhügel sah und den Hügel selbst als einen mit Patrick

verbundenen heiligen Berg, zu dem immer noch Pilgerfahrten unternommen werden. Seltsamerweise hieß der Heilige den Reisenden willkommen und erlaubte ihm, die Feenhalle zu betreten ... das hätte ich von einer so orthodoxen und antiheidnischen Gestalt der christlichen Kirche nicht erwartet.

6. In der Halle: Hier beginnt die Begegnung, und an diesem Punkt sehen viele Teilnehmer bereits Dinge, die erst später in der Erzählung folgen; andere haben eine völlig unabhängige Erfahrung, sobald sie die Halle betreten. Beim Anblick der Feengastgeber sehen viele eine Reihe verschiedener Wesen, einige menschlich, andere eindeutig nicht. Typische Berichte sprechen von einem deutlichen Gefühl, daß einige der Anwesenden unseren Besuch begrüßen, während andere sich eindeutig dagegenstellen.

BEISPIELE FÜR BEGEGNUNGEN

Meine Erfahrung nach ausgiebiger Gruppenarbeit ist, daß fast jeder einen Feengefährten oder Verbündeten trifft. Die Visualisierung auf Seite 140 ff. ist ein Beispiel dafür, wie man dazu gelangt. Bei dieser Vision betreten wir eine Feenhalle, und dabei bieten sich potentielle Verbündete an, mit uns zwischen den Welten zu arbeiten; uns wird erlaubt, uns zwischen drei Gefährten zu entscheiden, die vortreten. Wir dürfen aber nicht willkürlich aus der Feenschar selbst wählen. Einige Teilnehmer wählen allerdings weder den ersten noch den zweiten oder dritten potentiellen Verbündeten.

Es scheint, daß der erste Gefährte oft von sehr angenehmem Wesen ist, während der zweite und dritte eher den eigenen Fähigkeiten oder Bedürfnissen entsprechen.

Ein typisches Beispiel ist Mary, der sich ein schöner junger Dichter mit langem, fließendem Goldhaar anbot, der auf einer kleinen Harfe spielte. Sie war sich nicht sicher über diesen Gefährten, denn sie fand ihn zu schön, und da trat ein stiller, dunkelhaariger Mann hinter ihm hervor und sagte: »Nimm mich, ich bin ein Gärtner und kann dir mit deinem Land viel mehr nützen.«

Brian begegnete einer Gruppe sehr verschiedenartig aussehender Wesen, die ihn verspotteten. Schließlich legte ein riesiger Krieger seinen Arm um Brians Schultern und brüllte: »Nimm mich mit ... oder hast du Angst, daß die Leute dich für eine Fee (schwul) halten, wenn wir wieder da oben sind?« Dieser Vorfall erscheint vielleicht frivol, aber Brian hatte eine Arbeitsstelle, bei der er gelegentlich in Gefahr stand, physisch angegriffen zu werden, und daher bot sich ein Krieger als Feengefährte an.

Wir müssen dabei in Erinnerung behalten, daß es sich hier nicht um psychologische Assoziationen oder Träume handelt, sondern um echte, unabhängige Wesen, die sich unserer kreativen Vision darstellen.

Ein drittes persönliches Beispiel von jemandem, den wir Maud nennen wollen, ist komplexerer Natur. Sie war sich von Anfang an sicher, daß sie niemanden akzeptieren wollte und daß sich ihr in der Feenhalle daher auch niemand zum Gefährten anbieten würde. Zu ihrer Überraschung traten aber zwei Menschenwesen vor, ein Mann und eine Frau. Sie waren von reifem Alter und trugen weiße und rote Roben. Sie baten sie, sie mit aus dem Feenreich in die Oberwelt zu nehmen. Sie weigerte sich, und wieder baten sie sie. Schließlich traten sie zurück und dafür kam eine große, schlanke grüne Frau mit schrägen Augen, eines der Feenwesen, von denen man häufig hört. Diese Feenfrau sagte: »Nimm mich statt dessen, ich heiße Lilith.« Maud weigerte sich aber weiter.

Diese grünen Feenwesen, die groß und dünn sind, schräge Augen und sehr schöne Gesichtszüge haben, sind alte, traditionelle Wesenheiten und stehen oft mit dem Pflanzenreich auf unserer Welt in Verbindung. Sie sind besonders geschickt darin, kreative und sexuelle Energien untereinander und mit Menschen auszutauschen. Es heißt, daß sie gefährlich werden können, wenn man sie beleidigt, mißhandelt oder irgendwie ihren Zorn erregt. Sie ähneln in gewisser Weise den Waldnymphen, von denen in der klassischen Tradition berichtet wird; dabei handelt es sich aber nicht um hübsche, kleine Naturgeister, sondern um Gestalten furchteinflößender Frauen mit ungeheurem Appetit auf Liebe, fähig, viel zu geben, aber auch dem menschlichen Gefährten alles zu nehmen. Sie schützen versessen ihre Baumgestalten.

Daß eine Feenfrau sich Lilith nennt, hängt mit einem alten Mythos von Adams erster Frau zusammen, Lilith, einer Naturgöttin, die zu wild und unkontrollierbar für die patriarchalischen Juden und ihre christlichen Erben war und die man daher aus den orthodoxen Büchern gestrichen hat. (Das Motiv von Adam, Eva, Lilith und dem Feenreich taucht auch in einer Visualisierung von Colonel Seymour auf, einem der Pioniere bei der Wiederbelebung keltischer und westlicher Magie Anfang dieses Jahrhunderts.[20])

Als Mauds Erlebnis beschrieben wurde, hatten mehrere Teilnehmer wie ich den Eindruck, daß die ersten beiden Leute Ahnenkontakte waren, doch andere (wie auch Maud) hielten sie für Menschen, die im Feenreich gefangen waren. Sie hatte nicht die Verantwortung dafür übernehmen wollen, sie herauszubringen. Der Kern der Sache ist wohl, von einem theoretischen, nicht einem ethischen Standpunkt aus, daß sie sich menschlichen oder Ahnenkontakten verweigerte und so in Kontakt zu einer reinen Fee geriet.

3. Die sechs Gefährten

In der umfangreichen Sammlung von Sagen und Volks-
märchen (heute locker unter dem Begriff Märchen zu-
sammengefaßt), die im neunzehnten Jahrhundert von
den Gebrüdern Grimm in Deutschland und Dänemark
zusammengetragen wurde, gibt es eine mit dem Titel
Die sechs Diener. Dieses Motiv findet man in der ganzen
Welt in verschiedenen Varianten. Es geht um einen
Mann oder eine Frau, die sechs übernatürliche Gefährten, Verbündete oder Helfer gewinnen. Das Märchen
von den sechs Dienern vermittelt uns einen Einblick in
die Vorteile, die ein Feengefährte denen bringt, die reinen Herzens sind. Wir können hier nur eine knappe Zusammenfassung der Geschichte geben, doch man findet
sie in verschiedener Form in vielen Sammlungen euro-
päischer Märchen, darunter auch in der Grimmschen
Sammlung.

Ein junger Mann (ein Prinz) verliebt sich in die Tochter
einer bösen Zauberin, die die Werber ihrer Tochter köpfen läßt, wenn sie die von ihr auferlegte Prüfung nicht
bestehen. Der Prinz ist sieben Jahre krank, weil sein
Vater ihm verbietet, an den Hof der Zauberin zu gehen.
Schließlich gibt der Vater nach, und der junge Mann begegnet auf dem Weg zum Schloß der Zauberin sechs
Gefährten, die sich anbieten, ihm zu Diensten zu sein. Es
handelt sich um höchst ungewöhnliche Wesen.

Der erste ist von ungeheurer Körpergröße und hat

grenzenlosen Appetit. Der zweite kann alles hören, was in der Welt vor sich geht; er hört sogar das Gras wachsen. Der dritte ist sehr lang und kann sich dreitausendmal länger machen als der höchste Berg. Der vierte muß seine Augen bedecken, denn die Kraft seines Blicks zerstört alles. Der fünfte wird immer kälter, wenn das Wetter heiß wird ... auf einer Eisscholle kann er vor Hitze kaum noch atmen; in einem Feuerofen dagegen friert er bitterlich. Der sechste hat einen langen Hals und scharfe Augen, so daß er bis ans Ende der Welt sehen kann. Diese Wesen helfen dem jungen Mann, seine Liebste zu erringen, indem sie ihre besonderen Fähigkeiten einsetzen, so daß er die Prüfungen und die Tricks der Zauberin besteht. (Bitte lesen Sie den Rest der Geschichte selbst.)

Diese sechs Gefährten oder Diener sind typische Vertreter von Feenordnungen, wie sie häufig geschildert werden. Vier passen zu Robert Kirks Beschreibung der Feentradition im Schottland des siebzehnten Jahrhunderts: der Vielesser, der mit dem zerstörenden Blick, der mit der Kraft der Gegensätze (kalt, wenn es heiß ist, heiß, wenn es kalt ist, Winter, wenn Sommer herrscht, usw.) und natürlich der Weitsichtige.

In der Feenmagie und der Anderswelt-Tradition des nord- und westeuropäischen Schamanentums suchte man häufig solche Verbündete. Im Märchen widmen sie sich immer einer guten Sache, wie der eines jungen Mannes, der seine Liebste gegen die Macht einer Zauberin gewinnen will. Sobald er und seine Liebste heiraten, verabschieden sich die Gefährten »an der Kirchentür«, weil sie meinen, er brauche sie nun nicht mehr. Das ist eine typische Erscheinung: Die Gefährten tauchen von sich aus auf dem Weg auf, den der junge Mann einschlug, obwohl er wußte, daß das Abenteuer vielleicht zum Tod führen würde. Sie helfen ihm durch viele Prüfungen und Versuchungen, und wenn er seine Liebste heiratet, gehen sie wieder.

Auf der tiefsten Ebene repräsentiert diese Geschichte ein spirituelles Drama der Seele, bei dem es um die harmonische Partnerschaft von maskulinen und femininen Kräften geht. Man kann sie als Einweihungsdrama betrachten (der Weg zum möglichen Tod, die Gewinnung übernatürlicher Verbündeter, die Prüfungen der Dunklen Mutter, die Befreiung der Liebsten und die Vermählung der Gegensätze). Die Vereinigung von Männlich und Weiblich hat zur Folge, daß die Gefährten gehen, denn daraufhin vollzieht sich ein neuer Zyklus der Verwirklichung.

4. Die Vision von Thomas Rhymer

(aus dem Buch *The Underworld-Initiation*)

Thomas Rhymer, auch als Lord Learmont, Thomas von Ercledoune und »Der wahre Thomas« bekannt, lebte im dreizehnten Jahrhundert. Er ist eine äußerst wichtige Gestalt für die Darlegung der verborgenen Traditionen und eine von mehreren historischen Personen, die man als die »Gerechten« bezeichnen kann. Diese Menschen sind nicht notwendigerweise durch irgendeine Bruderschaft miteinander verbunden, ganz zu schweigen von dem Unsinn eines »Geheimordens«, den man in den letzten Jahren in der Öffentlichkeit verbreitete. Sie sind jedoch zu allen Zeiten durch einen gemeinsamen Zweck und symbolische Weisheit verbunden gewesen.

In Begriffen der Magie ausgedrückt, handelt es sich bei ihnen um Propheten und Lehrmeister der geheimen Tradition, und so existieren sie metaphysisch gesehen als einheitliche Bewußtseinsgruppe, die sich durch bestimmte Mitglieder im Verlauf der Zeit verschieden ausgedrückt hat. Aktive Magiegruppen, die echte mündliche Überlieferungen benutzen, haben die verschiedensten innerweltlichen Kontakte, von denen sie behaupten, daß sie zu einer solchen Bewußtseinsgruppe gehören. Es handelt sich aber nicht um mysteriöse Unsterbliche, die in völliger Abgeschiedenheit in den Anden oder auf dem Mars leben, sondern um den bewußten Widerhall bestimmter fortgeschrittener Seelen, die sich mit den Problemen und der spirituellen Entwicklung jener befassen, die in der äußeren Welt ihre Kinder sind.

Ob man diese eher obskure Theorie akzeptiert oder nicht, ist gleichgültig, denn es gibt sogar innerhalb der engen Grenzen der britischen Tradition genügend historische »Gerechte«, und sie haben Worte, Lieder, Gedichte und Musik hinterlassen, durch die diejenigen, die in ihren Fußstapfen durch die Anderswelt folgen, geleitet werden können.

Zu diesen gehören auch der Geistliche Robert Kirk von Aberfoyle, Geoffrey von Monmouth und der anonyme Verfasser der Gralslegende; in moderneren Zeiten können wir George MacDonald und Charles Williams dazu zählen.

Nicht alle Metaphysiker, Philosophen oder heiligen Männer gehören dieser Gruppe an, denn nicht alle Weisheit wird durch die Anderswelt erlangt. Der Leser sollte inzwischen mit den Kennzeichen der Anderswelt vertraut sein, wie sie hier beschrieben wurden, und kann dann die Hinweise in den Werken der großen Denker und Metaphysiker finden. Man wird überrascht das Fehlen solcher Hinweise in den Werken von offensichtlich berühmten Vertretern der westlichen Religion, Ethik und Philosophie feststellen.

Thomas von Ercledoune war schon zu seinen Lebzeiten (in seinem Heimatland) als Prophet berühmt, und gedruckte Versionen seiner präzisen Vorhersagen kursierten nach seinem Tode, manche noch bis ins neunzehnte Jahrhundert hinein. Seine Prävision war Folge einer Anderswelt-Initiation, die er durch seine Beziehung zur Feenkönigin erhielt; beschrieben sind diese Dinge in dem Gedicht und in den berühmten alten Balladen, die seinen Namen tragen.

Thomas soll auch Autor der frühesten Version von *Tristram und Iseult* gewesen sein, und man kann mit Recht behaupten, daß er weitreichende Wirkungen auf die Literatur und die allgemeine Vorstellungswelt der letzten siebenhundert Jahre gehabt hat. Im neunzehnten Jahrhundert bewirkten seine veröffentlichten Prophezeiungen, daß die Engländer vor einer bevorstehenden Katastrophe in die Berge flohen – doch diese ereignete sich nicht, im Gegensatz zu manchen anderen, sehr genauen Vorhersagen.

Thomas lebte zur Zeit von Robert the Bruce und William Wallace, mit denen er in Verbindung stand. Er soll ein nationalistischer Agent gewesen sein. Diese politische Rolle eines Magiers findet sich im Verlauf der Geschichte sehr oft. Während der blutigen Plünderung Schottlands durch Edward I. scheint Thomas ein aktiver Reisender und Seher für die nationalistische Sache gewesen zu sein.

Es gibt zwei Versionen von seinem Tod. Der ersten zufolge wurde er aus politischen Gründen von den Anhängern des Earls von March ermordet, wobei er seinen Tod genau voraussah. Der zweiten nach lebt er weiter im Innern der Eildon-Berge in seiner Heimatgegend. Wie Merlin oder Arthur trägt Thomas den Mantel eines Nationalhelden, der gleichzeitig auf einen tiefgehenden, starken Mythos ausgerichtet ist. In ihm sind Politik und Magie miteinander verwoben.

Das große Anwesen Ercledoune wurde von Thomas' Sohn der Kirche vererbt. Dieser hieß ebenfalls Thomas und erfüllte damit eine Vorhersage. Den magischen Weißdornbaum aus Thomas' Geschichte gab es bis 1814, als er von einem Sturm entwurzelt wurde. Die Leute von Earlston am Leader, etwa 35 Meilen von Edinburgh entfernt, versuchten natürlich, ihn wiederzubeleben, indem sie

Whiskey auf die Wurzeln gossen, aber es nützte nichts. Thomas hatte prophezeit: »Solange der Dornbaum steht, wird Ercledoune sein Land behalten.« Im gleichen Jahr, 600 Jahre nach diesen Worten, ereigneten sich in der Gegend mehrere finanzielle Katastrophen, und das Land wurde verkauft, um die Schulden zu bezahlen.

William Shakespeare war nicht nur mit der *History of the Kings of Britain* vertraut, der magischen Geschichte, die Geoffrey von Monmouth beschrieb, sondern auch mit den Prophezeiungen von Thomas Rhymer. In seinem Drama *Macbeth* findet sich eine eindeutige Adaption von einem von Thomas' Versen. Dieser lautet im Original:

> Fedderate Castle shall ne'er be ta'en
> Till Fyvie wood to the seige is gaen.*

Diese Zeilen wurden von Shakespeare auf das Schloß Dunsinane gemünzt, doch sie sollten sich erst als wahr erweisen, als ein Jahrhundert später die Truppen von Wilhelm von Oranien aus Fyvie-Holz Schlachtrammen anfertigten und das bislang uneroberte Schloß von Fedderate erstürmten.

Wie Merlin, Nostradamus oder der Seher von Brahan hat Thomas eine Reihe von Prophezeiungen als Beweis seiner Initiation hinterlassen. Wie bei vielen Prophezeiungen sind einige unverständlich, andere haben sich als zuverlässig erwiesen, aber die kindischen Ansprüche an deren Genauigkeit zur Rechtfertigung der andersweltlichen Mächte übersehen die grundsätzliche Bedeutung von Menschen wie Thomas.

---

* dt. Übersetzung:
  Fedderate Castle wird nicht eher erobert,
  als bis der Fyvie-Wald sich zur Belagerung erhebt.

THOMAS THE RHYMER

Viele magische Balladen bestehen aus Handlung oder Handlungen, die mit visionären Strophen verbunden sind, doch die traditionellen Versionen von *Thomas Rhymer* bestehen nur aus einer Reihe von miteinander verbundenen Visionen, die Teile einer einzigen Vision und Initiationssequenz sind. Da es sich bei diesem Text um einen Hauptschlüssel zur Anderswelt-Reise handelt, ist er einer sorgfältigen Untersuchung und Erklärung wert und lohnt auch vertiefte Meditation und die Anwendung in Visualisierungen. Es gibt einen langen, komplexen Text, in dem viele der Elemente, wie der Garten, die Frucht, die Anderswelt und verwandte Symbole auf konventionelle Weise ausgeschmückt sind. Doch wir wollen uns hier nur mit den Versionen befassen, die mündlich überliefert wurden.

Die Handlung hat sieben bestimmte Abschnitte:

1. Die Vision der Königin von Elfland.
2. Die Reise durch die Anderswelt.
3. Die Vision vom Baum.
4. Das Ritual von Brot und Wein.
5. Die Vision von den drei Wegen.
6. Der Schwur zum Schweigen.
7. Die Rückkehr zur Oberen Welt.

In manchen Versionen sind die Abschnitte anders angeordnet, andere wiederum geben uns eine Beschreibung vom Elfenland und damit verbundenes Material, aber die oben genannte Folge, die der traditionellen, ursprünglichen Ballade entstammt (vgl. Seite 105 ff.), stellt die korrekte magische Abfolge der Ereignisse dar.

Die Vision von der Königin von Elfland (Verse 1–6)

Der Seher oder Träumer liegt auf einem Wiesenhang unter einem Weißdornbusch. Dieser Dornbusch, der auf einem Wiesenhang wächst, ist der Baum der Initiation oder des Beginns.

Es handelt sich um den Baum, der in frühen Legenden als zur Hälfte aus lebendigen grünen Blättern und zur Hälfte aus Flammen bestehend beschrieben wird, vertikal geteilt, wie in der Vision des Ritters Peredur.

Der Dornbusch ist einer der drei heiligen Bäume der mündlichen Überlieferung, Eiche, Esche und Weißdorn, zu denen man andere Bäume aus alten Sagen hinzufügen kann. Diese Triade ist jedoch äußerst wichtig in Verbindung mit den drei Anderswelt-Bäumen. Der Dornbusch steht am Tor zwischen den Welten, er hat Verbindung zu Maizeremonien, er bringt Pech, wenn man ihn zur falschen Zeit pflückt, und er symbolisiert die Verbindung von schönen Blüten und schmerzhaften Dornen. Der Weißdorn trägt übrigens auch Früchte, die früher gepflückt und verarbeitet wurden. Wie die Rose trägt er Blüten, Dornen und Früchte und zeigt damit in der Natur die drei Stadien der Transformation: Versprechen, Schmerz und Erfüllung. In der Ballade von *Tam Lin* ruft die schöne Janet Tam aus dem Feenland, indem sie Rosen pflückt und Dornen bricht. Wir können den Weißdorn und die Rose als identische Symbole betrachten und sie im weiteren mit der Dornenkrone der Kreuzigung gleichsetzen.

Die Eiche ist der Baum der Wächter und der Geopferten. In traditionellen magischen Visionen ist der Weg in die Anderswelt oder zum Gralsschloß oft durch eine kleine Eichentür mit einem eingeritzten Symbol gekennzeichnet. In einigen Versionen der Vision ist der

Paradiesgarten oder der Apfelbaum auf dem Berg von einem Kreis aus Eichen umgeben. Den männlichen Wächter trifft man oft unter einem Eichenbaum, doch jene, die wie Thomas von Ercledoune gesegnet sind, werden von der Königin von Elfland direkt zur Frucht geführt.

Die Esche, die traditionellerweise für Thronsessel, Speere und Hochseeschiffe benutzt wird, kann man mit dem dritten Baum der Anderswelt in Beziehung setzen, dem der Vermittlung.

Das Thema der Baumsymbolik stellt ein sehr weites, komplexes Feld dar, das mit dem hier behandelten Thema nicht in direktem Zusammenhang steht, doch als ernsthafter Schüler oder Forscher sollte man alte Volksweisheiten über Bäume eingehend studieren. Eine genaue Untersuchung alter, mündlich überlieferter Baumkunde ist jedoch keine Voraussetzung für praktische Magie, und wieder müssen wir betonen, daß die Grundmuster der Initiation weit wichtiger sind als irgendwelche gelehrten oder poetischen Erkenntnisse über Bäume.

Thomas Ercledoune schläft jedenfalls noch unter dem Weißdorn. Dann sieht er eine »schöne Frau« auf ihn zureiten. Sie ist grün gekleidet, reitet ein Pferd, und am Zügel hängen Silberglöckchen. Sie ist eine Naturkraft, die Isis der Alten. Thomas spricht sie irrtümlicherweise als »Höchste«, also als Himmelskönigin an, und sie verbessert ihn sogleich.

Diese scheinbar triviale Verwechslung ist ein sehr wichtiger magischer Hinweis, denn darin enthüllen sich wichtige Gesetzmäßigkeiten und Kräfte. Zunächst einmal neigt der menschliche Magier oder Initiierte, ob männlich oder weiblich, leicht dazu, die innerweltlichen Mächte zu verwechseln. Die meisten modernen Okkultisten sind so überrascht, wenn sie tatsächlich ein Wesen kontaktieren, daß sie unweigerlich die Anrede verwechseln. Die Ballade lehrt uns zwei wichtige Regeln oder Gesetze:

- Verwechsle nicht die Kräfte miteinander.
- Die Kräfte selbst sagen dir, wer oder was sie sind.

Nach der ersten Regel reagiert eine Macht oder ein Wesen nur, wenn man es angemessen anredet, wenn man den Namen weiß. Ungenaue Kenntnis eines Innenwelt-Wesens führt zu fehlerhaften Antworten und Energien im Initiierten. Es geht dabei nicht darum, daß Wesen durch den richtigen Namen »gezwungen« werden, »wohltätig« zu reagieren; das ist kindisches, ignorantes Geschwätz. Die Wesen sind sich selbst treu. Aber unser Verständnis und die Kanalisierung dieses Wesens funktionieren nur entsprechend unserem Bewußtsein und durch unseren Körper. Wenn wir eine Macht falsch benutzen (mit falschem Namen ansprechen, als einen Gott verehren, zu falschen Zwecken benutzen), verzerrt sich etwas in unserer eigenen Matrix aus Körper und Bewußtsein. Die Königin, die sich Thomas nähert, ist die Königin von Elfland, und sie sagt ihm ganz genau, daß sie nicht die Königin des Himmels ist.

Sie ist vielmehr eine andersweltliche oder unterirdische Macht, die sich in der Oberwelt als Wachstum manifestiert, angedeutet durch ihren grünen Rock, als sexuelle Anziehungskraft des Körpers, symbolisiert durch das Pferd, und als die Kraft des Rufens und Bannens, symbolisiert durch die silbernen Glöckchen. Diese Glocken, die man mit dem alten Sistrum der Mysterien gleichsetzen kann, kommen in der traditionellen Feenkunde oft vor und stehen in Verbindung mit Bewegung, Wind, Geschwindigkeit und Erregung.

Die zweite Regel beruht einerseits auf gesundem

Menschenverstand, denn die Anderswelt-Wesen erklären sich selbst durch ihre symbolische Erscheinung. Die Tradition gibt einem allerdings zusätzlich durch Geschichten, Lieder und Dramen, die sich im allgemeinen Bewußtsein gehalten haben, bestimmte Schlüssel und Regeln an die Hand. Es ist sehr wichtig, die Fallstricke der psychologischen und symbolischen Modelle zu vermeiden, mit denen alle Aspekte eines Traums oder einer Vision in intellektuell vorgepreßte Schablonen gezwängt werden, um sie zu etikettieren und auf alle Zeiten starr zu bewahren. Es sind aber durchaus nicht alle Symbole mit jedem beliebigen Teil der Psyche und des Universums verbunden, und sowohl das psychologisch-materialistische Modell wie auch das religiös-vereinheitlichende, die in unserer Kultur vorherrschen, können durch ihren inneren Richtungsmangel große Schäden anrichten.

Es ist richtig, daß die verschiedenen symbolischen Wesenheiten miteinander verschmelzen, aber das geschieht nur durch Transformation innerhalb des Bewußtseins. Mit anderen Worten, wir müssen uns bewußt und mit vollem Verstehen ändern, ehe die Verbindungen zwischen den verschiedenen Schlüsseln und Toren aktiv werden. Bei magischer Arbeit muß man mit jedem Innenwelt-Wesen entsprechend seiner wahren Erscheinung und Natur umgehen, und die Mächte des einen Reiches oder der einen Welt sollte man nicht mit den Regeln einer anderen betrachten. Wir werden bald sehen, daß die Königin von Elfland zur Himmelskönigin werden kann, aber nicht für unsere erste, begrenzte Wahrnehmung.

Thomas muß mit der Königin ziehen – er hat sie von unten heraufbeschworen und ihren wahren Namen und ihr Wesen erkannt. In einigen Versionen der Geschichte umarmen sie einander unter dem Baum. Der Seher hat die innere Kraft erweckt, und nun reißt sie ihn mit sich. Daß diese Kraft ausdrücklich mit sexueller Erregung zu tun hat, ist kein bloßer Zufall, sondern die praktische Nutzung der inneren Lebensenergien zu bestimmten Zwecken.

Thomas ist auf sieben Jahre an die Königin gebunden (ein Zeitraum, der in den Balladen häufig in Verbindung mit Schwüren vorkommt und mit dem alten Brauch der Ehe auf Probe zu tun hat, der aus vorchristlichen Kulturen stammt und auf inneren oder magischen Gesetzen beruht). Wir finden das gleiche Muster in der Ballade von Lord Bateman, die ein ähnliches Handlungsmuster bietet.

Thomas schwingt sich auf das weiße Pferd, und zusammen reiten sie davon, »wie der Wind«.

Damit ist das erste Stadium der Vision abgeschlossen und leitet über zur:

Reise durch die Unterwelt (Verse 7–8)

Das Zauberpferd reitet auf direktem Weg in die Anderswelt, in der man weder Mond noch Sonne sieht. Die auferweckte Kraft wird nach unten gerichtet, und die Vorstellungskraft des Sehers oder Initiaten sieht einen Strom aus Blut und ein tosendes Meer. Er wandert dabei nicht frei durch dieses mächtige Reich, sondern befindet sich unter der Führung der Königin von Elfland, der er einen Schwur geleistet hat.

Wir finden den Strom aus Blut und das tosende Meer auch in anderem Kontext. Sie repräsentieren den eigenen Blutstrom und den Bewußtseinsstrom. Ströme, die man hier zum ersten Mal mit den größeren Blut- und Wasserströmen der geschaffenen Natur identifiziert.

Jeder in Meditation einigermaßen Erfahrene kann das Geräusch des tosenden Meeres bestätigen, denn es ist eine eindeutige, häufige Erfahrung, ein innerer Laut, den man in bestimmten Stadien der Meditation hört. Auf einer Anderswelt-Reise erlebt man auch tiefergehende Aspekte des Meeres und des Blutes, und diese sind gewöhnlich nicht mit den üblichen Meditationsmethoden erreichbar.

Diese Erfahrung dauert für Thomas vierzig Tage und Nächte, und sie tauchen auf der anderen Seite wieder auf und reiten weiter, bis sie zu einem Garten mit einem Baum gelangen.

Die Vision des Baums (Vers 8–9)

Nun kommen Thomas und die Königin von Elfland zum zweiten Baum. Sie sind nach unten gelangt, sind durch einen Strom aus Blut gewatet, haben das Tosen des Meeres gehört und sind weitergeritten zum Apfel- oder Obstbaum, der in der Mitte der Anderswelt steht. Es handelt sich um den Baum der Verwandlung, wie Thomas bald herausfinden wird.

Die Frucht ist gewöhnlich ein Apfel, in manchen Versionen ist es auch ein Baum mit verschiedenen Früchten, wie etwa in den alten irischen Legenden. Wir gelangen nun zu der wahren Sequenz vom Geben und Nehmen der Frucht, die, wie wir wohl wissen, in den orthodox-christlichen Versionen vom Paradiesgarten korrumpiert wurde.

Thomas sieht die Frucht in ihrer reinen, unveränderten Form, wie sie im Herzen der Anderswelt wächst. Er begreift die Energien und die Mächte, die die Schöpfung zusammenhalten, und er ist auf dem Zauberpferd, geleitet von seiner Partnerin, der Königin von Elfland, direkt zu dieser Phase gereist. Da er keinen Wächter getroffen hat, nicht gefangengenommen wurde, keine Rätsel zu lösen hatte und nicht kämpfen mußte, können wir annehmen, daß seine Vision das Leitmuster für Menschen ist, die diese Prozesse bereits durchlaufen haben.

Wenn Thomas zum Beispiel versucht hätte, die Frucht zu pflücken und zu essen, wäre der Wächter herbeigerufen worden. Aber Thomas begreift das wahre Wesen seines Abenteuers und bietet an, die Frucht als Geschenk für die Königin von Elfland zu pflücken. Dieses einfache Opfer und diese Intention ermöglichen es Thomas, seine Reise ungehindert fortzusetzen, und darüber hinaus transformiert dieses Angebot sowohl *ihn als auch die Königin.*

Das Ritual von Brot und Wein (Verse 9–11)

Sie rät ihm, die Frucht nicht zu berühren, denn sie enthält alles Böse, alle Plagen der Hölle. Die Frucht bedeutet im Rohzustand das reine Gift. Dieser Rat ist einem früheren Hinweis ähnlich (der im vorliegenden Text ausgelassen ist), daß der Strom aus Blut alles Blut enthält, das in der Menschenwelt vergossen wird.

Die Königin hat jedoch einen Laib Brot und eine Flasche mit rotem Wein, die sie Thomas statt dessen anbietet. Sie reagiert also mit einem Gegengeschenk, und dies ist die verwandelte Frucht. Bei der christlichen wie auch bei der heidnischen Messe ist das Brot der Leib, der Wein das Blut. Beide wurden aus der ursprünglichen Frucht verwandelt.

Wenn Thomas von der rohen Frucht gegessen hätte, wäre er vergiftet worden. Aus diesem Grund steht der

Wächter vor dem Baum. Wenn man an diesem Wächter vorbeigelangt ist, muß die Frucht der Königin angeboten werden, die sie daraufhin in Brot und Wein verwandeln kann und sich selbst in eine tiefere Manifestation der göttlichen Kraft.

Es wäre falsch, diese symbolische Sequenz für eine »Christianisierung« eines heidnischen Paradiesmythos zu halten. Die Abfolge ist genau und sehr bestimmt, und der Unterschied zwischen den heidnischen und christlichen Aspekten des Mysteriums ist eng mit dem »Abstieg in die Hölle« durch Christus verbunden, die es dem menschlichen Eingeweihten ermöglicht, sich in Seinem Namen frei hin- und herzubewegen.

Sobald Thomas die verwandelte Frucht genossen hat, die ihm die Königin reicht, hat er in Wirklichkeit die Frucht auf dem Baum *ersetzt* – indem er sie verspeist und in seine eigene Wesenheit aufnimmt. Dies ist eine so bedeutsame Handlung, daß sie weiterer Betrachtung wert ist.

Thomas darf die Frucht nicht pflücken, denn sie enthält alles Böse, alle Plagen der Hölle, alles Unglück von Männern und Frauen (in einigen Versionen). Er bietet an, sie für die Königin von Elfland zu pflücken, und sie reagiert, indem sie ihm Brot und Wein anbietet. Wenn wir uns diesen Teil der Vision in allen Einzelheiten ansehen, erkennen wir, daß Thomas die Frucht nicht wirklich pflückt, sondern nur bereit ist, dieses Opfer ohne Bedingungen zu bringen, dies aber nicht zu tun braucht. Die Implikation ist, daß diese magische Handlung der geringere Teil eines größeren oder spirituellen Opfers ist, das jeder Mensch bringen muß.

Thomas erreicht den Baum der Verwandlung, doch dann ist die vergiftete Frucht ein tiefergehender Aspekt seiner eigenen Erregung, seines Feuers, der Kraft, die ihn durch die Anderswelt geführt hat. Er sieht sie als Teil von und in Verbindung mit den Kräften der Schöpfung, die sich als *Formen* in der äußeren oder oberen Welt ausdrücken. Er steht nun vor der *Kraft,* den Mächten hinter der äußeren Form, und muß diese an ihren richtigen Platz und in den rechten Handlungszusammenhang stellen. Dies repräsentiert die Königin von Elfland.

Wir könnten sagen, daß die Frucht in diesem Stadium vom Baum verschwindet, weil er sie selbstlos anbietet. Sie taucht im Schoß der Königin als Brot und Wein wieder auf, das sie ihm anbietet mit dem Vorschlag, nun auf der Reise eine Pause einzulegen. Die komplette Reise ist noch nicht zu Ende, aber der Reisende darf sich ausruhen und an dem Ritual der Transformation unter dem Baum teilhaben.

Wenn Thomas ißt und trinkt, *re-transformiert* er die Elemente, indem er sie in seine Wesenheit aufnimmt. Das ist das letzte Stadium des Zentralprozesses, denn hier erscheint die Frucht wieder am Baum. Thomas hat tatsächlich die Frucht verwandelt, denn *sie taucht an einer anderen Stelle am Baum wieder auf.*

Die gesamte Sequenz hat mit Polarität und Katalyse zu tun. Nur wenn man sie sorgfältig und meditativ betrachtet, werden sich alle Einsichten enthüllen.

Die Vision von den drei Wegen (Verse 11–14)

Sobald Thomas die Elemente von Brot und Wein zu sich genommen hat, ruht er mit dem Kopf auf den Knien oder im Schoß der Königin von Elfland. Er hat sich mit ihr in Vertrautheit verbunden, und dies ist eine Parallele zu den vorhergegangenen sexuellen Implikationen ihrer Schwüre und Umarmungen, obwohl an dieser Stelle die

Vorstellung von körperlicher Befriedigung in einen Austausch von Geschenken und eine gemeinsame Reise und Vision verwandelt wurde.

Sie zeigt ihm »drei Wunder«, eine Vision in der Vision und das letzte Stadium der Reise. Er könnte dieses Stadium nicht wahrnehmen, ganz zu schweigen von einer Reise darin, wenn er nicht die Rituale der Verwandlung am zweiten Baum vollzogen hätte.

Wieder einmal müssen wir betonen, daß die Vision von den drei Wegen uralt und kraftvoll ist und nicht bloß die orthodox-christliche Variante eines heidnischen Originals. Selbst bei diesem letzten Stadium der Reise bietet sich dem Initiierten noch die Wahl, wie er oder sie die verwandelte Macht nutzen möchte. Die drei Wahlmöglichkeiten sind:

1. Der breite Weg, der Weg der Schlechtigkeit, von dem doch manche meinen, daß er in den Himmel führt;
2. der schmale Weg der Gerechtigkeit, voller Dornen und Disteln;
3. der schöne oder mittlere Weg ins Elfland.

Der erste Weg hat mit jener Macht zu tun, die sich in der Außenwelt ausdrückt, mit Herrschaft und mit der Illusion von weltlicher Hierarchie, die im Namen des Himmels Ordnung schafft. Er verkörpert nicht nur die individuelle Neigung zur einfachen »Schlechtigkeit«, sondern in mehr esoterischem Sinne das Gesetz, nach dem alle materiell ausgedrückten Hierarchien spiritueller oder magischer Kraft mit der Zeit verkommen oder korrupt werden.

Der Eingeweihte kann diesen Weg betreten, entweder um persönliche Ziele zu verfolgen oder um zeitgebundene Pläne von hierarchischer Ordnung auf dem Planeten zu verwirklichen. In beiden Fällen scheinen sie sich auf dem Weg zum Himmel zu befinden, enden aber im Übel.

Der zweite Weg ist der des individuellen Opfers für bestimmte Zwecke. Er ist das magische Opfer der alten, heiligen Könige oder das Opfer Christi, das eine ähnliche Handlung darstellte, in größerem Rahmen und mit weitreichenden Implikationen, die sich immer noch in der äußeren Zeitenfolge entwickeln. Dies kann in der Tat der persönlichen Wahrheit entsprechen, doch geht es hier nicht um Moral, sondern um ein altes Opferritual, bei dem die Lebenskraft aus bestimmten Gründen zurückgehalten und eingegrenzt wird.

Dieser Weg steht dem Eingeweihten ebenfalls offen, aber die »Überwindung der Hölle« durch Christus bedeutet, daß der dritte Weg nun für alle offen steht, die ihn wahrnehmen können.

Dieser dritte Weg, der ins Elfenland führt, ist der mittlere der drei Wege. In der genaueren Vision führt er zum verborgenen Schloß, in dem der Gral aufbewahrt wird, oder zu einem niedrigen Hügel, auf dem der dritte Baum wächst. Es ist der Baum der Vermittlung, der verwandelte Gral, die Kraft der Anderswelt, doch durch das menschliche Bewußtsein verwandelt, so daß sie alle Welten umfaßt. Zu diesem Ort können Thomas und die Feenkönigin auf dem dritten Weg in dieser Nacht ziehen.

Das Gelöbnis des Schweigens (Vers 15)

Thomas wird angeraten, nicht zu sprechen, solange er im Feenland ist, gleichgültig, welche Wunder sich ringsum zeigen. Dieses Motiv findet sich auch in der Gralslegende, wo es damit verbunden ist, bei der Begegnung mit dem Wächter die richtigen Fragen zu stellen. Durch ein tieferes Verständnis dieses Ratschlages in diesem letzten Stadium der Reise können wir einige wichtige magische Gesetze erkennen.

Wenn Thomas nur ein Wort spricht, kann er nicht mehr in sein eigenes Land zurückkehren. Hinter dieser verbreiteten Vorstellung, die auch besagt, daß man in der Anderswelt keine Fragen stellen, keine Nahrung zu sich nehmen und nicht mit Partnern verkehren darf (was Thomas beides bereits getan hat), verbirgt sich ein magisches Gesetz. Da wir diese Reise als visionäre und transformatorische Sequenz betrachten, kommen wir damit nun zur letzten Wahlmöglichkeit auf dem Weg.

Thomas darf sprechen und nach den Wundern fragen, denen er begegnet, aber damit verpflichtet er sich auf immer der Anderswelt. Er wird damit, in modernen Begriffen ausgedrückt, zu einem Adepten der inneren Ebene. Er entscheidet sich damit, in den inneren Reichen zu wachsen und sie zu erforschen und nicht in die Außenwelt zurückzukehren. Das ist eine der Möglichkeiten, die dem Eingeweihten nach dem körperlichen Tod angeboten werden, und da wir die obskursten Ebenen des Geheimnisses ergründen wollen, sollten wir die Warnung der Königin von Elfland in diesem Licht betrachten. Sollte Thomas seine Aufmerksamkeit auf weitere Mysterien lenken, wird er den vierten Weg einschlagen, der auf der anderen Seite des Berges verläuft und nicht sichtbar ist. Wenn er dies nicht tut, kann er auf dem mittleren Weg in die Außenwelt zurückkehren, wo er durch diese Erfahrung verwandelt erscheinen wird.

Man kann die drei Wege aber auch im Kontext der Metaphysik nach dem Tode betrachten. Die vom Körper befreite Seele schlägt gewöhnlich den breiten Weg ein, in Gesellschaft von Millionen anderer, die bestimmten Naturgesetzen der Anziehung folgen, oder die im Ein-

klang mit bestimmten Religionen und Mysterien, natio-
nalen Gruppenmustern oder tiefgehenden, langfristigen
Zielen starker Gruppen stehen. Diese wiederum sind
locker mit bestimmten Sternenkonstellationen verbunden sowie mit der stets strahlenden Anziehungskraft Lu-
zifers innerhalb des irdischen Planetensystems. Der
breite Weg führt zur Wiedergeburt.

Der Weg der Dornen und Disteln stellt die freiwillige
Inkarnation im Dienste eines höheren Ziels oder einer
höheren Ordnung dar – einer Seele, die nicht automatisch zum Planeten zurückkehren muß, dies aber aus
Liebe für die Leidenden tut.

Der mittlere Weg führt unter normalen Umständen
nicht zur Inkarnation von der inneren in die äußere Welt.
Er kann jedoch speziell für die Kommunikation und den
Austausch »über die Zeit hinweg« geöffnet werden, und
dies ist die einfachste menschliche Ebene seiner Wir-
kungsweise. Wenn der Leser der Theorie der Anderswelt-Initiation sorgfältig gefolgt ist, wird ihm klar sein,
daß die normalen Konzepte von Leben und Tod in diesem Kontext irrelevant sind.

Auf einer weiteren Ebene steht der mittlere Weg für
den Austausch von Energien zwischen Wesen verschiedener Welten zur Verfügung. Auf diesem Weg fließt spirituelles Licht, und über ihn laufen die Gruppenrituale
ab, an denen Wesen aus mehr als einem Reich oder
einer Welt teilnehmen.

Die dritte und bedeutsamste Ebene des mittleren
Weges ist das Herannahen eines Erlösers oder Messias.
Auf diesem Weg wird ein Göttlicher in die äußere Welt
geboren, daher auch die Vorstellung von der jungfräu-
lichen Geburt. Dieser Prozeß ist jedoch nur ein
menschliches Bild von der Göttlichen Macht, die in die
Hölle absteigt, wobei der Sohn des Lichts stirbt/gebo-

ren wird. Der Abstieg in die Hölle ist gleichbedeutend und gleichzeitig mit Empfängnis, Geburt, Opfer, Tod und Auferstehung. Sie scheinen nur jenem Bewußtsein getrennt, das in die Illusion der Zeitenfolge verstrickt ist.

Die Rückkehr zur Oberwelt (Vers 16)

Das also war die Wahl, die Thomas traf. Er folgte Christus nach bei seinem Abstieg in die Hölle, aber ohne persönliche Motive. Er entscheidet sich dann, nicht ins Unbekannte vorzustoßen, sondern in die menschliche Welt zurückzukehren, wo er als Prophet und Beispiel für alle lebt, die ihm folgen wollen.

Er ist grün gekleidet, was seine Vereinigung mit dem Land symbolisiert, eine Vereinigung, die direkte Folge seiner Verwandlung in der Anderswelt ist. Seine prophetische Fähigkeit entsteht als Folge seiner Vermittlerkraft, nicht durch die Kommunikation mit »Geistern«. Er kann in die – scheinbare – Zukunft sehen, weil diese sich in der Anderswelt bereits ereignet hat.

Die Bedeutung von Thomas und anderen historischen Gestalten, die diese Reise unternahmen, beschränkt sich nicht auf Poesie oder inspirierende Dichtung. Diese Gestalten existieren weiterhin, können immer noch kontaktiert werden und dienen in der inneren Welt als Lehrer und Führer.

5. Die ursprüngliche Anderswelt-Visualisierung

(aus dem Buch *The Underworld-Initiation*)

Der folgende Text ist die erste Anderswelt-Visualisierung, die ich in den siebziger Jahren aus Träumen und meditativen Visionen entwickelte. Da sie von einer recht großen Anzahl von Menschen in der ganzen Welt benutzt wurde, scheint es mir sinnvoll, sie hier als erprobte Visualisierung aufzuführen. Die Erzählung folgt einem Grundplan oder einer Landkarte der Elemente und führt in einer spiralförmigen Sequenz abwärts (siehe Abbildung 8). Nach dem Visualisierungstext sind Anmerkungen aufgeführt, die aus dem Original-Kommentar stammen.

DIE ANDERSWELT-ERZÄHLUNG

Man sollte das auf den folgenden Seiten Beschriebene als Geschichte betrachten, wie die alten Märchen, und sie vor einer Versammlung von Menschen vorlesen, die entspannt sind und ihre Vorstellungskraft benutzen, um die in der Geschichte vorgegebenen einfachen Bilder auszuschmücken. Wie alle Märchen wird sie mit zunehmender Vertrautheit immer kraftvoller und nicht etwa langweilig; die Geschichte enthüllt immer tiefere Symbole, und die verschiedenen Bedeutungen schälen sich immer deutlicher heraus.

Die der Geschichte folgenden Anmerkungen vermitteln Einsichten in die geschilderte magische Arbeit, und man sollte sowohl die Geschichte wie die Anmerkungen immer wieder lesen, wenn man an einer solchen Reise teilnehmen oder sie leiten will.

Für jene, die die Geschichte zur Meditation benutzen möchten, gibt es eine Version mit speziell dafür komponierter Musik. Die Kassette ist vom Autor erhältlich (Adresse siehe Seite 2).

Reise in die Anderswelt

(*Musik, gewohnte Eröffnungsrituale etc.*)

STIMME:
Du hast dich entschieden, eine Reise zu unternehmen, eine Reise in die Anderswelt. Wie bei jeder Reise in jede Welt wird sie sich in bestimmten, eindeutigen Stadien vollziehen, aber die Anderswelt-Reise ist in vieler Hinsicht einfacher als eine Reise in der Außenwelt, denn du wirst durch das eigene Bewußtsein und den eigenen Willen weitergetragen.

Wenn du unterwegs auf Schwierigkeiten stößt, kommen diese aus dir selbst und von nirgendwo anders her. Die Rückkehr von der Anderswelt-Reise ist leicht und unmittelbar. Wenn du auf dem inneren Pfad gereist bist, brauchst du deine Schritte nicht vollständig zurückzuverfolgen, sondern kannst dich durch den eigenen Willen sanft an den Platz zurückbefördern, an dem du in diesem Moment sitzt. Du mußt dir Mühe geben, die Anderswelt-Reise zu visualisieren, aber die Rückkehr in die Außenwelt wird durch ein Zeichen oder ein Signal herbeigeführt, das du kennst und wiedererkennen kannst. [*Hier wird ein Zeichen gegeben oder visualisiert.*]

Die Anderswelt, die du nun besuchst, ist dir wohlbekannt, aber sie liegt nicht in der Vergangenheit oder in der Zukunft, sondern in der lebendigen Gegenwart in dir. Dort ist sie immer gewesen und dort wird sie immer sein – in deinem eigenen Bewußtsein. Die Landschaft und die Wesen der Anderswelt sind innerhalb ihrer eigenen Dimensionen real und sollten nicht als Phantasien oder Illusionen behandelt werden. Wenn du sie so betrachtest, werden sie auch so reagieren, und die Erfahrung der Anderswelt wird sich zu einem bedeutungslosen Traum auflösen. Wenn du die Realität der inneren Wesen anerkennst, werden sie sich nach den Gesetzen der Welt verhalten, in der sie leben und von der sie integraler Bestandteil sind. Es kann sein, daß du die Anderswelt lange nicht besucht hast, und du solltest die einfachen Gesetze, die dort herrschen, gut kennen.

EINS: Sei dir deiner Absicht bewußt, dich an den Weg zu halten, der zu dem führt, was du suchst.

ZWEI: Fürchte keine Ablenkungen, geh ihnen aber auch nicht nach.

DREI: Reagiere auf die, die dir Liebe geben, und respektiere die Wächter.

Mit diesen drei einfachen Regeln kannst du in Frieden deinen Pfad ziehen und das finden, was an seinem Ende liegt. Aber zuerst mußt du den Pfad finden. Er ist nicht so weit entfernt, wie du vielleicht denken magst, und nicht so schwierig oder gefährlich, wie man dich vielleicht glauben gemacht hat. In diesem Moment sitzt du an einem Ort, der direkt zu diesem Weg führt, und nun öffnet sich dieser Weg vor dir innerhalb deines Bewußtseins und nirgendwo sonst.

Der erste Schritt bedeutet lediglich, von der Außenwelt in die Innenwelt zu gehen. Das geschieht, indem du dich entspannst und rhythmisch mit geschlossenen Augen atmest. [*Es folgt ein Musikstück oder ein anderes bekanntes Signal zum Beginn.*]

Du wirst dir allmählich winziger Lichtpunkte in der tiefen Dunkelheit bewußt. Es sind Sterne an einem Nachthimmel, und sie leuchten über dir. Du liegst auf dem Boden und blickst hoch zu den Sternen. Der Himmel ist klar, und die Sterne erscheinen plötzlich hell und kalt. Die Erde unter dir ist hart, und es herrscht Winter. Du stehst auf und siehst auf der Ebene, die vom Sternenlicht beschienen ist, einen verschwommenen Weg.

Du machst ein paar Schritte, und da erhebt sich eine Mondsichel im Himmel vor dir.

Du schreitest rasch aus auf dem Pfad, und die Luft ist kalt, klar, frisch und anregend. Du atmest tief ein und fühlst dich stark und voller Kraft. Der Pfad scheint vertraut und dennoch interessant, und du hast das Gefühl, er wird dich an einen geheimen, besonderen Ort führen.

Du wanderst über die Ebene, und allmählich windet sich der Weg zwischen zwei schattenhaften Hügeln hindurch in ein Tal mit einem Fluß. Der Weg vor dir wird von zwei riesigen Bergen auf beiden Talseiten bewacht. Einen Moment lang blickst du hoch und siehst, daß auf den beiden Gipfeln Feuer flackern. Du erkennst, daß der Weg bewacht wird und daß dir gestattet wurde, ihn sicher zu beschreiten.

Nun wird der Boden wieder eben, und vor dir steigt Nebel auf. Der Pfad führt direkt in diesen Nebel hinein, und darüber siehst du den Mond, der nun fast voll ist, eine weiße Scheibe über den seltsam wirbelnden Nebelwolken, die über den Pfad schweben. Du bleibst einen Moment stehen und trittst dann in den Nebel hinein.

Einen Moment lang verlierst du die Orientierung, aber der Weg fühlt sich fest unter deinen Füßen an, und du gehst vorsichtig weiter. Sobald sich deine Augen an das neblige Licht gewöhnt haben, erkennst du, daß der Pfad aus unzähligen Steinen gebaut ist, die durch Tausende von Füßen im Laufe der Jahrhunderte glattpoliert sind. Jeder Stein schimmert in einem sanften Licht, als spiegele er den Vollmond.

Ringsum wird der Boden weich und sumpfig, und du erkennst lange Binsen und kleine Tümpel im Nebellicht. Die

Luft wird feuchter, aber irgendwie wärmer, und du folgst weiterhin den uralten Steinen dieses Pfades. Ringsum hörst du gedämpfte Moorgeräusche; alles ist voller Leben unter den Wurzeln und Steinen. Dort leben Wesen, kriechen, gleiten, hüpfen; es spritzt, und man hört aus dem Wasser leise Schreie der Warnung und der Unruhe.

Nichts aber berührt den Weg. Er führt in die wirbelnden Nebel, die immer dichter werden, bis du nichts mehr siehst, nichts mehr hörst und nur noch den Boden unter den Füßen spürst.

Du bleibst stehen. Du schaust dich um, siehst aber nur eine weiße, warme, wirbelnde, dampfige Masse. Du spürst eine Nähe, eine Präsenz vor dir auf dem Weg, weißt aber nicht, was es ist. Wagst du es, weiterzugehen? Du zwingst dich dazu, einen weiteren Schritt zu tun ... willst schon rufen: »Wer dort? Wer bist du?« bleibst aber stumm.

Dann erhebt sich hinter dir auf dem Weg ein leichter, kalter Wind und teilt unvermittelt den dichten Nebel. Du siehst einen riesigen Schatten, eine aufragende schwarze Gestalt mit dicken, ausladenden Hörnern, die den Weg vollständig versperrt. Der Nebel verschwindet, und das Licht des Vollmondes strömt auf den Weg herab. Du erkennst das Tier vor dir als eine Kuh ... eine weiße Kuh mit langen, geschwungenen Hörnern. Sie sieht dich direkt an und wendet sich nach einem Moment ab. Dabei erkennst du ein seltsames Zeichen auf der Schulter des Tieres. Die Kuh geht nun vor dir den Weg entlang und leitet dich. Du folgst ihr zuversichtlich, weil sie den Weg kennt, und die Nebel wirbeln wieder ringsum über den Sumpf.

Nun gelangst du an eine Weggabelung, und der Pfad teilt sich in drei Wege. Der Pfad nach rechts verbreitert sich sofort zu einer weiten, gepflasterten Straße, die sich leicht geschwungen in der Ferne im Nebel verliert. Dieser Weg wirkt einladend und verlockend und wurde offensichtlich zu einem bestimmten Zweck gebaut. Der Pfad nach links steigt steil und kurvig an und führt hoch zu den Wächterbergen. Er ist mit lockeren Steinen bedeckt und verschwindet hinter einer Biegung weit oben. Es scheint, daß beide Wege aus dem Sumpf herausführen, aus dem ständigen Nebel, aber der Weg geradeaus, die Fortsetzung des bisherigen Pfades, führt schnurstracks in die wirbelnden Dunstwolken.

An dieser Wegkreuzung befindet sich auch eine kleine Erhebung, auf der ein paar kleine Bäume und Büsche wachsen, beherrscht von einem hohen Stehenden Stein mit tiefen Einkerbungen.

Betrachte aufmerksam das Steinbild, das die Wegkreuzung bewacht.

Warme Nebel umwirbeln das Bild, sobald du es erkannt hast, und du wendest dich nun nach rechts, um diesen Weg zu betrachten. Die großen Pflastersteine sind mit Objekten bedeckt, mit Metallringen und Armbändern, geschliffenen Edelsteinen und kostbaren alten Kunstwerken.

Nun betrachtest du den linken Weg, und direkt hinter der Kreuzung erhebt sich ein kleiner Berg aus Steinen, in dem ein Schädel halb eingelassen zu sehen ist. Dieser Schädel blickt den Pfad hinan und scheint vor einem Zurückkommen zu warnen.

Welcher Pfad ist der beste? Wohin sollst du dich wenden? Alle drei scheinen sowohl interessante Möglichkeiten wie auch Gefahren zu versprechen. Plötzlich stampft die Kuh auf und verschwindet auf dem mittleren Weg im Nebel. Im gleichen Moment erkennst du, daß es für dich kein Zögern gibt und keinen Zweifel, wie es weitergeht. Du folgst ihr ins Unbekannte.

Ringsum ist nun Wasser, aus dem Dampf aufsteigt. Du hörst ein seltsames, gurgelndes Geräusch, und auf beiden Seiten des Weges tauchen hohe Felsen auf. Der Pfad windet sich wie eine Schlange hindurch. Das Wasser steigt höher, und der Dampf wird heiß und steigt zu Kopf, mit einem Geruch nach Erde und Mineralien. Der Weg windet sich in einer immer enger werdenden Spirale und verschwindet rechts zwischen Felsen.

Plötzlich bemerkst du, daß die weiße Kuh verschwunden

ist. Der Weg endet vor einem riesigen Feld aus natürlichen Felsbrocken, aus dem sich heiße Ströme ergießen. Die Steine glänzen naß und rot wie von Blut.

Aus diesen Steinen heraus wächst ein riesiger Baum, der weit, weit in die dunstige Luft hinaufragt. Den Steinen scheint ein seltsames Glühen zu entströmen, und du kannst in diesem Erdlicht erkennen, daß der Baum eine riesige Krone aus Zweigen und raschelnden Blättern trägt. Der Wind weht, und du hörst viele Vögel und anderes Getier in diesen Zweigen.

Der Weg ist zu Ende,
der Führer ist fort.
Von hier an reist du allein.
Schau sorgsam zwischen die Steine,
ein Pfad führt hinab.
Hinab in die Mutter Erde,
deren Schoß das Wasser gebiert.
Hinein in Dunst und Dunkel,
wo kein Licht dir Zeichen gibt.
Hinab, hinab, hinab
in die tiefsten Hallen,
über allen Sinn hinaus,
jenseits aller Zeit.
Hinab, hinab, hinab,
bis du hörst einen Laut,
so geheimnisvoll und tief,
daß er alles aus dem Schlafe weckt,
die Wasser zum Fließen bringt,
aus dem lebendigen Herzen der Erde,
daß es wie Stürme zu rauschen beginnt,
wie brennendes, flackerndes Feuer,
und von dem schmalen Pfade
siehst du ein Schimmern wie Morgengrauen,
und wie nach jeder dunklen Nacht
trittst du am Ende...
ins Licht!

[Hier folgt eine Pause mit passender Musik oder Schweigen. Am Ende dieser Phase wird das vereinbarte Signal zur Rückkehr gegeben.]

»Wach auf, wach auf! Du bist gesegnet von der Macht, die das Leben in dir regt. Wach auf und kehr friedlich zur Außenwelt zurück.

Der Weg ist kurz und klar.
Öffne die Augen und sei wieder
da!

Geh in Frieden und erinnere dich an alles, was du gesehen, gehört und gefühlt hast. Nimm es mit dir, um die Außenwelt zu verändern; laß die Kraft in dir auf alles Lebende verströmen ... auf daß das Land gesegnet werde, die Pflanzen, die Kreaturen des Landes und die Männer, Frauen und Kinder in deiner Obhut.

Denn wir sind die Priester der Macht
bis zum Ende aller Zeiten
Im Namen von ....«

(Abschließende Musik. Phase der Rückkehr ins Außenbewußtsein. Im Anschluß daran sollten sofort die Aufzeichnungen gemacht werden; bei Gruppenarbeit sollte dabei eine Diskussion erfolgen. Jeder Teilnehmer sollte seine Erfahrungen später noch einmal aufzeichnen, da manches erst nachträglich durch bestimmte Umstände oder Erinnerungen freigesetzt wird.)

Anmerkungen zur Durchführung der Visualisierung

Der Text hat eine vierteilige Struktur:

1. Anweisungen zum Beginn.
2. Magische Handlung (die Reise).

3. Kontemplativer/mystischer Teil (innere Reaktion).
4. Äußere Hingabe – die freigesetzten Energien werden dem Land gegeben.

Diese vier Abschnitte entsprechen den vier Hauptpunkten des Magischen Kreises. Sie müssen nicht unbedingt gleich lange dauern und können subjektiv oder objektiv den Umständen oder Bedürfnissen angepaßt werden.

Die Durchführung der magischen Prozesse

Trotz der Versicherung, daß der Übergang zwischen den Welten leicht und sicher ist (ein absolut gültiges Versprechen für den Anfänger, der allein oder in einer Gruppe arbeitet, wobei das Geschehen gewöhnlich durch einen inneren oder äußeren Vermittler in den Anfangsstadien des Mysteriums gehalten wird), braucht die Handlung eine bewußte Eröffnung des Weges durch einen erfahrenen Mediator, der durch die »Atem- und Eröffnungssequenzen« des Textes leitet. Man kann die Erzählung vorlesen oder mit passender Musik auf Tonband aufnehmen.

Beachten Sie bitte, daß dem zu Initiierenden nicht durch diese Eröffnungssequenz *geholfen* werden sollte, und ganz gewiß sollte er nicht gedrängt werden. Der erfahrene Vermittler *ermöglicht* lediglich die Öffnung des Tores, das in die Innenwelt führt und im folgenden beschrieben wird. Der Reisende kann sich aussuchen, wie er reagiert, je nach persönlichen Fähigkeiten und Grenzen.

Die Erzählung ist an einem ganz bestimmten Ort wie auch an der beschriebenen Innenweltszenerie ausgerichtet, und es ist wichtig, daß zumindest ein Teilnehmer bereits an dem entsprechenden Ort nach innen gegangen ist. Ohne die Erfahrung dieser Einstimmung kann sich die Reise nicht voll auf die entsprechende Innenwelt ausrichten. Die meisten symbolischen oder Anderswelt-Reisen werden tatsächlich an bestimmten Orten oder Stätten ausgerichtet, und für diese Arbeit muß ein Mensch die Reise an diesem tatsächlichen Ort bereits unternommen haben. Aber es besteht keine Notwendigkeit dafür, daß die Reise *immer* von diesem Ort aus gemacht wird.

Am besten wäre es, wenn es eine Gruppe von erfahrenen Leitern gäbe, die regelmäßig an der Stelle der physischen Manifestation der jeweiligen Anderswelt nach innen reisen. Der Körper stimmt sich dadurch auf diese Stelle ein, und die energetische Aufladung wird beträchtlich verstärkt.

Es sollte ein erfahrener Vermittler zugegen sein, der alle Phasen der Reise visualisiert und energetisiert, wobei die Grundregel gilt, daß der neue Reisende sich in den verschiedenen Stadien immer frei entscheiden kann. Die Leitung durch den Vermittler bricht jedoch ab, wenn der Reisende zum Gang ins Erdinnere gelangt, wenn es heißt: »Der Weg ist zu Ende, der Führer ist fort, von hier aus reist du allein.«

Von diesem Punkt an reist jeder Teilnehmer allein weiter, gleichgültig, wie gewohnt oder neu diese Erfahrung für ihn ist. Ein erfahrener Reisender kann an diesem Kulminationspunkt alle Fähigkeiten der Beschwörung oder Anrufung einsetzen, die ihm zur Verfügung stehen, wird sich aber im allgemeinen rezeptiv verhalten, sobald die innere Macht kontaktiert worden ist.

Diese Änderung im Verhalten von aktiv zu passiv ist sehr wichtig bei derartigen Visualisierungen und ist der Schlüssel zu erfolgreicher und harmonischer Arbeit.

Es sollte hinzugefügt werden, daß das Totemtier kein Symbol für den Vermittler ist, sondern ein Innenwelt-Wesen, das unterschiedslos für alle Reisenden Gültigkeit hat.

Die Schlußsequenz der Erzählung sollte aus einem sehr bewußten Auftauchen und Abschließen bestehen, das vom Leiter so wirksam wie möglich gestaltet wird.

Anmerkungen zur Reise

Das erste Auftauchen aus dem Säulentor führt in eine Winternacht, wodurch die Situation und Position des Reisenden bewußt radikal verändert werden. Er wird vom Hausinneren nach draußen geführt, vom bequemen Sitzen zum Liegen auf hartem Boden, von Wärme zu Kälte, vom Bekannten zu Unbekanntem usw.

Diese Veränderung ist für einen Anfänger nicht leicht zu visualisieren, aber mit einer entsprechend energetisierten Eröffnung wird es zu einem wirkungsvollen Übergang, sofern der Anfänger seine Ungläubigkeit eine Weile hinausschiebt. Die Absicht dabei ist auch, den Reisenden so rasch wie möglich auf den Weg zu bringen und ihm keine Gelegenheit zu geben, herumzuschweifen oder herumzusitzen und über die innere Landschaft nachzudenken.

Die Erzählung bewegt sich zwar in vier Stadien um den Kreis OSWN (d. h. vom Osten der Anweisung zum magischen Süden, mystischen Westen und aktiven Norden, wie oben beschrieben), doch die innere Handlung kehrt die Richtung um.

Die innere Reise beginnt im Norden, im Winter. Von der Ebene unter den Sternen bewegt sich der Reisende von der Erde zum Wasser (Nord-West) und dann nach innen und abwärts, auf das Zentrum des metaphysischen Kreises zu, wo die Elemente im Herzen allen Seins entspringen. Von hier aus taucht der Reisende zum Morgenlicht des Ostens auf und sollte sich nach Süden, zum maximalen Licht wenden. Vom Kulminationspunkt aus wird der Kreis nach Westen fortgesetzt, wo Aufnahme oder Kontemplation stattfindet, dann zum Norden, wo es um Erfüllung und Vervollständigung durch Weitergeben geht, um dann im Osten aufzutauchen und das Leben in der Außenwelt in aller Frische wieder aufzunehmen.

1. Beginn der »Reise«. Einführung.
2. Auftauchen im Norden, Weiterreise nach Westen.
3. Pfad zum Wasser und Baum des Lebens.
4. Tunnel nach unten in die Anderswelt, Auftauchen im Osten.
5. Zunehmendes Licht im Süden.
6. Kontemplation im Westen.
7. Rückkehr zum Norden, um die Handlung im Geben zu beenden.
8. Neubeginn in der Außenwelt.
(Siehe auch Abbildung 8.)

Diese Abfolge ist ein kreisförmiger Ausdruck des »geheimen Weges über den Abgrund«, wie er in der Kabbala vorgeschlagen wird. Dieser Bewußtseinszustand ist in den westlichen Mysterien von äußerster Wichtigkeit, besonders in den andersweltlichen Mysterien Britanniens.

Der »geheime Weg« führt in Wirklichkeit durch den Abgrund hindurch, aber auf einem bekannten und begehbaren Pfad, statt durch Chaos. Dieser Pfad wurde den Gnostikern zufolge beispielsweise von Christus benutzt, um im Geheimen zu inkarnieren, indem er die

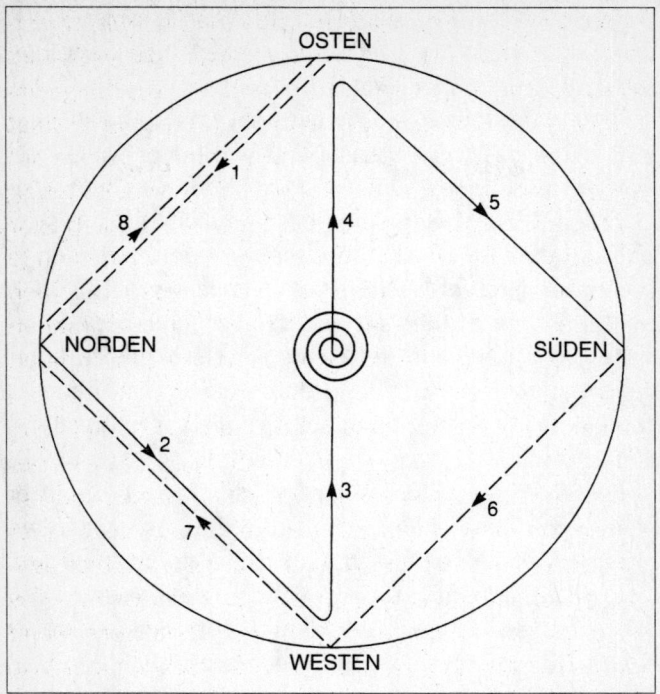

Abb. 8   Der Weg in die Anderswelt, aufgezeichnet in einer
Landkarte der Elemente und Richtungen

Ordnung der Engel mittels eines Machtmusters über-
ging, das für die Innenwelten erst bei seiner Rückkehr erkennbar wurde.

Man nennt diesen Weg den »Pfad der Diebe«. Die rö-
misch-christliche Variante dieses Geheimnisses wurde
zum Mythos vom Abstieg in die Hölle oder der »Höllen-
fahrt Christi«, eine Wiederholung von Arthurs (oder Ar-
thus') Suche in der Unter-Anderswelt, wobei er und sein
Heldentrupp hinabsteigen, um Geschenke für ihr Volk
zu erlangen. Das ist der Ursprung der späteren mittel-

alterlichen Allegorien vom Heiligen Gral, einer Verfeine-
rung der Geschichte vom Kessel in der Anderswelt, den
der walisische Arthur errang.

Das ist das Prinzip, das man in der Metaphysik immer
findet und das für die Ausübung wirksamer Magie besonders wichtig ist. Die Elemente und die ihnen ver-
wandten Kräfte haben einen bestimmten Kreislauf (symbolisiert durch die vier Richtungen um den Kreis und in
der Natur durch die vier Jahreszeiten verdeutlicht), doch
die Menschen können sich auf den »geheimen Pfad« begeben, den der Sohn des Lichts einschlug (gleich unter
welchem Namen), wozu sie durch die Kraft spiritueller
Meditation oder die ihnen selbst angeborene Göttlich-
keit befähigt sind.

Dieser Pfad ist eine metaphysische Tatsache, und er
steht offen für alle und jeden, die die entsprechenden
Energien zusammenfassen und zur Wirkung bringen.
Jedoch arbeiten die meisten Teilnehmer auf diesem Weg
mit dem Segen oder unter dem Schutz eines symbolischen Höheren Wesens, und der Pfad beginnt im Norden unter der Ägide von Auriel oder von den »Schwe-
stern auf dem Rücken des Nordwinds«, die die Todes-
macht der Göttin vermitteln, und in beiden Fällen ist der
Beginn ein Geschenk der Gnade, voller Licht und Weisheit, reflektiert von den Sternen, so daß es sanft genug
ist, um ohne inneres Ungleichgewicht empfangen werden zu können.

Die Reise von Norden nach Westen entspricht der
Rückkehr zum ursprünglichen Wasser, während in der
Erzählung der Nebel dichter wird. Der Pfad ist deutlich
angezeigt und viel begangen. Jene, die vor uns hier gegangen sind, haben uns in jedem Stein Licht hinterlassen,
dem wir folgen können.

Die ersten Reisenden mußten sich wohl einen Weg

durch die elementare Erde/Wasser-Auflösung erkämpfen, daher werden sie in den Sagen, Märchen und Liedern auch als Helden verehrt, aber das fortgesetzte Bemühen derjenigen, die uns vorangegangen sind, haben den Weg deutlich und sicher gemacht, solange man die Regeln sorgfältig beachtet. Es bestehen immer Gefahren, und die größte ist die der Ablenkung, die für manche Menschen viele Leben lang andauern kann.

Die Bewacher auf den Bergspitzen stehen symbolisch im Nordviertel. Es handelt sich um freiwillige Wächter verschiedenster Art, menschliche wie nichtmenschliche. Dies wurde in alter Zeit durch bestimmte menschliche Opfer erreicht, wobei deren Reflexion/Phantombild aufgetragen wurde, die heilige Stätte zu bewachen, die Menschen zu beschützen und durch auserwählte Priesterinnen zu kommunizieren.

Diese Wächter oder Bewacher waren an das Gebiet »zwischen den Welten« gebunden, jeweils auf eine bestimmte Zeit, die sich nach der Sonnenrotation (Drehung des Planeten um die Sonne) richtete, wonach sie freigegeben und ersetzt wurden. Nach der Freilassung suchten sich diese Individuen einen Weg über den mittleren Pfad zur Innenwelt ihrer Mysterien, oder sie kehrten auf dem großen Außenpfad zur Reinkarnation zurück. Das ist nur eine kurze Zusammenfassung dieses wichtigen Themas, das wir an anderem Ort ausführlich beschreiben werden.

Der Pfad zur Linken, wie er innerhalb der Erzählung beschrieben wird, trägt also einen Bann, denn das Individuum kann ihn zwar begehen (als ein freiwilliger Wächter), aber er kann nicht wieder zurück, denn er unterwirft sich damit bestimmten Begrenzungen der Energie und muß sich erst durch die Energiemuster des Wächterprozesses arbeiten. Diese Definition deckt die verschiedensten Aspekte des Linken Pfades ab und unterscheidet sich in Intensität und Ausdruck je nach Individuum. Die viel mißbrauchten Konzepte von Selbstopfer, Tod, Teufel usw. sind aufs engste mit dem Verständnis und der Erfahrung dieses Weges bzw. dieser Gruppe von Wegen verbunden.

Der erwähnte Rechte Pfad führt durch den Kreis WSON und ist der Weg der Außenwelt mit ihren äußeren Handlungen und der objektiven Geschichte. Starke Individuen auf diesem Pfad sind vielleicht Anführer, Diktatoren usw., aber im Grunde stellt dieser Pfad nur die Rückkehr in die äußere Gruppenwelt dar, ohne den Wunsch, die innere Reise weiterzuverfolgen. Vom esoterischen Standpunkt aus ist es der Pfad der Ablenkung, wenn er falsch verstanden und falsch angewendet wird.

Das Totemtier, die weiße Kuh, ist während der Auflösungsphase aufgetaucht (vergleiche die alchimistischen Symbole) und ist ein Schlüsselsymbol für die uralte Macht des Mondes. Sie steht für Kraft, Fruchtbarkeit, Mutterschaft, und ihre Hörner sind die großen Hörner der Macht.

Diese Kuh als Führer ist kein menschlicher Meister, sondern ein starkes inneres Machtzentrum. Das Zeichen auf der Schulter ist äußerst wichtig und fällt je nach Individuum unterschiedlich aus. Das Zeichen ist gewöhnlich ein Symbol der Innenweltgruppe, mit der sich der jeweilige Reisende verbunden fühlt oder die an der gegenwärtigen magischen Handlung beteiligt ist. Das Totemtier ist keineswegs nur ein Fruchtbarkeitssymbol, und die Stellung der Kuh und der Hebamme Brigid in der keltischen Sage ist für das Verständnis der westlichen Mysterien äußerst wichtig. Die Kuh bringt einen nach der Auflösung an einen Ort der Geburt zurück.

Das Bild auf dem Stein an der Wegkreuzung hat eine

ähnliche Funktion, stellt aber eine »höhere Oktave« oder eine tiefergehende Ebene dar. Während das Totemtier das Symbol einer Innenweltgruppe zeigt, trägt der Stein das Zeichen eines großen Wesens oder »Gottes«.

Man könnte erwarten, daß das Bild den Sohn des Lichts darstellt, aber es gibt auch andere. Strenggenommen ist das Bild vermutlich das des »Gehängten Gottes«, der geopferten Sonne, statt des triumphierenden Lichts, ein Bild, das aus vorchristlicher Zeit stammt.

Das »geheime« Zeichen hier ist das einer dunklen Gestalt in zerrissenem Umhang, die gepfählt oder mit ausgestreckten Armen aufgehängt ist. Sie hat vier Gesichter, eines für jeden Weg.

Die gesamte Reise findet unter den Mondphasen von Neumond bis Vollmond statt. Es handelt sich dabei nicht um eine Reise »auf höhere Ebenen«, wie sie in moderner Magie oder Meditation so oft unternommen wird, sondern um den Weg zum Licht durch die Dunkelheit. Der Weg geht unter die Erde an dem Punkt, wo die meisten sich auf die Sonne zubewegen würden. Damit führt er auf den geheimen Weg zur Mutter, wodurch die Energien von Lichtsohn/Lichttochter in jedem Individuum geweckt werden.

Zur vollständigen Vision gehört die Verwirklichung der Einheit von männlichen und weiblichen Kräften im Innern und im Äußern (der sogenannte Sohn des Lichts ist in Wirklichkeit androgyn). Diese Phase der Erzählung wird jedoch ungeleitet gelassen, damit jeder einzelne sie den eigenen Bedürfnissen entsprechend ausformen kann. Die letzte Phase der Reise wird allein vollzogen, und man stellt sich der Präsenz schweigend.

Vor diesem Stadium jedoch verschwindet der Führer (die Kuh), ohne daß der Reisende dies gewahr wird. Es wird also diese führende Kraft nicht mehr gebraucht,

wenn man diesen Punkt erreicht hat. Hier hat die auf-
lösende Kraft das Zentrum des elementaren Kreises erreicht, und man sollte ein tatsächliches Bewußtsein von
den elementaren Kräften, wie z. B. vom Baum des Lebens, als lebendige Macht und nicht als bloß intellektuelle Definition erlangt haben.

Dieses Bewußtsein nämlich bewirkt die Öffnung zwischen den Steinen, und der Reisende kann allein hinab-
kriechen. Für den erfahrenen Meister, der die erforder-
liche Einstimmung für den »Pfad des Diebes« leicht erreicht, handelt es sich um ein magisches Muster, das mit
fortgesetzter Anwendung und Entwicklung immer stärker wird und potentiell grenzenlos ist.

Für den weniger erfahrenen Reisenden schafft die Einstimmung und Richtung der Erzählung bis zu diesem Stadium ein Bewußtseinsfeld, das ihn befähigt, den Eintritt
zum ersten Mal (in diesem Leben) zu schaffen.

Bei nachfolgenden Reisen können weitere Schwierigkeiten auftauchen, und daher muß diese erste Initiation
mit Training und magischen Übungen verstärkt werden.

Es gibt in dieser Phase eine deutliche, beabsichtigte
Parallele zu den alten rituellen Einweihungen mit Fel-
senwegen, Gebärmutter- und Grabsymbolen, um das
Bewußtsein von Erdgeburt zur Menschengeburt und
schließlich zur bewußten inneren Neugeburt zu führen.
Diese Nutzung analoger Schlüssel kann das Bewußtsein
für Bereiche schärfen, die im normalen Alltagsverständ-
nis kaum zugänglich sind.

Der Gesang, der für die Reise in die Tiefe vorgeschla-
gen wird, enthält das »Wort« der männlich-weiblichen
Vereinigung, in diesem Fall das Bild der Lichterfüllten
Mutter, und der Reisende sollte mit diesem Wort der
Kraft im voraus vertraut sein, obwohl das nicht essentiell
für den Erfolg der Übung ist (AMA AIMA AMEN).

Beim Auftauchen ins Licht bleibt es dem einzelnen überlassen, so gut wie möglich auf die Kraft zu reagieren. Man kann hier Musik einsetzen, aber auch eine kurze Schweigepause ist wichtig. Die Reise hinab ins Erdinnere enthält keine vordergründig eingearbeiteten Schrecken, doch diese können im Bewußtsein des Reisenden vorhanden sein.

Für Männer kann dieser Schrecken in der Gestalt der Dunklen Mutter des Todes bestehen, während er für Frauen im Bildnis des strengen Gottes liegt. Dieses Bild entspricht dem gehörnten Gott der Alten, das die Christen in den Teufel verwandelten. Er ist Jäger und Herrscher der Tiere zugleich, und im Tarotsymbolismus ist er ein mächtiger Wächter über dem Linken Pfad (der Gott aller Wächter), aber in keiner Weise »böse«.

Man gelangt an solchen Wesen vorbei, indem man sie ohne Furcht fragt, welches Geheimnis sie bewachen.

Die Antwort ändert sich je nach Bewußtseinszustand oder den Umständen, denn das Geheimnis kann ein Knoten im eigenen Bewußtsein sein oder ein besonders großes magisches Geheimnis. Manchmal ist beides auch miteinander verbunden. Ohne derartige Wesen würde aus einer begrenzten Wahrnehmung (die Ausdruck eines begrenzten Wesens ist) unbegrenzte Wahrnehmung werden, was sich in starkem Ungleichgewicht äußern würde.

Aus diesem Grund sind sowohl der Gott wie die Göttin Jäger, denn »die Wilde Jagd« sammelt die Phantome der vor kurzem Verstorbenen. Diese Gottheiten sind Ausdrucksformen der Kraft grundlegender Begrenzung und enthalten die Geheimnisse des zentralen oder solaren Bewußtseins von Einschränkung. Sie entstehen als Energiekonstrukte, die von einem Zustand in einen anderen überführen. Diese bisher kaum verstandenen metaphysischen Gesetze haben direkte Parallelen in der materialistischen Physik.

Eine andere Art, diese Gesetze auszudrücken, besteht in dem Konzept, daß das, was in einer Richtung einschränkt, in der anderen befreit. Um solche Schlüssel im positiven Sinne zu aktivieren, müssen sie als Kräfte zur Befreiung vermittelt werden. Die Richtung des Energieflusses muß vom unnötigen Zustand zum notwendigen führen, wobei offensichtliche Mißverständnisse in bezug auf die Bedeutung von »Teufel«, »Freiheit von Grenzen« und ähnlich komplexen Themen korrigiert werden.

Besonders bei der Anwendung von Magie werden viele Anfänger abgeschreckt, wenn sie zum ersten Mal einen Machtfluß erfahren, der größer ist als im normalen Leben und der in Konflikt mit geliebten Vorstellungen vom Selbst, der Persönlichkeit oder der Rolle im Leben steht. Eines der großen Probleme bei Magie ist nicht, daß »es nicht klappt«, sondern daß man die magische Operation in ein Gleichgewicht bringen muß, das keine Feindseligkeit oder Angst auslöst, bei einem selbst wie auch bei anderen. Daher die strengen moralischen Anforderungen, die für Magie gestellt werden.

Wenn man die persönlichen Wächter des Herzens hinter sich gelassen hat, begegnet man der Präsenz. Ein erfahrener Vermittler kann sie anrufen oder einen an diesem Punkt der Reise damit verbinden, doch wenn der Pfad richtig begangen wurde, ist die Kraft anwesend, und man kann im letzten Stadium völlig rezeptiv sein, ohne weitere Anstrengungen.

Visualisierungen dieser Art sind besonders dafür geeignet, Ungläubigkeit aufzulösen und Anfängern eine erste magische Erfahrung zu ermöglichen, aber es gibt keine theoretische Grenze für ihre Wirksamkeit. Sie sind nicht einfach nur »Anfängermaterial«.

Während der Schweigepause können die unterschied-
lichsten Erfahrungen gemacht werden. Sie reichen von
Bewußtseinszuständen im Kontakt mit der Muttergottheit über Schlüsselsymbole für künftige Anwendungen
und Entwicklungen bis zu Visionen und vielen anderen
Arten von Erkenntnissen.

Hier einige Beispiele für Symbole, denen man begegnen kann:

1. Eine riesige unterirdische Höhle, beleuchtet von allge-
   genwärtigem Licht.
2. Eine Höhle mit einem undeutlichen (oder deutlichen)
   Bildnis der Muttergottheit vor einem Felsen am anderen Ende.
3. Ein Garten in vollem Sonnenlicht inmitten der Erde, in
   dem ein Apfelbaum wächst.
4. Ein massiver zyklopischer Tempel mit einem riesigen
   Altar am anderen Ende.
5. Das Bild von Sternen am Grund eines Teiches oder
   Brunnens.

Diese Bilder sind kurze Beispiele aus tatsächlichen Erleb-
nissen, aber sie vermitteln nicht das Gefühl der Präsenz.
Solche Bilder sind nur die Rückmeldung des Gehirns,
das akzeptable Bilder erzeugt. Diese Bilder können
wahre Darstellungen von Vergangenheit oder Zukunft
sein, aber auch tatsächliche Erlebnisse der geschaffenen
Innenwelten.

In manchen Fällen spürt man noch andere Präsenzen,
die normalerweise nicht zu sehen sind, sich jedoch auf
andere Weise deutlich zeigen. Bei einer Sitzung sahen
die Reisenden (Männer wie Frauen) das Bild eines Brunnens mit zwei Schlangen darum. In diesem Brunnen
leuchteten Sterne. Dies ähnelt den Visionen von Merlin
und den Drachen. Da die Sitzung, bei der diese Vision

entstand, an der Stätte einer alten Quelle stattfand, wurde offensichtlich eine Verbindung zu keltischen und präkeltischen magischen Prozessen hergestellt.

Das Bild des Brunnens, das einem einen Blick durch die Erde hindurch über Zeit und Raum hinaus ins größere Universum gibt, beschränkt sich nicht auf den keltischen Kulturkreis, sondern ist eine wichtige Vision für ein Verständnis der Beziehung zwischen inneren und äußeren Kräften.

Die Einzelheiten der Vision sind bloß ein winziger Teil der allgemeinen Wirkung auf das Bewußtsein der Reisenden, und die intellektuelle Interpretation von Details ist für die eigentliche Erfahrung selbst unwichtig. Daher ist die Vorbereitung oder die vorherige Nennung von Schlüsselerlebnissen gewöhnlich Zeitverschwendung. Eines der Kennzeichen einer echten inneren Erfahrung ist schließlich auch, daß bestimmte Schlüsselelemente von allen Teilnehmern erlebt werden, ohne daß sie vorab informiert oder vorbereitet wurden. Aus diesen Gründen mag die sogenannte »okkulte Geheimniskrämerei« äußerst wichtig sein. Man kann es vergleichen mit dem Unterschied zwischen jemandem, der ein Buch oder Photos von einem fernen Land gelesen oder gesehen hat und in allen Einzelheiten über die Gedanken sprechen kann, die er auf intellektuelle Weise entwickelt hat, und der Erfahrung von jemandem, der tatsächlich an jenem Ort gewesen ist. Wichtiger noch ist, daß der Reisende Geschenke aus diesem fernen Land mitbringen kann, während das der Leser der Reisebeschreibung nicht vermag.

Die Rückreise vollzieht sich schnell und einfach, ohne daß man jeden Schritt zurückverfolgt. Das ist kein so überraschendes Konzept, wie man vielleicht denken mag, und beruht auf der magischen Selbstverständlich-

keit, daß die äußersten Welten (das Königreich der Kab-
balisten) mit dem innersten Kern identisch sind, weil andere Bewußtseins- und Seinsformen bestehen. Wenn der
Reisende die Präsenz realisieren kann, wird die Rückkehr
automatisch beim Abschluß geschehen. Falls nötig, kann
man nach den abschließenden rituellen Phrasen eine
Phase mit passender Musik hinzufügen.

Man muß noch erwähnen, daß die abschließenden
Sätze Auszüge aus einem wirklichen Ritual sind und daß
der Reisende in die Außenwelt zurückkehrt, um die
Göttliche Macht weiterzugeben und nicht einfach, um
auf demselben Weg zurückzugehen und die Erfahrung
hinter sich zu lassen.

Man muß eine deutliche Unterscheidung treffen zwischen der tatsächlichen, wirksamen Realisierung der inneren Mächte in der Außenwelt und bloßem »Tagträu-
men« oder »Verzauberung«. Die Visualisierung trifft
einen deutlichen Unterschied zwischen der Innenwelt-
Reise und Träumen, und dieser Unterschied ist durch-
gängig bis zum Schluß in der Manifestation. Aus diesem
Grund wird die Sitzung mit Schlüsselbegriffen aus einem
etablierten, mächtigen Ritual beendet, das die Energien
auf bestimmte Weise in der materiellen Welt verwurzelt.

Wiederholtes Arbeiten mit der Erzählung und ähnli-
chem Material kann weitere Einblicke und Einsichten in
dieses bestimmte Ritual ermöglichen, das Teil einer alten
Liturgie ist, welche mit einem Ritus verbunden ist, der
den Namen »Die Maske des Erleuchteten« trägt.

6. Das Grab eines Königs: Kontakte mit Ahnen an alten Stätten

(aus dem Buch *The Underworld-Initiation*)

Dieser Bericht ist typisch für einen Anderswelt-Kontakt an bestimmten (aber nicht allen) alten Stätten. Der Ahnenkontakt vollzieht sich durch das veränderte Bewußtsein des Sehers oder Vermittlers, der Anderswelt-Techniken benutzt hat, um in die Stätte einzudringen.

EINFÜHRUNG

Der König, der in dem folgenden Bericht erscheint, ist ein heiliger König, obgleich vielleicht nicht im Sinne der modernen Bücher über Heidentum. Solche Wesen sind in der westlichen Tradition äußerst wichtig, doch sie sind nicht identisch mit den oft beschriebenen »Meistern der inneren Ebene« des modernen Okkultismus. Diese wenden sich vielmehr ebenfalls an die heiligen Könige, weil diese soviel Weisheit und Wissen zu bieten haben.

Wie bei allem esoterischen, dynamischen oder ungewöhnlichen Material wird zu Besonnenheit und Gelassenheit geraten. Nicht alle alten Stätten reagieren auf die beschriebene Weise, und einige sind niemals auf diese Systeme von Symbolismus und Magie eingestimmt worden. Ich möchte daher den Leser nicht auffordern, sich eilends an eine prähistorische Stätte zu begeben und eine Kommunikation mit den Alten zu versuchen, vor allem weil die dazu notwendige Zeit und Energie besser für innere Disziplinen in Ruhe und Zurückgezogenheit verwendet werden sollte.

DAS GRAB EINES KÖNIGS IN LES MONTS GRANTEZ AUF JERSEY

26. September 1978

Dieses uralte, prähistorische Grab liegt in erhöhter und ziemlich abgelegener Position, ist sehr gut erhalten und wurde erst in neuerer Zeit (1912) von Archäologen ausgegraben, die es relativ unbeschädigt vorfanden.

Dem hier begrabenen König war die Verschmelzung mit der Umwelt gelungen, und er stand als innere Wesenheit noch zum Dialog und Kommunikationsaustausch zur Verfügung. Als der erste Kontakt durch eine meditative Einstimmung auf die Stätte hergestellt war, erschien der König (abseits von der Stätte selbst, während der Kontakt sich entfaltete oder dekodierte) als älterer Mann, sehr dunkelhäutig, mit lockigem Haar und einem schwarzen Bart. Auf den Wangen hatte er spiralförmige Tätowierungen. Seine Augen wirkten wie große, schwarze Steine, wohl aufgrund der Tätowierungen oder Hauteinfärbungen um die Augenhöhlen. Seine Kleidung bestand aus Tierhäuten, einem engen Hemd und Hosen, die mit Sehnen gebunden waren.

Man könnte ihn bei einer Kommunikation wohl als »Erdmann« oder als »Steinkönig« anreden. Das sind die modernen Namen, die den zwei alten magischen Bezeichnungen am nächsten kommen. Die erste bezeich-

net seine Identität als König vor seinem körperlichen
Tod, die zweite einen Namen der Verwandlung nach seinem Tod. Er war zur Zeit seines körperlichen Todes Anführer eines Stammes oder größeren Familienverbundes
von etwa fünfzig oder sechzig Personen, doch aufgrund
eines obskuren Konzepts von Familienbeziehungen, die
sich über die Inseln hinaus nach Großbritannien wie in
die Bretagne ausbreiteten, übte er über mehr Menschen
Einfluß aus.

Einige Zeit wurde damit verbracht, diese Beziehungen zu klären, die in seiner Kultur offensichtlich von
großer Bedeutung waren, aber dem modernen Geist
unverständlich erscheinen. Das Grundmuster bestand
wohl darin, daß verschiedene »Könige« ausgedehnte
Stämme oder Familien über große Entfernungen hinweg beherrschten, ohne jemals miteinander in Konflikt
zu geraten. Die sozialen Verhaltensmuster und die
Kriegsgebräuche, die sich aus diesem System entwik-
kelten, hatten mit den modernen Begriffen von »Territo-
rium« und »Eroberung« nicht viel zu tun, mehr mit Konzepten von »Gesichtsverlust« oder etwas, das man
nannte: »Die Wurzeln innerhalb des familiären Bodens
wechseln«.

Dieser König war nach seinem Tod dafür verantwortlich, seinem Volk »Erdenfrieden« zu bringen, eine Energie, die aus seiner Verschmelzung mit der Umwelt
entstand und daraus, daß er »auf der anderen Seite«
als ganzheitliche, integrierte Wesenheit auftauchte
war, fähig, die verschiedenen Stadien der menschlichen
und nichtmenschlichen Evolution miteinander zu verbinden.

Nach dem ersten Kontakt war der alte König (und ist
es immer noch) als Vatergestalt präsent, genau wie damals für die anderen vor Tausenden von Jahren, als die-

ses System der inneren Verbindung funktionierte. Es gab mehrere obskure Mitteilungen, die sich nur schwer in ein zeitgemäßes Bild der Welt oder des Universums übersetzen lassen:

1. Der König ist nun Teil des Sonnensystems (?) oder Universums (?), mit der Erde verbunden durch die *Steine* und die bestimmte Struktur von Dolmen und Hügel. Diese sind das irdische Tor oder der Verstärker seines Bewußtseins, ein Brennpunkt, durch den sein abweichender Standpunkt in Konzepte übersetzt werden kann, die für die noch auf diesem Planeten lebenden körperlichen Menschen verständlich sind.

Das Seltsame und Schwierige an dieser Vorstellung ist das dazugehörige Bewußtsein, daß (für den König) das Sonnensystem innerhalb der Steinstruktur und in den Knochen der Erde selbst liegt und keineswegs äußerlich oder davon abgetrennt zu sehen ist. Er kann dieses Bewußtsein sehr deutlich mitteilen, und dies scheint für die Entwicklung seines Volkes sehr wichtig gewesen zu sein. Die Wirkung dieses Bewußtseins auf den modernen Geist ist sehr verunsichernd und unterscheidet sich völlig von den allgemein akzeptierten Realitätsmustern, die die Menschheit gegenwärtig benutzt, um sich mit der Existenz in Verbindung zu setzen.

2. Der Sinn des Dolmen, des Durchgangsgrabs, ist sehr genau und »wissenschaftlich«. Eine versiegelte Kammer aus massiven Quadern, die eine bestimmte Mindestmasse oder -größe haben, liegt unter einem Erdhügel begraben. Dies bewirkt bestimmte natürliche Prozesse, die direkt mit der Form und dem Wesen der Struktur zu tun haben. Das wird gewöhnlich durch das Wissen und die Mithilfe jener Wesen gefördert, die darin lebendig begraben werden.

Ziel ist, eine Integration mit der Erdumgebung zu erzielen und durch diese zu anderen Bewußtseinszuständen zu gelangen. (Diese sind dem König zufolge *innerhalb der Erde,* oder genauer gesagt, die Erde liegt *außerhalb der Sterne* und stellt das Tor zu ihnen dar.) Die tatsächliche physische Struktur ähnelt einer Gebärmutter, und der Prozeß wurde als eine Rückkehr zur Mutter identifiziert. Mit diesem Prozeß ist eine strenge Zeitenabfolge verbunden, und es gab einen Wächter, der dafür sorgte, daß in der Phase der »Schwangerschaft« vor der inneren Wiedergeburt keine Störung erfolgte.

Auch andere Personen wurden dort bestattet, entweder zur gleichen Zeit oder in späteren Stadien der Verschmelzung. Der König meinte recht freundlich, dies sei auf freiwilliger Basis geschehen, erwähnte aber gleichzeitig ein System von Familienverpflichtungen, das man nicht ignorieren konnte, oder ein System, das diejenigen ausschloß, die nicht verschmolzen, wenn ihre Zeit gekommen war. Solch ein schockierender Vorfall wäre der größte Verlust an »Erdverwurzelung« gewesen, den man sich vorstellen konnte, das schlimmste und obszönste menschliche Verbrechen. Der Gedanke, daß jemand *nicht* verschmelzen wollte, galt als extrem abstoßend, und der Prozeß insgesamt galt als gesuchtes Privileg, das man durch bestimmte Familienbindungen erwarb und das sich über die weibliche Linie weitervererbte.

Sobald der innere Integrationsprozeß vollständig war, wurde die Grabkammer für Konsultationen und Einweisungen benutzt. Man betrat sie durch einen sehr schmalen Kriechgang, der gewöhnlich von einer dazu verpflichteten Seele bewacht und verschlossen wurde. Dieser Wächter war ein bewußt gebundenes Opfer, ein

Mensch, der auf eine bestimmte Periode dazu ausersehen war, in einem Zwischenzustand nahe genug an der Außenwelt zu bleiben, um die Kammer gegen Einbrüche und unbefugtes Eindringen zu schützen. Nach einer bestimmten Anzahl von Jahren (Sonnenzyklen) wurde der Wächter freigesetzt. Er wurde entweder ersetzt, oder er war unnötig, weil der König erfolgreich verschmolzen war. Bei einer »voll entwickelten« Kammer blieb nur der König übrig, aber er konnte sich im Geist mit bestimmten Ahnen in Verbindung setzen (»Vätern in der Tiefe, für die die Erde das Außen ist«). Der Bittsteller kroch dann hinein und verblieb in völliger Dunkelheit, um mit dem König zu kommunizieren.

Man findet dieses Muster eindeutig auch bei modernen magischen Prozeduren. Dabei sitzt der König im Westen, und man nähert sich ihm von Osten her durch die Eingangssäulen. Interessant dabei ist, daß dieser König in der Lage war, einen Bezug zu modernen magischen Techniken herzustellen und verschiedene Dinge zu vermitteln und zu lehren hatte.

Bei einer einfachen magischen Handlung, dazu bestimmt, den Kontakt mit ihm an einem völlig anderen Ort zu eröffnen, weit von der Erdstätte entfernt, gab der König gelassen die Information, daß sich ein Fehler ins Ritual eingeschlichen habe. Als dieser Irrtum behoben war, wurde der Kontakt sofort viel stärker.

Die Grundlage dieses Teils magischer Lehre war wie folgt:

In der Grabkammer befindet sich der König magisch gesehen im Westen, das heißt, er sitzt in der Kammer und vermittelt sein Bewußtsein aus der Tiefe des Schoßes heraus. Bei einem Versuch, ihn als Bild in den Westen eines modernen magischen Tempels zu plazieren, kam von ihm die Information, daß dies falsch sei, daß man im Westen stehen müsse, um sich vorzustellen, daß der König sich von Osten her nähert. Als dies gemacht wurde, verwandelte sich die innere Vorstellung in das Grab des Königs zurück, und die beiden »Westen« standen einander gegenüber.

Vor dieser Einstimmung der Energien war der Kontakt eher schwierig und sporadisch gewesen, nur nachts konnte man den König in einem unvorhergesehenen Moment erreichen; dabei herrschte ein allgemeines Gefühl von mangelnder Einstimmung, ständiger Suche und halber Blindheit. Nachdem der Vorschlag des Königs angenommen worden war, konnte man den Kontakt bewußt an- und abstellen, und er wurde äußerst ausgewogen und deutlich.

Die Regel und das Muster der Grabmäler dieser Art trifft allgemein auf Dolmen und Übergangsgräber der westlichen Kulturen zu, die man heute noch sehen kann. Manche sind leer und funktionieren nicht, andere haben jedoch ihren inneren Kontakt aufrechterhalten und können benutzt werden.

Ein interessanter Aspekt dieser seltsamen »Generatoren« ist, daß der Kommunikationsfluß *in beide Richtungen* verläuft. Der innere König, der in der Erde eingeschlossen ist, die »außerhalb der Sterne liegt«, erfährt von unserem Bewußtsein und vermittelt es an sein eigenes Volk weiter, während wir von seinem Bewußtsein erfahren und es ins eigene Selbst übertragen. Der König nimmt einen mittleren oder vermittelnden Punkt ein und stellt damit ein Bewußtsein dar, das die normalen Vorstellungen von Zeit und Raum als unsinnig erscheinen läßt. Für den König bedeutet »Zeit« nur eine bestimmte Phase vor seiner Verschmelzung mit der Erde; sie hatte keine Bedeutung in seinem ursprünglichen Leben, noch hat sie eine Bedeutung in seinem entwickelten inneren Zustand.

Beim Versuch, die Bedeutung vom Fluß der Zeit zu vermitteln, war die Reaktion des Königs folgendermaßen: »*Eine solche lineare Abfolge gibt es nicht. Es gibt nur Umdrehungen, bis man in der Erde ist, von der kleinen bis zur großen Umdrehung, die innerhalb der kleinen Umdrehung liegt. Und innerhalb der großen Umdrehung liegt der Erdenfrieden.*«

Anmerkungen

1. Michael Grant: *Die Geschichte Roms.* Gladbach 1989.
2. R. J. Stewart: *Robert Kirk, Walker Between Worlds* (moderne englische Ausgabe von Kirks *Commonwealth of Elves, Fauns and Fairies,* mit ausführlichem Kommentar). Shaftesbury 1990.
3. W. Y. Evans Wentz: *The Fary Faith in Celtic Countries.* Gerrards Cross 1988 (Nachdr. eines Originals von 1911. Mit einem ausgezeichneten Vorwort von Kathleen Raine.)
4. R. J. Stewart: *The Underworld-Initiation.* Aquarian Press 1985. Vergriffen. Exemplare im Direktversand erhältlich bei Sulis Music, BCM 3721, London WC1N 3XX.
5. R. J. Stewart (Hrsg.): *Psychology and the Spiritual Tradition.* Shaftesbury 1990. Diese Sammlung von Essays verschiedener internationaler Autoren diskutiert Fragen der modernen Spiritualität und Psychologie und deren Beziehung zu den uralten Traditionen der Transformation und Erleuchtung.
6. s. Kirk, Anm. 2
7. Arthur Bryant: *Samuel Pepys.* 3 Bde., London 1938.
8. R. J. Stewart: *Living Magical Arts.* Poole 1987, Paperback London 1991. R. J. Stewart: *Advanced Magical Arts.* Shaftesbury 1989. H. von Dechend und G. de Santillana: *Hamlet's Mill.* Boston 1977.
9. R. J. Stewart: *Celtic Gods and Goddesses* (Ill. v. Miranda Gray und Courtney Davis). London 1990.
10. Tonbandkassetten zur Visualisierung erhältlich bei Sulis Music, BCM 3721, WC1N 3XX.
11. Maureen Duffy: *The Erotic World of Faery.* London 1974.

12. R. J. Stewart: *Cuchulainn*. Poole 1987. Auch *Cuchulainn* (Tonbandkassette): Irische Epen, gelesen von Van Morrison, bei Sulis Music, s. Anm. 10

13. R. J. Stewart: *Where is Saint George?* Bradford on Avon 1977. Paperback London 1989.

14. R. J. Stewart: *The Prophetic Vision of Merlin* und *The Mystic Life of Merlin*. Harmondsworth 1986.

15. R. J. Stewart: *Cuchulainn*, a. a. O. und *Celtic Gods and Goddesses*, a. a. O.

16. J. Matthews und R. J. Stewart: *Legendary Britain*. London 1989. R. J. Stewart: *Creation Myth*. Shaftesbury 1989.

17. Eine Version von Thomas Rhymer und Tam Lin im traditionellen Stil ist auf der Kassette *More Magical Songs* enthalten. Erhältlich bei Sulis Music, Adresse s. Anm. 10

18. *Creation Myth*, a. a. O. (Anm. 16)

19. s. Anm. 2

20. Dolores Ashcroft-Nowicki: *The Forgotten Mage*. Wellingborough 1987.

Glossar

Adept: Einer, der sich in den Künsten des Austauches von Bewußtsein und Energie zwischen verschiedenen Welten auskennt (keine offizielle Rangstufe oder Qualifikation).

Ahne: Gewöhnlich ein genetischer Vorfahre, aber dazu können auch Feen- und andere spirituelle Wesen gehören, die mit bestimmten Familien verbunden sind.

Anderswelt-Reise: Jedes bewußte Betreten der Anderswelt einschließlich Rückkehr.

Bewacher: Wesen, die an bestimmten Stätten oder Schwellen wachen und übermitteln, was sie sehen; traditionellerweise ein Merkmal der Feenkunde und der Anderswelt.

Dimension: Begriff für eine metaphysische Welt, die man durch eine Richtungsänderung der Aufmerksamkeit findet. Nicht im theoretischen Sinne gebraucht.

Drei Welten: Mond, Sonne und Sterne. Dargestellt durch die drei Tarot-Trumpfkarten mit gleichem Namen und durch die *Axis Mundi* oder den Angelpunkt der Welten definiert. Drei relative räumliche, energetische und bewußte Zustände, ausgedrückt als Erde und Mond, als Sonnensystem und als Galaxis.

Elementarwesen: Wesen, die aus den Harmonien eines Elements bestehen: Luft, Feuer, Wasser oder Erde.

Elfen: Die nördliche, skandinavische und schottische Bezeichnung für Feen.

Erdlicht: Das Licht des universellen Seins, das in der Anderswelt strahlt.

Erzählung: Eine klar definierte Geschichte mit eindeutigen Bildern, die die Beteiligten transformieren soll (s. auch *Visualisierung*).

Ex-Menschen: Wesen in der Anderswelt, die einst als Menschen an der Oberfläche lebten. Traditionellerweise sind sie (a) *körperlich* in die Anderswelt oder das Feenreich übergegangen oder (b) in diese Reiche nach dem körperlichen Tod eingegangen, wobei sie aber ihr volles Erinnerungsvermögen behielten, gewöhnlich aufgrund ihrer anderweltlichen Fähigkeiten. Sollten nicht mit den weitverbreiteten Geschichten von den Geistern von Toten in Religion oder Folklore verwechselt werden.

Feen: Der erste Stamm der Anderswelt-Wesen, den Menschen am nächsten, aber von vormenschlicher Abstammung. Fee (engl. Fairy) ist der britische Name für das irische Volk der *Sidhe,* die *Tuatha de Danann.*

Führer: Jedes Wesen oder Tier, das Reisende durch die Anderswelt leitet. Kann nur diese Funktion haben, kann aber auch *Mitgänger, Gefährte, Verbündeter* usw. sein. Anfängliche Führer sind gewöhnlich spirituelle Krafttiere oder andere Kreaturen.

Gefährte: Dies können Krafttiere sein, wie Tiere, Vögel oder Fische. Mächtigere Gefährten sind Wesen des Feenreichs und anderer elementarer Reiche; traditionellerweise bewachen diese Wesen die Schläfer.

Heiliger Raum: Die Bestätigung und Eröffnung der Sieben Richtungen in andere Welten.

Herausforderung: Traditioneller Austausch von Begrüßungen, Prüfungen und anderen Formen der Kommunikation.

Hören (auch Lauschen): Bezeichnet das Einstimmen der meditativen Wahrnehmung auf Ströme oder Aussendungen des Bewußtseins, die sich als Worte ausdrücken.

Initiation: Beginn. Die Anderswelt-Initiation ist der erste Schritt in der Anderswelt-Arbeit. (Dazu muß nicht der offizielle Beitritt zu einer Gruppe oder Gesellschaft gehören.)

Kirk, Robert: Forscher und Chronist der gälischen Feentraditionen aus dem siebzehnten Jahrhundert. Soll einer der Lehrer in Feenkunde gewesen sein, der Seher und Lauscher noch heute kontaktiert.

Mitgänger: Feenverbündete, die sich eng mit Menschen verbünden. Andere Verbündete sind nicht immer auch Mitgänger.

Mysterium: Muster oder Zustände, die den Initiierten transformieren, nicht immer mit offiziellen oder alten Mysterienkulten verbunden.

Regeneration: Prozeß und Ergebnis der Anderswelt-Transformation: der Zusammenbruch der einprogrammierten Täuschungen des Selbst, die in einem neuen Muster harmonisiert werden.

Reich: Gewöhnlich ein Teilbereich einer Welt, so wie das Feenreich Teil der Anderswelt ist, aber nicht alles.

Rhymer, Thomas: Schottischer Dichter und Prophet des dreizehnten Jahrhunderts. Lebt der Tradition zufolge immer noch im Feenreich und soll Seher, Dichter und Initiierte besuchen. Wie Robert Kirk soll er einer der Ex-Menschen innerhalb der Anderswelt sein.

Richtungen, sieben: Oben, unten, innen, vorne, hinten, rechts und links. Ausgerichtet an den planetarischen Richtungen des Oben, Unten, Innen, Osten, Westen, Süden und Norden. Siehe Abbildung S. 84.

Sehen: Dazu zählen das Zweite Gesicht und starke Anderswelt-Visionen. Nicht mit dem populären Hellsehen zu verwechseln.

Seher: Jemand, der bewußt und absichtlich in die Anderswelt sehen kann oder die andersweltlichen und Feenwesen erkennt, wenn sie die Schwelle zum Menschenreich überqueren. Ein Seher kann unter Umständen auch noch in andere Dimensionen blicken.

Sidhe: Die Hohlen Hügel, in denen die *Aes Sidhe* oder *Tuatha de Danann* leben, die irische Version der Feen.

Städte, Vier: Falias, Murias, Finias, Gorias. Vier Reiche der Feenmacht in den Vier Richtungen.

Stille: Ein Zustand innerer Ruhe und Gelassenheit, den man durch regelmäßige Meditation erreicht.

Tempel: Stätten und Energiemuster, die als Nahtstellen zwischen den Welten dienen. Viele Tempel existieren in der Anderswelt oder anderen Welten, zusätzlich zu denen in der Menschenwelt.

Testen: Ein Prozeß der Herausforderung, von Rätseln oder Tricks, den man oft bei anfänglichen Begegnungen mit Feen- und andersweltlichen Kontakten erlebt.

Tiergefährten: Tiere, Vögel, Fische, die mit Menschen arbeiten. Man nennt sie spirituelle oder Krafttiere, wobei die erste Stufe dieses Kontakts mit den Tieren des eigenen Landes stattfindet. Eine weitere Ebene findet Kreaturen aus anderen Ländern und (weniger häufig) Kreaturen ohne gegenwärtigen körperlichen Ausdruck.

Tuatha de Danann (auch Danaan oder Dannan): Das Volk der Hohlen Hügel, die irische Version der Feen.

Verbündete: Wesen, die mit Menschen arbeiten oder ihnen helfen, die Energien auszutauschen und sich zwischen den verschiedenen Welten zu bewegen.

Vermittlung: Die aktive Weitergabe einer spirituellen Kraft bei vollem Bewußtsein durch das Selbst. Nicht mit medialer Tätigkeit oder Channelling zu verwechseln, die beide passiv sind.

Vision: Inneres oder fundamentales Element einer energetisch verstärkten Visualisierung oder eines visionären Textes.

Visualisierung, energetisch verstärkte: Eine visuelle Sequenz (mit Worten oder ohne), die man benutzt, um das Bewußtsein und die Energie auf bestimmte spirituelle Orte, Menschen und Mächte einzustimmen.

Wächter: Jedes Wesen, das die Schwelle zwischen den Welten bewacht. *Der Wächter* ist der gehörnte Gott der Antike, Pan oder Cernunnos, der mit den Kräften von Leben und Tod, von Schutz und Reinigung aller Lebewesen in Verbindung steht.

Weiterführende Literatur

Aubert, O. L.: *Legendes Traditionelles de la Bretagne*. Saint Brieuc Editions, 1970.

Branston, B.: *Lost Gods of England*. Thames & Hudson, London 1957.

Brennan, M.: *Stars and the Stones*. Thames & Hudson, London 1983.

Brewer's Dictionary of Phrase and Fable. Cassell, London 1959.

Briggs, K.: *Dictionary of Fairies*. Allen Lane, London 1976.

Campbell, A.: *Waifs and Strays of Celtic Tradition*. David Nutt, London 1889.

Campbell, J. F.: *Popular Tales of the West Highlands* (4 Bde.). Wildwood House, London 1984.

Carmichael A.: *Carmina Gadelica*. Oliver & Boyd, Edinburgh 1928–71.

Child, F. J.: *The English and Scottish Popular Ballads*. Dover Publications, New York 1965.

De Jubainville, H.: D'Arbois *The Irish Mythological Cycle*. O'Donoghue & Co., Dublin 1903.

Douglas, Sir G.: *Scottish Fairy and Folk Tales*. Walter Scott Ltd., London.

Graves, R.: *The White Goddess*. Faber, London 1948.

Green, M.: *Gods of the Celts*. Alan Sutton, Gloucester 1986.

Hartland, E. S.: *English Fairy and other Folk Tales*. Walter Scott Ltd., London.

Hole, C.: *English Folk Heroes*. Batsford, London 1948.

Jobes, G.: *The Dictionary of Mythology, Folklore and Symbols*. Scarecrow Press, New York 1961.

Keightley, T.: *The Fairy Mythology*. Wildwood House, London 1981.

Kirk, R.: *The Secret Commonwealth*. D. S. Brewer, Cambridge 1976.

Lebor Gabala Erenn (The Book of Invasions), trans. R. A. S. MacAlister, Irish Texts Society, Dublin 1938–56.

Mackenzie, D. A.: *Scottish Folk-Lore and Folk-Life*. Blackie, Edinburgh 1935.

Macleod, Fiona (William Sharp): *Poems and Dramas*. William Heinemann Ltd., London 1933.

–: *The Divine Adventure, Iona, Studies in Spiritual History*. William Heinemann Ltd., London 1927.

Murray, M.: *The Divine King in England*. Faber, London 1954.

O'Rahilly, T. F.: *Early Irish History and Mythology*. Dublin Institute of Advanced Studies, Dublin 1946.

Oxford Book of Ballads. OUP, London 1969.

Rees, A. & B.: *Celtic Heritage*. Thames & Hudson, London 1961.

Ross, A.: *The Folklore of the Scottish Highlands*. Batsford, London 1976. (Siehe auch andere Bände verschiedener Autoren in der *Folklore of*-Reihe)

Westwood, J.: *Albion: A Guide to Legendary Britain*. Granada, London 1985.

Wimberley, L. C.: *Folklore in the English and Scottish Ballads*. Frederick Ungar & Co., New York 1959.

Yeats, W. B.: *Irish Fairy and Folk Tales*. Walter Scott Ltd., London.

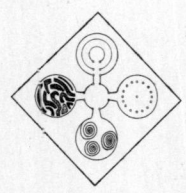

Register